Kurt Sontheimer

Zeitenwende?

Die Bundesrepublik Deutschland zwischen alter und alternativer Politik

Hoffmann und Campe

Cip-Kurztitelaufnahme der Deutschen Bibliothek

Sontheimer, Kurt:
Zeitenwende? : Die Bundesrepublik Deutschland zwischen alter u. alternativer Politik / Kurt Sontheimer. – 1. Aufl. – Hamburg : Hoffmann und Campe, 1983.
ISBN 3-455-08693-4

Schutzumschlaggestaltung Jan Buchholz und Reni Hinsch
Gesetzt aus der Garamond
Satzherstellung Fotosatz Otto Gutfreund, Darmstadt
Druck und Bindearbeiten Ebner, Ulm
Printed in Germany

Inhalt

I
Alte und alternative Politik im Widerstreit

1. Kassandras unzeitgemäße Wiedergeburt

Leben wir in einer Zeitenwende? Ist die alte Politik am Ende, und schlägt nun die Stunde einer neuen, alternativen Politik? Wird das Morgen ganz anders sein, ja, sein müssen als das Heute und Gestern? Steht die Bundesrepublik Deutschland, die nach ihrer ersten Stunde Null beim Zusammenbruch des Dritten Reiches zu einem ungeahnten Höhenflug sich erhob, jetzt vor einer »zweiten Stunde Null?« Ist das »Ende aller Sicherheit«, das uns konservative Publizisten in den fünfziger Jahren einzureden versuchten und das heutzutage eher in der politischen Linken zum Tagesgespräch geworden ist, nun wirklich gekommen? Steht die gefürchtete, ernste Bewährungsprobe der zweiten deutschen Demokratie bevor, die immer so stolz und dankbar war, anders zu sein als die unglückselige erste Republik von Weimar, der Hitler vor genau fünfzig Jahren den Garaus machte?
Dies sind Fragen, die seit gut einem Jahrzehnt in der Bundesrepublik zur Diskussion stehen, und nicht nur in der Bundesrepublik. Hat nicht Günter Grass, unser prominentester Schriftsteller, mit allem Ernst verkündet: »Die Vernichtung der Menschheit hat begonnen«, und daraus den Schluß gezogen, daß er beim Schreiben seines nächsten Buches nicht mehr so tun könne, »als sei ihm Zukunft sicher. Der Abschied von den beschädigten Dingen, von der ver-

letzten Kreatur, von uns und unseren Köpfen, die sich alles und auch das Ende alldessen ausgedacht haben, müßte mitgeschrieben werden.« (DIE ZEIT, 3.12.1982)

Soviel ist gewiß: Der Geist der Zeit hat seit den siebziger Jahren eine stark pessimistische Note. Viele zeitgenössische Rufer hüllen sich in das Gewand der Kassandra; sie verheißen uns eine düstere Zukunft, ja, das Ende, wenn die Welt so weitermache, wie es bisher ihre Art war. Die Propheten der Angst hatten und haben noch Konjunktur, auch nach der Bonner »Wende«. Ihre großen Themen sind: Angst um den Frieden, Angst um die Überlebensfähigkeit der Menschheit, Angst um die Erhaltung der Natur. Hinzugekommen ist neuerdings ein klassisches Angstphänomen der kapitalistisch organisierten Industriegesellschaft: die Angst um die Arbeitsplätze. »Es liegt Angst in der Luft.« Zerstoben ist das ruhige Vertrauen in die Zukunft, verflogen der Optimismus, daß alles immer besser und leichter werde; von Fortschritt wagt kaum einer mehr unbefangen zu reden; politische Auguren sagten vor der überraschend klaren Wahlentscheidung vom 6. März 1983 der bislang so stabilen und relativ erfolgreichen Bundesrepublik ein Ende ihrer Stabilität und Sicherheit voraus; die Jugend, gemeinhin der Vorbote einer frohlockenden Zukunft, kokettiert mit der Parole NO FUTURE.

In dieser eher tristen Gemütslage der Nation, auch wenn man sich in seinen privaten Verrichtungen durch sie kaum anstecken und anfechten läßt, ist indes auch eine teilweise forcierte optimistische Gegenstrategie wahrnehmbar, die dem gängigen Pessimismus den Kampf ansagt und sich, wie die Bundestagswahlen gezeigt haben, nicht ohne Erfolg dafür einsetzt, »den Aufschwung zu wählen«.

Es handelt sich dabei nicht so sehr um eine Frage von Temperament und Gesinnung, auch wenn dies hineinspielen mag, als um eine bewußt eröffnete Gegenoffensive, die zwar nicht gerade die besseren Tatsachen für sich hat, aber jedenfalls getragen wird von der richtigen Überzeugung, daß die schweren Aufgaben der Gegenwart und Zukunft sich in einer Grundstimmung der Verzagtheit und Aussichtslosigkeit sicherlich weniger gut bewältigen lassen als in einem Geist der Zuversicht und des Zukunftsvertrauens. Doch woher nehmen?

Da wird, wie immer in mutloser gewordenen Zeiten, der »Mut zur Zukunft« gepredigt, da ist von neuer Zuversicht in das bewährte Alte die Rede, von einem notwendigen Willen zur »geistigen und moralischen Erneuerung«. Ohne sie könne die Erblast einer falschen Politik nicht getilgt werden, das schwierige Werk der Krisenbewältigung nicht gelingen.

Es ist der Sinn solcher Parolen, die von der pessimistischen Grundstimmung des Zeitgeistes ausgehende Lähmung und Ratlosigkeit zu überwinden. Es soll suggeriert werden, daß das Grau in Grau oder gar das tiefe Schwarz, das die zeitgenössischen Pessimisten an die Wand der Zukunft malen, nicht die Farbe ist, mit der wir unsere Zukunft meistern können.

Darüber, daß man die Zukunft für sich retten muß, sind sich alle einig, auch diejenigen, die sich sorgenvolle Gedanken um sie machen. Doch nicht einig ist man sich darüber, ob der Mut und das Vertrauen, die man mobilisieren möchte, um eine lebenswerte Zukunft zu gewinnen, sich auch mit den notwendigen und richtigen Mitteln und Zielen verbinden. Den einen, die für eine Umkehr plädieren, ist die gedankenlose Fortschreibung der Gegenwart in die Zukunft gerade das, was ihnen Angst macht, während die anderen, die heute noch »am Drücker« sind, sich die Zukunft meist nur als die möglichst verbesserte Verlängerung einer erfolgreichen Vergangenheit vorstellen können: neues Wachstum, neue Arbeitsplätze, neue Technologien und Innovationen, ein neues strategisches Gleichgewicht zwischen den Atommächten, neuen Lebenssinn im alten Gehäuse der Leistungsgesellschaft und des Wohlfahrtsstaates. Wer hat recht? Diejenigen, die an eine Zeitenwende glauben, die eine ganz neue Politik erfordere, oder diejenigen, die meinen, mit einer politischen Wende, die einer alternativen Politik beflissen aus dem Wege geht, den Zeiten gewachsen zu sein?

Auch die erbitterten Gegner der herkömmlichen Politik

kommen bei ihren Bemühungen um eine alternative Politik nicht ohne eine Dosis Optimismus aus. Sie sehen im Anschwellen der fortschrittskritischen Tendenzen, im Bewußtseinswandel, in der Zunahme der Anhängerschaft und Vielfalt sozialer Protestbewegungen, in der Wirkung, die ihre Kritik trotz allem bei den Mächtigen zeigt, Zeichen der Hoffnung und Ermutigung. Sie sehen tiefgreifende Veränderungen vor sich gehen: im Bewußtsein vieler Menschen, an der Basis, in der jungen Generation, der doch – nicht wahr? – die Zukunft gehört. Sehen sie recht? Führt die alte Politik zwangsläufig in die Irre? Brauchen wir eine alternative Politik?

Die Bezeichnungen alte und alternative bzw. neue Politik sind Chiffren für komplexe Sachverhalte und Positionen. Sie werden in der Auseinandersetzung um die zur Lösung der Gegenwarts- und Zukunftsprobleme für notwendig erachtete Politik weithin benutzt, um zwei konträre Richtungen zu markieren:
Alte Politik steht für die politischen Zielsetzungen und die zu ihrer Erreichung angewandten Methoden und Verfahren, welche für die Phase der Expansion und des stetigen Wachstums der repräsentativdemokratisch verfaßten kapitalistischen Industriegesellschaft der Nachkriegsära bis in die Gegenwart charakteristisch waren. Ihre Ziele waren stetige Verbesserung der materiellen Lebensverhältnisse der Bürger und ein entsprechender Ausbau des Systems sozialer Daseinsvorsorge im Rahmen rechtstaatlicher Prinzipien. Ihre Verfahren waren die in allen pluralistischen Demokratien praktizierten geregelten Prozesse der politischen Willensbildung, d. h. Einbeziehung aller gesellschaftlich relevanten Interessen bei Respektierung des Mehrheitsprinzips auf der Grundlage eines Konsensus über die in der Verfassung niedergelegten Prinzipien der politischen und gesellschaftlichen Gesamtordnung.
Alternative Politik ist der Sammelbegriff für jene politischen Zielsetzungen und die zu ihrer Erreichung notwendigen Me-

thoden und Verfahren, die sich als ein bewußter Gegensatz – eine klare Alternative – ein notwendig gewordenes Korrektiv zu den Zielsetzungen und Regeln der alten Politik verstehen. Die Forderung nach einer alternativen Politik entspringt der richtigen oder falschen Überzeugung, daß die alte Politik aufgrund stark veränderter Rahmenbedingungen und neuer Bewußtseinsinhalte und Wertorientierungen nicht mehr in der Lage sei, ihre Ziele zu verwirklichen. Sie bezieht die Überzeugung von ihrer Notwendigkeit und Dringlichkeit überdies aus dem Bewußtsein, daß die alte Politik nicht nur im Erreichen ihrer Zielsetzungen mehr und mehr versagt, sondern negative Wirkungen erzeugt hat und weiter erzeugt, die ein humanes Leben auf die Dauer unmöglich machen und sogar die Lebenschancen künftiger Generationen in Frage stellen. Alternative Politik muß daher auf die Verurteilung und Ablösung der alten Politik dringen, und sie meint, sich angesichts der noch bestehenden Vorherrschaft der Verfahren der alten Politik solcher Methoden bedienen zu müssen, die geeignet erscheinen, den Regelkreis der alten Politik zu durchbrechen und neue, den entstandenen Gefahren adäquate und den alternativen Zielsetzungen dienliche Verfahren durchzusetzen. Alternative Politik trachtet danach, den Konsensus der alten Politik aufzubrechen und einen neuen Konsensus zu etablieren, der ihrer Fortsetzung den Boden entzieht. Sie spricht der alten Politik die Legitimität ab.
Zwischen diesen modellhaft zugespitzten Typisierungen von alter und alternativer Politik gibt es in der Praxis natürlich vielfältige Zwischenformen, aber die beiden Typen von Politik stehen tendenziell in einem antagonistischen, unversöhnlichen Verhältnis zueinander. Dies erklärt die Virulenz der gegenwärtigen Konflikte zwischen alter und alternativer Politik. Die neue Problemlage würde es als sinnvoll und vernünftig erscheinen lassen, die alte Politik dazu anzuhalten, die durch die alternative Politik thematisierten Probleme in den Horizont ihrer Politik einzubeziehen, und umgekehrt die alternative Politik darauf zu verpflichten, die Verfahren

der alten Politik ohne jeden Vorbehalt zu respektieren, da sie die unabdingbare Voraussetzung für eine freiheitliche Politik sind – aber es ist noch ungewiß, ob die beiden ungleichen Lager sich allmählich auf diesen wünschenswerten Konsensus zubewegen können. Es ist die normative Grundlinie dieser Studie über die Entstehung und Problematik der Konfrontation zwischen alter und alternativer Politik in der Bundesrepublik, daß ein produktiver Ausgleich zwischen alter und alternativer Politik und in seiner Folge ein neuer politisch-sozialer Konsensus angestrebt werden sollten. Ausgleich heißt jedoch nicht eine mittlere Linie zwischen den Polen, sondern Assimilationsfähigkeit und -bereitschaft der alten Politik gegenüber der alternativen Politik in den Grenzen, die durch das gemeinsame Festhalten an den Regeln der freiheitlichen Politik gesetzt sind. Nur wenn es gelingt, sich beiderseits an den Grundregeln der freiheitlichen Politik verbindlich zu orientieren, wird aus dem tendenziellen Antagonismus von alter und alternativer Politik ein produktives Zusammenwirken im Interesse einer lebenswerten Zukunft erwachsen können.

2. Die Bonner »Wende«

Hat im Streit über die Frage, welcher Politik der Vorzug gebühre, das Ergebnis der vorgezogenen Bundestagswahlen vom 6. März 1983 nicht eine Antwort gegeben, wie man sie sich im Interesse klarer Verhältnisse deutlicher nicht wünschen konnte? Das ist unstreitig so. Die Wahlen, mit denen die durch den moralisch anrüchigen Partnertausch der F.D.P. im Herbst 1982 zustandegekommene neue Regierung unter der Führung des CDU-Bundeskanzlers Helmut Kohl demokratisch legitimiert werden sollte, waren ein Plebiszit für die alte Politik. Sie haben die von der neuen Regierungskoalition angestrebte Wende in der deutschen Politik mit einer klaren Mehrheit des Volkes gutgeheißen

und der neuen politischen Kräftekonstellation in Bonn, die es weiter mit ihrer alten Politik versuchen will, ein sicheres Mandat für die nächsten vier Jahre gegeben. Sie haben sogar die kleine F.D.P., die sich unter ihrem wendigen Vorsitzenden Genscher um Kopf und Kragen taktiert zu haben schien, in ihrer für die deutsche Politik wichtigen und charakteristischen Rolle als liberales Korrektiv der jeweils führenden Regierungspartei erneut bestätigt. Sie haben die Sozialdemokratische Partei Deutschlands, in deren Reihen das Ringen zwischen alter und alternativer Politik am heftigsten tobt, woran auch ihr weltweit respektierter, den Grundlinien einer pragmatisch orientierten Krisenbewältigungspolitik verpflichteter Bundeskanzler Helmut Schmidt wenig zu ändern vermochte, zurück in die Opposition gezwungen. Dort muß sie sich nun darüber klarwerden, wie sie im polarisierenden Spannungsfeld zwischen alter und neuer Politik zu einer gemeinsamen Linie und Geschlossenheit zurückfinden kann, ohne welche sie nur geringe Chancen haben dürfte, die Macht in Bonn dereinst wieder zurückzugewinnen.
Die einzige bedeutsame Konzession des deutschen Wählers an den das Neue für sich reklamierenden Zeitgeist, dessen Hauptströmung jedoch – stillen Wassern vergleichbar – konservativ geblieben bzw. geworden war, stellt der Einzug der Antipartei der Grünen in den Deutschen Bundestag dar. Allerdings machte diese Wahl auch ganz deutlich, daß nur eine kleine Minderheit der Bundesbürger offen für eine entschieden alternative Politik votiert. Die großen alten Parteien beherrschen, in einer neuen Schlachtordnung formiert, nach wie vor das Feld der deutschen Politik, und es ist gerade die allem Alternativen abholdeste politische Gruppierung, die sich in den Zentren der Macht – und zwar nicht nur in Bonn, sondern auch in den meisten Bundesländern und Kommunen – fest etabliert hat. Und dennoch gilt: »Mit den Grünen ist nun auch im Parlament angekommen, was vor zehn, fünfzehn Jahren begonnen hat, zuerst an den Rändern der akademischen Provinz, dann immer weiter ausgreifend: ein Prozeß des Aufbrechens und Auflockerns, des

Protestierens und Sich-Distanzierens, des Sich-Losreißens und Sich-Abstoßens von dem großen politischen Konsens, der in den Nachkriegsjahren gezimmert, in den Wohlstandszeiten komfortabel ausgebaut und in alledem zum Fundament der Bundesrepublik geworden ist. Die Themen, die diesem Vorgang die Plattform geboten haben, haben gewechselt. Gewandelt haben sich auch die Träger. Was eine Revolte der Studenten war, ist zu einem zivilisationskritischen Aufbegehren geworden... Immer deutlicher ist im Laufe der Jahre geworden, was die Konsequenz dieses Vorgangs ist, und der Einzug der Grünen in die Bannmeile der Macht hat es vollends klargemacht: die Herausforderung aller bisherigen Politik.« (Hermann Rudolph, in: DIE ZEIT, Nr. 15, 1983)

Es stimmt: Die alte Politik ist unter Druck, ein verbreitetes Unbehagen an ihr ist unübersehbar. Sie wird herausgefordert, nicht nur durch das bunte Häuflein grüner Abgeordneter im neuen Bundestag, sondern auch durch die über sie hinausreichenden sozialen Bewegungen, die sich zum Protest gegen herrschende Tendenzen der alten Politik formiert haben; durch Absetzbewegungen sozialer Gruppen, die eine Pionierfunktion für sich beanspruchen und der Lebensstile und Denkformen der industriellen Leistungs- und Konsumgesellschaft überdrüssig sind; durch das bei vielen Intellektuellen und anderen Protagonisten einer neuen Sensibilität vorhandene und von ihnen geweckte Bewußtsein, in einer Zeitenwende zu stehen, die eine ganz neue, eine ganz andere Politik als die bisherige notwendig mache.

Es stimmt, und es ist, so scheint mir, doch nur die halbe Wahrheit. Denn obwohl die Herausforderung der herkömmlichen Politik in unserem politischen und sozialen Leben eine keineswegs zu vernachlässigende, von den Medien oft noch verstärkte Rolle spielt, so ist sie vielleicht doch nur ein Randphänomen, das die Mitte der Politik nicht zu erreichen, geschweige denn zu durchdringen vermag, etwas Peripheres, dem es zwar immer wieder gelingt, bis ins Zentrum des politischen Interesses und der politischen Auseinandersetzung vorzustoßen und dadurch eine Mächtigkeit und Zukunftsrelevanz vorzutäuschen, die es in Wirklichkeit gar nicht hat, das aber, sieht man genauer zu, weder die Kraft noch die Fähigkeit, noch die konkrete politische Phantasie besitzt, um im Rahmen der freiheitlichen Demokratie die Strukturen und Mechanismen der alten Politik wirksam zu verdrängen und etwas haltbares Neues an ihre Stelle zu setzen.

Zugegeben, die alte Politik ist in Schwierigkeiten und zeigt große Schwächen. Einige ihrer Rahmenbedingungen haben sich verschlechtert und werden sich auch in Zukunft weiter verändern. Es gelingt ihr anscheinend nicht, den Frieden sicherer zu machen (eher muß man das Gegenteil befürchten), noch die Kluft zwischen Nord und Süd, Arm und Reich, Sozialismus und Kapitalismus wirksam zu verringern; sie kann dem Umweltproblem nur halbherzig zu Leibe rücken, weil sie die Wachstumsphilosophie und die mit ihr verbundene Idee des sozialen Wohlfahrtsstaates nicht einfach preisgeben kann, und sie ist notorisch unfähig, das Vakuum an Lebenssinn und Daseinserfüllung, das die relativ prosperierende Industriegesellschaft zu erzeugen scheint, zu füllen. Die Sprache, in der sich die alte Politik artikuliert; klingt leerformelhaft, sie ist auf Stereotype und rhetorische Floskeln zurückgestutzt, die, weil sie nicht mehr unmittelbar ansprechen, auch nicht mehr recht überzeugen. Sie ist, wie Arnulf Baring gesagt hat, »der Glaubwürdigkeit entleert« und »ohne menschliche Stimme« (Evang. Kommentare, Febr. 1983, S. 85). Und doch scheint mir dies alles kein ausreichender Grund dafür zu sein, von dem, was hier alte Politik genannt wird, endgültig Abschied zu nehmen und ihr, wie es in den Pamphleten für eine alternative Politik gefordert wird, den Laufpaß zu geben.

»Dieses Milieu der Mittelmäßigkeit, diese Prothesenpolitik des Sichdurchwurstelns, die ja keineswegs nur in unserer unmittelbaren Umgebung an der Tagesordnung ist – oder gibt es auch nur eine einzige Gesellschaft auf der Welt, die der Zukunft anders als auf Krücken entgegenstolpert? – hat schon manchen zu der Annahme verleitet, ein gut gezielter Fußtritt wäre genug, um die ›Verhältnisse‹ zum Einsturz zu bringen, so daß der Errichtung einer Schönen Neuen Welt nichts mehr im Wege stünde. Die Erfahrung lehrt, daß dies leider ein Trugschluß ist.« (Hans Magnus Enzensberger, Politische Brosamen, Frankfurt/M. 1982, S. 20)

* * *

Dieses Buch handelt vom Geist und von der Befindlichkeit der Bundesrepublik Deutschland und ihrer Politik in den siebziger und den angefangenen achtziger Jahren, von Aufbruch und Ernüchterung, von Utopie und Enttäuschung, von Neuorientierung und Tendenzwende, vom Auseinanderdriften und vom Zusammenprall zwischen alter und neuer Politik. Es richtet sein Augenmerk – wenn ich mich der bildhaften Sprache des oben zitierten ironischen Skeptikers bedienen darf, dessen literarisches Werk für die deutsche Unruhe dieser Jahre so ungemein typisch ist – weniger auf die Krücken, mit denen sich die normale Politik fortbewegt, als vielmehr auf die Ideen, Stimmungen und Tendenzen, die dazu beigetragen haben, es wieder einmal mit der Politik der »Fußtritte« versuchen zu wollen. Sein Autor ist überzeugt, daß es nicht nur ein Trugschluß ist zu glauben, damit käme man der Rettung der Welt und ihrer Besserung näher, sondern auch ein Trugschluß ist zu meinen, wir stünden an einer Wende der Zeiten und könnten darum unsere Prothesen von uns werfen. Vielleicht können wir sie verbessern, damit sie weniger schmerzen, vielleicht auch hie und da, wenn die Umstände günstig sind, den aufrechten Gang versuchen, aber ein *neues Jerusalem* ist so wenig in Sicht wie *ein neues Ninive*. Konzentrieren wir uns lieber auf Bonn am Rhein, auf die Bundesrepublik Deutschland in ihrem Ringen zwischen alter und alternativer Politik.

II
Die veränderten Rahmenbedingungen der Politik der Industriegesellschaft

1. Wirtschaftlicher und politischer Strukturwandel

In den Industriegesellschaften des Westens haben sich innerhalb der vergangenen zehn bis fünfzehn Jahre die wirtschaftlichen und geistig-kulturellen Rahmenbedingungen, innerhalb deren die demokratische Politik operieren muß, spürbar verändert. Über das Ausmaß und die Qualität dieser Veränderung gibt es in der öffentlichen Diskussion keine volle Übereinstimmung, und es ist im einzelnen auch schwierig, langfristig wirksame Tendenzen von mehr kurzfristigen, national spezifische von allgemein zivilisatorischen zu unterscheiden. Dennoch besteht Konsensus darüber, daß die außerordentlich günstigen Entwicklungsbedingungen, die in der Ära nach dem Zweiten Weltkrieg die enorme wirtschaftliche Expansion der westlichen Industriestaaten und den von ihr ermöglichten wachsenden Wohlstand ihrer Bewohner hervorgebracht haben, heute nicht mehr in gleicher Weise gegeben sind. In der Bundesrepublik erinnerte schon die Mitte der sechziger Jahre eintretende, verhältnismäßig milde, in ihren politischen Auswirkungen jedoch keineswegs so problemlose erste wirtschaftliche Rezession an das Ende des Wirtschaftswunders, und im Laufe der siebziger Jahre verstärkten sich weltweit die Faktoren, die einen beunruhigenden Wandel der wirtschaftlichen Entwicklung, wenn auch in einzelnen Ländern unterschiedlich, ankündigten.

1971 brach das ein gewisses Maß an Stabilität im Welthandel verbürgende Weltwährungssystem zusammen und mußte durch das viel labilere System freier Wechselkurse ersetzt werden. 1972 stieß der erste Bericht des Club of Rome über »die Grenzen des Wachstums« die Weltöffentlichkeit mit Wucht auf das drohende Problem der Erschöpfung der materiellen Ressourcen, und sie hat diesen Bewußtseinsschock trotz der wissenschaftlichen Fragwürdigkeit der Studie bis heute verinnerlicht. Dann kam 1973 die Ölkrise, die tiefe Störungen in der Weltwirtschaft verursachte. Sie bescherte den Deutschen anfangs das kuriose Erlebnis autofreier Sonntage, das sie immerhin lehrte, daß es auch einmal ganz anders kommen könnte. Schließlich jüngst, neben dem nagenden Dauerproblem der exzessiven inflationären Entwicklung, das dramatische Ansteigen der Arbeitslosigkeit, die alle beseitigt sehen möchten und es doch nicht können. »Tatsache ist, wir gehen nicht vorwärts, sondern versuchen zu verhindern, daß wir allzu weit zurückfallen. Schon läuft die Rolltreppe des Fortschritts rückwärts, und wir müssen uns anstrengen, um auch nur auf der Stelle zu treten.« (Ralf Dahrendorf, Die Chancen der Krise, Stuttgart 1983, S. 11)

Das verminderte wirtschaftliche Wachstum hat den in Zeiten einer stetig wachsenden Wirtschaft zügig ausgebauten *Sozialstaat* in Bedrängnis gebracht. Die gesetzlich festgelegten Leistungen des modernen Daseinsvorsorgestaates waren voller Zukunftsoptimismus in die Dynamik einer wachsenden Wirtschaft und der durch sie ermöglichten sozialen Verteilungsprozesse eingebaut worden, doch inzwischen, mit niedrigeren Wachstumsraten, wird die finanzielle Decke der staatlichen Haushalte dafür zu knapp, und der soziale Leistungsbedarf steigt noch, so daß entweder die Staatsverschuldung weiter ansteigt oder schmerzhafte Einschnitte ins soziale Netz erwogen werden müssen, die eine an wachsenden Wohlstand und lückenlose soziale Sicherheit gewöhnte Gesellschaft nur schwer und unter heftigen Auseinandersetzungen über die gerechte Verteilung der Lasten hinnimmt.

Über die gewichtigen und beunruhigenden Veränderungen des weltpolitischen Kräftefeldes zwischen West und Ost berichte ich im späteren Abschnitt über die Friedensbewegung (Kap. VI, 4).

Die eingefahrenen *Mechanismen der demokratischen Politik* sind überdies nicht besonders geeignet, sich abzeichnenden Schwierigkeiten rechtzeitig und angemessen zu begegnen. Dies hat nicht nur mit der Interessen- und Machtstruktur einer pluralistisch organisierten freien Gesellschaft zu tun, sondern auch mit der »Kurzatmigkeit wirtschafts-, finanz- und sozialpolitischer Entscheidungen«, die nach dem Urteil eines kompetenten Beobachters der demokratischen Entscheidungsstruktur der Bundesrepublik zu einem krassen »Mißverhältnis zwischen den sich anhäufenden Dauerproblemen und der Qualität der ergriffenen politischen Aktionen« führen (vgl. T. Sarrazin, in: DER SPIEGEL, Nr. 13, 1983, S. 102).

Grund für diese Unangemessenheit politischer Reaktionen auf sich abzeichnende Krisenlagen ist zum einen die Neigung der meisten Politiker und Bürokraten, die ermittelten Gegenwartstendenzen einfach in die Zukunft fortzuschreiben, vor allem dann, wenn sie günstig sind, und die reale Möglichkeit, daß es auch ganz anders kommen und laufen könnte, aus dem Gesichtskreis politischer Erwägungen zu verbannen. Diese Tendenz wird durch die gesteigerte Verwendung wissenschaftlicher Daten im Entscheidungsprozeß gestützt, die jeweils nur für die Gegenwart und die nahe Vergangenheit, jedoch nicht für die Zukunft verläßlich ermittelt werden können. Noch schwerer wiegt die im politischen Betrieb vorherrschende, durch die permanente Wettbewerbssituation zwischen Regierung und Opposition begünstigte Tendenz, in reduktionistischen Kategorien zu denken und zu arbeiten. Dabei wird eine komplexe Wirklichkeit auf eingeübte Wahrnehmungsmuster mit entsprechend eingepaßten Informationen reduziert, die die Entscheidungsträger daran hindern, die Zusammenhänge der sozialen und ökonomischen Wirklichkeit adäquat zu erfassen. Man hält für real, was einem in der Gruppe oder in den nahestehenden Interessenorganisationen als Realität suggeriert wird, was aber oft nichts mit der Wirklichkeit zu tun hat. So wird die komplexe Wirklichkeit im politischen Tagesgeschäft und Tageskampf in Schablonen und Formeln aufgespalten, wie sie heute zur Routine der Partei- und Verbandspolitik gehören. Die Auswirkung dieses reduktionistischen Trends ist in doppelter Hinsicht problematisch: Sie erschwert die Erarbeitung und Durchsetzung problemangemessener Entscheidungen und tragfähiger Kompromisse, und sie führt, was noch schwerer wiegt, zur Entfremdung der Politik von den Bürgern, in deren Interesse sie angeblich gemacht wird. Die im letzten Jahrzehnt festgestellte Parteien- und Staatsverdrossenheit vieler Bürger hängt nicht nur mit den Inhalten der von den Parteien vertretenen Politik, sondern nicht minder mit den stereotypen Formeln zusammen, deren sie sich dabei bedienen. (Der F.D.P.-Vorsitzende Genscher ist darin ein Meister: nie ein falsches, unbedachtes Wort, und doch wirkt seine Rede im ganzen schablonisiert und artifiziell.)

Dennoch sind die hier mitgeteilten Beobachtungen über die immanenten Schwierigkeiten der demokratischen Politik und ihres Betriebs, auf neue Problemlagen rechtzeitig und angemessen zu reagieren, nicht der entscheidende Faktor für die Veränderungen der Rahmenbedingungen der Politik, denn diese Situation ist nicht gerade neu; sie verstärkt freilich die allgemeine Unsicherheit und mindert das Vertrauen der Bürger in die Problemlösungskapazität der politischen Institutionen.

Die vergangenen Jahre schwächten jedoch nicht nur den bis dahin relativ ungebrochenen Glauben an den weiteren wirtschaftlichen, sozialen und technologischen Fortschritt, sie brachten mit der intensiven neuen Erfahrung der *»ökologischen Knappheit«* und der Sorge um die knapper werdenden Ressourcen für die Erhaltung des erreichten und die Schaffung zusätzlichen Wohlstands auch ein kritisches Bewußtsein ganz neuen Inhaltes ins Spiel, welches dem sich ohnehin ausbreitenden Krisenbewußtsein zusätzliche Nahrung gab. Während die einen mit der neuen Situation erschwerter Rahmenbedingungen für wirtschaftliches Wachstum fertig werden mußten und mit den verschiedensten Rezepten um ihre Verbesserung bemüht waren, entdeckten andere in der herkömmlichen Wachstumspolitik und ihren Instrumenten gerade den Hauptverursacher sich verschlechternder gesellschaftlicher Zustände und Befindlichkeiten. Doch die sich in der Ökologiebewegung formierenden Wachstumsgegner hatten an den eintretenden Wachstumsschwächen auch keine rechte Freude, zumal sie nicht das Ergebnis einer am neuen Kriterium der Lebensqualität orientierten Politik waren und überdies den von ihnen geschätzten umverteilenden Sozialstaat in Mitleidenschaft zogen, so daß sich das allgemeine Krisenbewußtsein von beiden Seiten verschärfte.

Zu den veränderten Rahmenbedingungen der Politik – verglichen mit den auf einem breiten Konsensus beruhenden Gegebenheiten und Zielsetzungen der fünfziger und sechziger Jahre – gehören darum nicht nur die erwähnten weltwirtschaftlichen Rezessionsphänomene und Strukturveränderungen, sondern auch die neuen, gegen das moderne Industriesystem und seine ökologischen und gesellschaftlichen Auswirkungen revoltierenden Bewußtseinshaltungen, denn auch das soziale Bewußtsein ist ein Datum der Wirklichkeit. Sie sind zu einem neuen politischen Faktor geworden, der von starken und teilweise aggressiven Minderheiten repräsentiert wird und mit dem die demokratische Politik ein Arrangement suchen muß, auch wenn sie sich, wie im Deutschen Bundestag, auf eine dem traditionellen Konsensus verpflichtete Mehrheit stützen kann.

Schließlich gehören zu den Rahmenbedingungen, die sich verändert haben, auch die *individuelle Befindlichkeit* des Menschen der modernen Industriegesellschaft und die *soziale Verfassung* im ganzen. Individuelle Befindlichkeit meint das Lebensgefühl des heutigen Menschen, seine Bedürfnisse und Einstellungen. Soziale Verfassung meint den Zustand der Gesamtgesellschaft, ihr Maß an Zusammenhalt und Gemeinsamkeit, die Stärke bzw. Schwäche ihrer zentralen Institutionen wie Familie, Schule, Betriebe etc. Sie schließt auch das Normengefüge einer Gesellschaft ein, seine Eindeutigkeit und Verbindlichkeit bzw. das Fehlen integrierender normativer Strukturen. Hier muß man gerade im Blick auf die Entwicklung der Bundesrepublik feststellen, daß im Zuge des außerordentlichen Erfolgs der Wachstumsgesellschaft, durch den aus einer im Krieg und Nachkrieg vorherrschenden extremen Mangel- und Notsituation eine Gesellschaft von hoher Prosperität mit kaum minder hohen Ansprüchen an den Staat erwuchs, sich die individuelle Befindlichkeit und, in Verbindung damit, die soziale Verfassung wesentlich verändert haben. Diese psycho-soziale Veränderung, die natürlich keineswegs gleichmäßig ist und Individuen wie soziale Gruppen unterschiedlich stark erfaßt, ist heute am greifbarsten im Generationenkonflikt. Er hat seine wesentliche Ursache in dem Umstand, daß die ältere Generation ihren Sozialisationsprozeß, durch den sie in die bestehende Gesellschaft eingefügt wurde, noch unter den Rahmenbedingungen einer Mangelgesellschaft mit ausgeprägten autoritären Strukturen erlebte, während die junge Generation unter den Bedingungen einer Gesellschaft des Überflusses mit freiheitlichen Verkehrsformen »sozialisiert« wurde. Aber Junge wie Alte sind heute insgesamt, trotz ihres unterschiedlichen lebensgeschichtlichen Hintergrunds, den durch schnellen sozialen und technologischen Wandel charakterisierten Bedingungen der Industrie- und Konsumgesellschaft ausgesetzt, die tendenziell die soziale Integration erschweren und dem menschlichen Bedürfnis nach Ausbildung einer individuellen wie kollektiven Identität eher abträglich als förderlich sind.

Die unmittelbare Nachkriegszeit und die Phase des Wiederaufbaus der deutschen Wirtschaft und Gesellschaft in der Ära Adenauer waren noch stark durch soziale Normen und Traditionen bestimmt, die dem Zustand der Modernität einer beweglichen und offenen Gesellschaft, für die Ralf Dahrendorf sich so stark machte, historisch vorauslagen, aber so

nützlich solche Traditionen und Tugenden beim Werk des materiellen Wiederaufbaus auch sein mochten, so wurden sie doch durch den schnell einsetzenden Erfolg der wachstumsorientierten Industriegesellschaft der Bundesrepublik zusehends mehr an den Rand gedrängt und büßten ihre motivierende und orientierende Kraft ein.
Mit dem politischen Durchbruch der sozialliberalen Koalition wurden dann auch im politischen Raum die durch den sozialen und technischen Wandel umgeformten Kräfte und emanzipatorischen Energien vollends freigesetzt. Sie trachteten danach, sich auf der Basis enorm gesteigerter materieller Lebensmöglichkeiten eine freie Bahn für ihre Wünsche, Interessen und Bedürfnisse zu schaffen. Der Machtwechsel von 1969 war die politische Folge des wachsenden Widerspruchs zwischen den moralischen und sozialen Orientierungen der Aufbauphase und den durch den erfolgreichen Wiederaufbau und Ausbau der Industriegesellschaft geweckten und freigesetzten Bedürfnissen nach Emanzipation aus eben diesen Orientierungen. Die prosperierende Industriegesellschaft vergrößerte nicht nur objektiv die materiellen Wahlmöglichkeiten des Durchschnittsbürgers in einem früher nur den herrschenden Eliten zugänglichen Maße, sie erweiterte auch das Spektrum moralischer und sozialer Normen. Diese verloren an Eindeutigkeit und Verbindlichkeit, was sie an Liberalität und Beliebigkeit gewannen. Das Ergebnis dieses Prozesses war und ist eine offenere, freiere, vielleicht auch mündigere Gesellschaft, die zugleich, jedenfalls an ihren Rändern, orientierungslos und labil erscheint. Es ist eine weniger integrierte, in ihrem Selbstverständnis verunsicherte Gesellschaft. Dieses sogleich noch näher zu umschreibende Faktum gehört unstreitig zu den veränderten Rahmenbedingungen der Politik in der Gegenwart. Die Frage der Zukunft wird sein, ob es gelingt, diese Entwicklung zu korrigieren und den brüchig gewordenen sozialen und politischen Konsensus der Bundesrepublik auf einer neuen Stufe der Entwicklung zu finden und zu festigen.

2. Die verunsicherte Gesellschaft

Es gehört zu den für die Situation unserer Zeit symptomatischen Erscheinungen, daß auf so wenig, was wir über die Zukunft der Industriegesellschaft in den Medien und in der politischen Auseinandersetzung lesen und hören, wirklich Verlaß zu sein scheint. Wir sind eine *verunsicherte Gesellschaft*. Verunsichert, das heißt vor allem, daß wir wegen der sich verändernden Rahmenbedingungen eine Gesellschaft ohne ein festes und ruhiges Vertrauen in die Zukunft sind. Die einen sehen es als ihre Pflicht an, die Zukunft der Industriegesellschaft nicht bloß grau in grau – was noch anginge –, sondern schwarz in schwarz zu malen; sie schlüpfen in das Gewand und Gehabe der Kassandra; sie verheißen uns die unweigerlich nahende Katastrophe, wenn wir nicht schleunigst umkehren. Die anderen mißtrauen – und ich finde, sie tun es mit mehr Recht – der neuen Romantik und ihrem vorgeschalteten Katastrophen-Szenario; sie setzen nach wie vor auf die Industriegesellschaft, die ihnen einen noch vor Jahrzehnten kaum vorstellbaren materiellen Wohlstand, eine Milderung der Arbeitsfron, soziale Sicherheit und größere Freiräume zur individuellen Daseinsgestaltung beschert hat. Sie wollen das Erreichte nicht durch eine radikale Umkehr aufs Spiel setzen, von der man nicht weiß, wohin sie uns führt. Sie hoffen, daß es möglich sein wird, die aus der Dynamik der Industriegesellschaft und ihren rapiden technologischen Entwicklungen resultierenden sozialen und ökologischen Probleme in erträglichen Grenzen zu halten. Sie sind, wie sich am 6. März 1983 mit aller Deutlichkeit gezeigt hat, nach wie vor in der Mehrheit, aber auch sie sind sich ihrer Zukunft nicht wirklich sicher und haben nicht geringe Mühe, sich mit den ungünstiger gewordenen Rahmenbedingungen für die industriegesellschaftliche Entwicklung abzufinden und ihre Erwartungen dem Strukturwandel anzupassen.

Dies freilich sind nur die antithetisch zugespitzten Positionen der Grundsatzdebatte einer verunsicherten Industriegesellschaft. Es läge nahe, zwischen dem Pro und Contra zur Industriegesellschaft eine vernünftige Mitte zu suchen und auf ihr einen neuen Konsensus aufzubauen, der eine humane Industriegesellschaft tragen und stabilisieren könnte. Es gehört jedoch zu den Eigentümlichkeiten und Schwierigkeiten der gegenwärtigen Lage, daß ein derartiger Mittelkurs nicht kontinuierlich gesteuert werden kann, weil entweder die Konfliktpositionen sich derart polarisiert haben, daß vernünftige Kompromisse nicht mehr ausreichende Zustimmung – insbesondere bei den organisierten Gruppen – finden können, oder weil es sich auch in der Sache um nicht zu vereinbarende, auseinanderstrebende Zielsetzungen handelt, bei denen mittlere Lösungen nicht zu finden sind. Die feststellbare Verunsicherung unserer gegenwärtigen Gesellschaft, die der Soziologe Helmut Klages die »unruhige Gesellschaft« nennt, äußert sich nicht nur in einem ausgreifenden Unbehagen im Ganzen und am Ganzen. Sie zeigt sich auch in den Erfahrungen des Alltags und der individuellen Lebenspraxis. In einer stabilen, ihres Weges in die Zukunft gewissen Gesellschaft sind es die gesellschaftlichen Normen und Institutionen des sozialen und politischen Lebens, die dem einzelnen und den sozialen Gruppen Halt und Orientierung geben. Durch sie und in Auseinandersetzung mit ihnen bilden sich persönliche und kollektive Identitäten aus. Die säkularisierte, durch raschen sozialen und technologischen Wandel charakterisierte Industriegesellschaft unserer Epoche relativiert jedoch unaufhörlich die Verbindlichkeit von sozialen und moralischen Normen und schwächt überdies die Integrationsfähigkeit der sozialen Institutionen, an denen der einzelne lediglich als Träger verschiedener sozialer Rollen, nicht aber als Person in ihrer Ganzheit teilhat und auch nicht teilhaben möchte. Darum schwindet die Identifikationsbereitschaft mit den großen Institutionen und Organisationen: mit dem Staat, der Kirche, der Familie, den politischen Parteien, dem Betrieb oder Amt, in dem man tätig ist. Die Institutionen verschwinden deswegen zwar nicht von der Bildfläche, aber sie bewegen sich schwerfällig, von emsigen Funktionären betreut und genutzt, in der sozialen Landschaft unserer Zeit. Es ist nicht nur die »Schwerfälligkeit des Tankers«, um das jüngst von Peter Glotz, dem Bundesgeschäftsführer der SPD, für seine Parteiorganisation benutzte Bild zu verwenden, die dem auf schnellere Reaktionen erpichten modernen Zeitgenossen nicht behagt, es ist auch der Umstand, daß es in einem solchen Riesentanker – sprich: in den bürokratisierten und technisierten Gehäusen moderner Groß-Institutionen – nicht besonders behaglich und heimelig ist.

So wird das Leben, obwohl es von außen gesehen so viel mehr Chancen und Möglichkeiten der Selbstgestaltung bereithält als früher, von vielen, vor allem den Jüngeren, nicht so sehr als Chance, nicht als interessantes, freibleibendes Angebot empfunden, sondern eher als eine Sackgasse, vor die zudem noch ein Labyrinth gesetzt worden ist, in dem man sich nicht zurechtfindet. Die Folge ist Frustration, Unlust, Orientierungslosigkeit, allgemeine Verunsicherung.

In der gegenwärtigen Gesellschaft, vor allem in den Generationen, die die historische Erfahrung des aus der Asche der nationalen Katastrophe sich erhebenden sozialen, politischen und materiellen Wiederaufbaus nach 1945 nicht haben machen können, sind zwei starke Triebkräfte am Werk, die sich sowohl gegenseitig stärken wie einander in die Quere kommen können: Es ist einerseits das Bedürfnis nach Befreiung, Emanzipation, Unabhängigkeit, das sich gegen die etablierten Autoritäten und die Macht der Apparate richtet, und andererseits das Bedürfnis nach Verwurzelung, Geborgenheit und Sicherheit, das nach festen Formen und Strukturen verlangt. Das emanzipatorische Bedürfnis möchte sozusagen *tabula rasa* machen, die Mächte, Apparaturen, Sachzwänge, die man als eine Bedrohung der anarchisch verstandenen Freiheit erlebt, aus der Welt schaffen. Das Sekuritätsbedürfnis hingegen sucht Anlehnung, Bestätigung, Halt, etwas, worauf Verlaß ist. Diese beiden starken Triebkräfte in unserer Gesellschaft können durchaus zusammenwirken, wenn es um die Kritik und Verurteilung der bestehenden Institutionen und der von ihnen verkörperten Normen geht, weil diese sowohl Freiheit einschränken wie auch in ihrer gegenwärtigen Verfassung das Verlangen nach Geborgenheit nicht zu stillen vermögen, aber sie wirken sich langfristig als gegensätzliche Kräfte aus, die einen Neubau der Gesellschaft nicht abstützen können. Das anarchische Freiheitsverlangen droht die Orientierungssicherheit zu zerstören, die allein durch die Anlehnung an Institutionen und ihre Normen gewonnen werden kann. Erst wird, bildlich gesprochen, alles der Selbstbestimmung Hinderliche abgeräumt, dann wird man gewahr, daß man nichts mehr hat, in dem man sich einrichten kann – außer sich selbst. Im Status gelungener Emanzipation muß man erst wieder neu aufbauen, um sich auch häuslich einrichten und wohl fühlen zu können. Dazu fehlt vielen die Kraft und produktive Phantasie. Die Hoffnung, auf die manche zu setzen scheinen, ist, man könne durch neue, den herrschenden Mustern konträre, also alternative Formen sozialer Bindung, durch neue Kommunikationsstrukturen z. B., das durch den dialektischen Prozeß der Emanzipation entstandene Sekuritätsdefizit kompensieren, aber vorerst ist es nicht viel mehr als eine Hoffnung, und, wie die Geschichte der Alternativbewegung zeigt, eine eher trügerische (vgl. Kap VI, 3).

Immerhin offenbart die Hinwendung zu kleinen Gruppen, etwa in der Gestalt von Wohngemeinschaften und Arbeitsgemeinschaften außerhalb der organisierten Institutionen, wie stark bei vielen das Bedürfnis ist, den Strukturen der modernen Rationalität und dem Konformitätsdruck der großen Institutionen, in denen man sich nicht mehr geborgen fühlt, zu entrinnen und statt dessen alternative Lebensstile zu entwickeln, die dem Bedürfnis nach menschlicher Nähe und Kommunikation eher Rechnung tragen als die herkömmlichen sozialen Organisationen. Erst recht ergibt sich aus dieser Neigung zur Dezentralisierung, zum »small is beautiful«, eine innere und oft auch äußere Distanzierung von den Großorganisationen in Staat und Gesellschaft, zu denen man keine echte Beziehung mehr aufbauen kann, zumal man sie als mächtige, den Menschen in feste Strukturen und Regeln einzwängende Apparaturen erlebt, die als solche Geborgenheit, geschweige denn Verwurzelung, nicht vermitteln können.

Gerade das, was die moderne Industriegesellschaft besonders charakterisiert, nämlich ihre rationale Zweckgerichtetheit und ihre Komplexität, wird heute als Herausforderung und Bedrohung empfunden. Man sucht deshalb nach Freiräumen, nach Nischen, nach Schlupfwinkeln, in denen man sich ein Leben nach eigenem Geschmack aufbauen kann. Der Sozialstaat macht's – zumindest teilweise – möglich. Zwar ist es vielfach so, daß diese alternativen Lebenskonzepte kaum Dauer und institutionelle Festigkeit gewinnen und insofern die Sehnsucht nach Geborgenheit nicht wirklich stillen können, aber es ist allemal ein Ausdruck des Unbehagens an dieser Gesellschaft, daß solche neuartigen Lebenskonzepte propagiert und ausprobiert werden. Karriere, Leistung, berufliches und soziales Ansehen, all jene starken Motivationen, die für den Erfolgsmenschen und Aufsteiger in der Industriegesellschaft typisch sind, haben in dieser neuen Lebensperspektive keine Anziehungskraft mehr gegenüber dem gewollt einfachen, in der Praxis freilich oft schwierigen Leben, das man führen möchte, um sich selbst zu finden und selbst zu bestimmen. Dem Alternativen von heute erscheinen die auf ihre Funktionen im industriellen und sozialen Prozeß abgerichteten Durchschnittsmenschen der Industriegesellschaft wie Unfreie, wie Figuren in einem Spiel, das andere spielen. Dieses Gefühl des Unbehagens teilt sich mehr und mehr auch denen mit, die gar nicht daran denken oder nicht die Kraft haben, ein Leben außerhalb der gesellschaftlichen Arbeitsteilung und der durch sie geschaffenen Institutionen zu führen. Sie verlieren gerade bei steigendem Wohlstand ihre Motivation zum Engagement für die industrielle Gesellschaft, ohne daß sie ihr ostentativ den Rücken kehren.

So hat sich in der heutigen Gesellschaft, nicht zuletzt wegen der unbestreitbaren materiellen Erfolge, die die moderne Industriezivilisation bisher errungen hat, ein Protestpotential mit einem großen resignativen Umfeld gebildet, das die Werte, deren Befolgung die Industriegesellschaft so groß und erfolgreich gemacht haben, mehr oder weniger radikal in Frage stellt. Diese Minderheit, die die schweigende Mehrheit oft übertönt, hat ein neues Wertbewußtsein entwickelt, welches die überkommenen Wertorientierungen der Industriegesellschaft abzulösen trachtet. Ob dies auf Dauer gelingen kann, ob eine Umpolung der industriellen Gesellschaft auf die neuen Werte persönlicher Daseinsverwirklichung z. B. auch im Arbeitsvollzug möglich ist, erscheint mir eher fraglich. Dennoch ist dieser Bewußtseinswandel, diese Suche nach einer neuen Identität jenseits der noch herrschenden Strukturen der arbeitsteiligen sozialen Organisation, ein nicht zu unterschätzender Faktor in der Zukunft der Gesellschaft. Er wirft Sand ins Getriebe; er untergräbt das Vertrauen in die Institutionen, die dieser Gesellschaft noch äußeren Halt und Form geben; er bekämpft die Vorherrschaft der instrumentellen Vernunft, die den Menschen ihren Zwecken verfügbar zu machen wußte, im Namen einer angeblich menschlicheren Vernunft, die Jürgen Habermas die kommunikative nennt.

So wird, wie ich fürchte, das Unbehagen eines gerade für die öffentliche Meinungsbildung nicht unwichtigen Teils dieser Gesellschaft als Unruhefaktor vorerst wirksam bleiben. Das Gefühl der Verunsicherung mit dem damit einhergehenden Sinndefizit als Folge normativer und institutioneller Erosionen wird vermutlich eher zu- als abnehmen. Es könnte freilich sein, daß eine Minderung der materiellen Lebenschancen, wie sie gegenwärtig am Horizont steht, den Trend umkehren und zu einer Abschwächung des Verunsicherungssyndroms beitragen könnte. Das bleibt abzuwarten. Es spricht einiges dafür, daß die konservative Grundwelle, die Helmut Kohl an die Macht gebracht hat, zumindest für eine Zeitlang begrenzte Stabilisierungseffekte erzeugt, die jedoch kaum ausreichen werden, das Unbehagen an der alten Politik zu beseitigen. Auch wenn Staat, Wirtschaft und Gesellschaft leidlich funktionieren, »dieses Funktionieren fasziniert nicht mehr und beruhigt kaum noch. Es schafft wenig Vertrauen. Und es erzeugt nur noch selten das wärmende Bewußtsein von Zusammengehörigkeit.« (H. Rudolph, in: DIE ZEIT, 8.4.1983)

Alle diese Beobachtungen berechtigen nicht gerade zu einem optimistischen Urteil über die künftige Entwicklung unserer Gesellschaft. Sie wird noch eine Weile unruhig und konsensschwach bleiben, weil es ihr an festen Orientierungen und Traditionen fehlt, die ihre Weiterentwicklung stützen könnten; sie wird auch kaum in der Lage sein, das hochgetriebene Aspirationsniveau eines großen Teils ihrer Mitglieder in Deckung zu bringen mit den von ihr anzubietenden Positionen und Lebenschancen (ein Blick auf den deutschen Studentenberg beweist es); sie wird, selbst wenn sie von der Mehrheit ihrer Mitglieder auch in Zukunft angemessen bedient und funktionsfähig erhalten werden sollte, worauf ich vertraue, mit kritischen und oppositionellen Minderheiten zu rechnen haben, die ihre an und gegen sie gerichteten Forderungen mit aller Entschiedenheit, notfalls auch mit Gewalt, durchzusetzen trachten. Es wird nicht eine Gesellschaft sein, in der sich eine der großen sozialen Utopien der Vergangenheit, die stets von neuem lebendig werden, konkret verwirklicht findet. Es wird weder eine klassenlose Gesellschaft geben noch eine Gesellschaft, die – ungleich wie sie ist – zu einer starken solidarischen Gemeinschaft zusammenwüchse, noch eine Gesellschaft, die das Sinnproblem des Menschen für alle ihre Glieder befriedigend wird lösen können, geschweige denn eine Gesellschaft, die das immer wieder aufbrechende Verlangen des Menschen nach ungebundener Freiheit ebenso optimal zu erfüllen vermag wie sein nicht minder zentrales Verlangen nach Sicherheit und Geborgenheit. Diese Spannung läßt sich nicht durch gutgemeinte Appelle an die »Bürger in diesem unserem Lande« aufheben, wir müssen mit ihr leben. Sie ist zu einer Rahmenbedingung heutiger Politik geworden.

3. Werteverschiebung und Bewußtseinswandel

Strittige Ursachen des Wandels

Es gehört zu den nie abschließend entscheidbaren Fragen der historischen und sozialen Wissenschaften, inwieweit das, was wir denken und was unser individuelles und soziales Bewußtsein jeweils ausmacht, durch die ökonomischen und sozialen Entwicklungsprozesse und Strukturen determiniert wird, in die wir als einzelne wie als Gesellschaft einbezogen sind. Wandlungen des Bewußtseins und Veränderungen in der Priorität von Werten im Rahmen einer Gesellschaft verdanken sich unstreitig einem Wandel der materiellen Strukturen, aber sie sind stets auch Vorgänge, in denen das Bewußtsein sich selbst bestimmt, und zwar in Auseinandersetzung mit der realen Erfahrung sich verändernder materieller Rahmenbedingungen.

Dies ist der allgemeine wissenssoziologische Hintergrund des alten Streites über die neue Frage, inwieweit die Bewußtseinsveränderungen der westlichen Industriegesellschaft, die in den zurückliegenden Jahren vielfach untersucht und diskutiert worden sind, als eine quasi zwangsläufige Folge veränderter materieller Rahmenbedingungen in der Entwicklung dieser Gesellschaften oder aber als das Ergebnis einer bewußt einseitigen und damit verzerrten Wahrnehmung und Deutung durch eine bewußtseinsbildende intellektuelle Elite zu erklären sind. So erklärt etwa Jürgen Habermas die unter dem Stichwort Werte- und Bewußtseinswandel diskutierten Erscheinungen, wie sie sich vornehmlich in der jungen Generation und in ausgeprägter Form in den sozialen Protestbewegungen manifestieren, durch den gesamtgesellschaftlichen Prozeß einer zunehmenden »Kolonialisierung der Lebenswelt«, während andere Autoren, z. B. Helmut Schelsky, darin eher die erfolgreiche Wirksamkeit einer neuen Klasse von Sinnproduzenten sehen möchten, die sich auf dem Rücken derer, die die Arbeit tun, kraft welcher die Gesellschaft sich faktisch am Leben erhält, den gefährlichen Luxus leisten, die weitere Funktionsfähigkeit dieser Gesellschaft durch ihre neuen Wertsetzungen und Sinnproduktionen zu unterminieren.

So betonen die einen also stärker die realen, in der gesamtgesellschaftlichen Entwicklung liegenden Ursachen des Bewußtseinswandels, die anderen mehr die geistige Verantwortung der Intellektuellen für seinen Inhalt, was sicherlich nicht weniger berechtigt ist. Das empirisch schwer faßbare Phänomen einer Verschiebung von Wertorientierungen und gesellschaftlich bedeutsamen Bewußtseinsinhalten und Einstellungen resultiert auch aus Prozessen der Bewußtseinsbildung durch unmittelbare geistige Einwirkung (Indoktrination, Zeitgeist, Wertevermittlung durch Bildungsinstitutionen und Massenmedien), die aus den realen Veränderungsprozessen allein nicht zu erklären sind. Zugespitzt läuft die aktuelle Kontroverse über die Ursachen des Wandels auf die Frage hinaus, ob man diejenigen Intellektuellen, die den Bewußtseinswandel als Ausdruck einer durch die »falsche« Struktur der Industriegesellschaft hervorgerufenen Opposition gegen diese willkommen heißen und nach Kräften vorantreiben, dafür tadeln soll, daß sie dem System dadurch Konsensschwierigkeiten bereiten, oder ob man ihre eigene Version ihrer Rolle akzeptieren soll, sie seien doch nur die Boten einer den Herrschenden vielleicht nicht angenehmen, aber doch unbestreitbaren Wahrheit. Nicht sie seien nämlich dafür verantwortlich, daß ein gesellschaftliches Krisenbewußtsein um sich greife, das deren Grundlagen in Frage stelle, vielmehr die Gesellschaft selbst, die eben so strukturiert und verfaßt sei, daß sie solche Krisen und entsprechende Reaktionen des Bewußtseins notwendig erzeuge.

Ein Prozeß der Bewußtseinsänderung, der in der Tat bedeutsame Folgen für die Stärke bzw. Schwäche des gesellschaftlichen Grundkonsensus haben kann, ist in Wirklichkeit immer beides: *Reaktion* auf materiale Veränderungen der gesamtgesellschaftlichen Entwicklung und ihrer Rahmenbedingungen und *Produktion* durch die autonome geistige Auseinandersetzung mit einer sich ständig wandelnden Realität. In diesem Prozeß der Produktion von Bewußtsein spielen die *Intellektuellen* als die das jeweilige Selbstverständnis einer Gesellschaft kritisch zum Ausdruck bringende soziale Gruppe zweifellos eine führende Rolle. Sie sind nicht bewußtlose Registratoren sich ohne ihr Zutun vollziehender realer Veränderungen, sondern Interpreten, die solche Wandlungsprozesse aus der Perspektive ihres eigenen Wertbewußtseins analysieren und interpretieren und damit in den Prozeß des Bewußtseinswandels direkt oder indirekt eingreifen.

Daraus ergibt sich eine mögliche Bestimmung für die Verantwortung des Intellektuellen in der freiheitlichen Gesellschaft. Als Agent des Bewußtseinswandels, der er unweigerlich ist (natürlich mit sehr unterschiedlichen Wirkungsgraden), trägt er gegenüber der Gesellschaft die Verantwortung für das, was er im Prozeß sozialer Bewußtseinsbildung konkret tut: ob er ihre Veränderung betreibt (wofür es gute Gründe geben kann) oder nicht, ob er intellektuell redlich ist oder nicht (wofür es keine Entschuldigung gibt), ob er rational argumentiert oder spekulativ-prophetisch (was er sich verbieten sollte), ob er sich in seinem Denken für neue Tatsachen und Erfahrungen offenhält oder im Rahmen eines ideologisch gepanzerten Denksystems operiert (was ihn zum Dogmatiker macht). In der öffentlichen Debatte über die Lebensfragen der Industriegesellschaft trifft man immer wieder auf Positionen, die mit dem Ethos des Intellektuellen, wie der Franzose Julien Benda es in seinem berühmten Buch über den »Verrat der Intellektuellen« schon vor fünfzig Jahren entwickelt hat, nur schwer vereinbar sind. Das ist zwar kein neues Problem, aber es drängt sich von neuem auf, wenn man beobachtet, wie das vieldiskutierte Phänomen des Bewußtseinswandels und seiner Folgen für die Zukunft der Industriegesellschaft nicht allein die Auswirkung einer real sich verändernden Gesellschaft auf deren Bewußtsein ist, sondern auch von den intellektuellen Agenten des Bewußtseinswandels aktiv miterzeugt und als ein Mittel zur Aufweichung des gesellschaftlichen Konsensus und der von diesem stark abhängigen gesellschaftlichen Integrationsfähigkeit und Stabilität eingesetzt wird. Es war diese Beobachtung, die mich dazu bewogen hat, meiner Mitte der siebziger Jahre geschriebenen Untersuchung über die neuen linken Theorien in der Bundesrepublik den Titel »Das Elend unserer Intellektuellen« zu geben.

Inhalte des neuen Bewußtseins

Der Bewußtseinswandel ist schon deshalb von Bedeutung für die weitere Entwicklung unserer Industriegesellschaft, weil das Faktum der bundesrepublikanischen *success story* für die neuen Anliegen und Werte keine positive Bedeutung mehr besitzt. Das systemkritische, fortschrittsskeptische Bewußtsein, das sich seit der Studentenrevolte immer stärker zu Wort meldet, negiert nämlich die herkömmlichen Maßstäbe zur Bestimmung des wirtschaftlichen und sozialen Erfolgs einer modernen Gesellschaft; es zeigt sich nicht mehr an Wachstumsraten, Produktivitätssteigerungen, technologischen Fortschritten und quantitativen Leistungsbilanzen interessiert; ihm gelten auch sozialer Friede und politische Stabilität nicht viel, sofern sie auf Kosten jener Güter und Werte gehen, die im neuen Wertbewußtsein die Priorität haben, nämlich: Erhaltung und Schonung der Natur und ihrer Ressourcen, ungehinderte menschliche Selbstverwirklichung ohne Kampf ums Dasein, ohne Konkurrenz und Leistungsdruck; die Gewinnung einer menschlichen und sozialen Identität in einer natürlichen und lebensfrohen Umwelt, in der der Mensch frei ist von sozialen und ökonomischen Abhängigkeiten und technokratisch administrierten Steuerungsprozessen.

Eine Tendenz zur »emotionalen Selbstdistanzierung« (H. Lübbe) vieler Menschen unserer Gesellschaft von der wis-

senschaftlich-technischen Zivilisation ist heute in der Tat unverkennbar. Mit anderen Worten: Die Zahl derer nimmt ab, die sich mit unserer Industriegesellschaft, ihren Werten, Institutionen, Errungenschaften und Verkehrsformen innerlich identifizieren; es wächst umgekehrt die Zahl derer, die sich in unserer Industriegesellschaft »irgendwie« *unbehaglich* fühlen: unbehaglich als Bürger in einer von Parteien und Verbandsfunktionären gemanagten Demokratie, unbehaglich in den rationalisierten Abläufen und den disziplinierenden Zwängen der modernen Arbeitswelt, unbehaglich in den bürokratischen Strukturen der verwalteten Welt, unbehaglich inmitten immer neuer technologischer Konstruktionen und Innovationen, zutiefst verunsichert, ob der technologische, wirtschaftliche und soziale Fortschritt, von dem noch immer die Rede ist, überhaupt noch echte Fortschritte an Lebensqualität sowohl für die Gesamtgesellschaft wie auch für den einzelnen mit sich bringen kann.
Der Bewußtseinswandel hat seine Ursache einerseits in den realen Auswirkungen einer emotional verunsichernden, expansiv ausgreifenden, die Umwelt nicht von vornherein schonenden und vorwiegend an materiellen Kriterien und Interessen und ihrer Konkurrenz ausgerichteten zivilisatorischen Entwicklung, andererseits wird er nachhaltig beeinflußt und verstärkt durch kritische Theorien, Meinungen und Einstellungen, die, von Intellektuellen artikuliert, mit Hilfe der verstärkenden Kraft der modernen Massenmedien auf das kollektive Bewußtsein einwirken. Das hat u. a. zur Folge, daß die neuen Bewußtseinsinhalte in vielen Fällen gar nicht mehr durch konkrete Erfahrungen vermittelt sind. Sie gewinnen ein Eigenleben und eine Eigendynamik jenseits der subjektiven Erfahrungswelt. Empirisch nicht überprüfte oder überprüfbare Aussagen über die unheilvolle Auswirkung technologischer Entwicklungen auf den Menschen oder über die Ursachen von Konflikten und Problemen in unserer Gesellschaft werden zu Gemeinplätzen des öffentlichen Geredes über die Zukunft der Industriegesellschaft, die ungeprüft weiter kolportiert werden und einen wirklich-

keitsorientierten Dialog oft unmöglich machen.
Das neue Bewußtsein verschmäht die Rationalität, in deren Vorherrschaft es die Ursache aller Übel und Leiden erblickt, gegen die es aufbegehrt, und bekennt sich zur Priorität der Gefühlswerte. Ein neuer sozialer Typus bildet sich aus. Man hat ihn den *Empfindungsmenschen* genannt und wohlwollend so beschrieben:
»Der Empfindungsmensch zeichnet sich durch drei Züge aus. Er ist spontan: Er lebt für den Augenblick und plant nicht auf lange Sicht. Er ist atheoretisch: Er schätzt das Erlebnis höher als jede Ideologie. Und er ist dem Imaginären zugetan: Er liebt die Träume, die Hoffnungen, die Utopie, den Sprung aus dem als ungenügend empfundenen Alltag. Sein Gegentypus ist der pflicht- und verantwortungsbewußte, bürgerliche Achtbarkeit anstrebende ›politische Mensch‹, und es ist vor allem der ›technische Mensch‹, der Leistung und Effizienz hochhält und durch Qualifikation und Konkurrenz nach gesellschaftlichem Erfolg trachtet.
Die Stichworte, denen dieses Leben (des neuen Typus) gehorcht, heißen Natürlichkeit, Spontaneität, Gemeinschaftlichkeit, Offenheit, Kreativität. Der Empfindungsmensch hat den Verkrustungen, Erstarrungen und Entfremdungen des Karriere- und Familienlebens, wie es sich der politische und technische Mensch eingerichtet hat, gekündigt. Er sucht das Unverfälschte, Unverstellte, den wahren Geschmack der Dinge, ihr wahres Aussehen. Er tappt suchend nach seinen wahren Gefühlen.« (Dieter E. Zimmer, in: DIE ZEIT, 3.7.1981)
Der Empfindungsmensch, das ist bereits der Mensch des gewandelten Bewußtseins. Er liest Erich Fromm und will den ihn allseits umgebenden Geist des *Habens* durch die Orientierung am *Sein* ersetzen (was übrigens um so leichter fällt, je mehr man hat); er studiert Jürgen Habermas und die Kritische Theorie und kämpft gegen die Herrschaft einer bloß instrumentell gebrauchten und darum angeblich mißbrauchten Vernunft; er fürchtet mit Erhard Eppler das *Ende*, sofern nicht umgehend die *Wende* ins Werk gesetzt wird; er will *die*

Phantasie an die Macht bringen und seine Träume Wirklichkeit werden lassen. Er lebt im Dissens mit den Werten und Institutionen der entwickelten, hochtechnisierten Industriegesellschaft. Nicht durchgängig freilich, denn der Empfindungsmensch wäre in einer Welt des Mangels, der Entbehrungen, des beständigen Ringens um die Sicherung der elementaren Lebensgrundlagen nicht gut vorstellbar, ist er doch selbst ein Kind des durch den Erfolg der Industriegesellschaft ermöglichten breiten Wohlstands. Die prosperierende Industriegesellschaft bringt ihre undankbaren Söhne und Töchter selbst hervor. Sie erzeugt aus sich heraus Wertkonflikte zwischen der vom Rationalitäts- und Effektivitätsprinzip gesteuerten Sphäre wirtschaftlicher Produktion und administrativer Organisationen einerseits und der von vielerlei nichtrationalen Optionen bestimmten Welt der Freizeit andererseits, die dem Menschen individuelle Selbstverwirklichung bei hohem Lebensstandard ermöglichen soll. Die bestimmenden Werte der Massenkonsumgesellschaft sind in der Tat andere als die im Bereich der Produktion und der Wirtschaft im engeren Sinne geltenden. Während für die industrielle Produktion und bürokratische Organisation Gesichtspunkte wie Effizienz, ökonomisches Verhalten, Rationalität, Optimierung und Maximierung des Ergebnisses eine nach wie vor entscheidende Rolle spielen, gelten im Bereich des modernen Massenkonsums ganz andere Richtwerte. In der Konsumsphäre der Industriegesellschaft herrscht, wie der amerikanische Soziologe Daniel Bell hervorgehoben hat, ein hedonistischer, die Ausschweifung und Vergeudung begünstigender Grundzug, während die Welt der industriellen Produktion nach wie vor vom strengen Prinzip der Rationalität und Askese bestimmt wird: »Die eine Strömung hebt ab auf funktionale Rationalität, technokratische Entscheidungsfindung und meritokratische Entlohnung, die andere auf apokalyptische Stimmungen und antirationale Verhaltensweisen. Dieses Auseinanderfallen macht das Wesen der historisch bedeutsamen Kulturkrise aller westlichen bürgerlichen Gesellschaften aus. Dieser kulturelle Widerspruch dürfte auf längere Sicht die verhängnisvollste Kluft der Gesellschaft bilden.« (Daniel Bell, Die Zukunft der westlichen Welt, Frankfurt/M. 1976)

Selbstverwirklichung ist zu einem Schlüssel der neuen Bewußtseinshaltung geworden, ihr steht die in der Regel rigide geordnete Arbeitswelt störend im Wege. Die zweckrationalen Anforderungen der modernen Arbeitswelt und auch der auf sie vorbereitenden Bildungseinrichtungen werden heute darum häufiger als Belastung, als Streß erlebt, selbst da, wo sie objektiv geringer geworden sind. Das Bestreben richtet sich darauf, die mit dem Kapitalismus ursprünglich verbundene puritanische Arbeitsethik und Arbeitsgesinnung und das ihm korrespondierende Pflicht- und Leistungsbewußtsein aufzugeben zugunsten einer von den neuen Bewußtseinsinhalten der Freizeitwelt inspirierten Einstellung persönlichen Beliebens. Arbeit soll im Idealfall als Spiel, als Muße betrieben werden können. Man will Arbeit aus dem harten Reich der Notwendigkeit ausgliedern, sie Stück für Stück dem schönen Reich der Freiheit und freien Selbstbestimmung annähern.

Der Bewußtseinswandel der westlichen Industriegesellschaft, in Amerika früher wahrgenommen als in der Bundesrepublik, ist eine soziale Tatsache. Er zeigt sich in seiner extremsten Ausprägung in den Ideen und Verhaltensweisen der an den Rändern und in den Nischen der Industriegesellschaft hausenden Alternativbewegung; er ist erkennbar in zahlreichen Bürgerinitiativen und in der Ökologie- und Friedensbewegung; er spielt eine Rolle bei den Prozessen der Entfremdung vom etablierten Parteien- und Verbändesystem, dem man vorwirft, der neuen Wirklichkeit, wie sie sich dem gewandelten Bewußtsein darbietet, nicht mehr gemäß zu sein und deshalb den Weg in eine humane Zukunft zu verfehlen; er ergreift mit seiner starken Orientierung an den konsumtiven Werten der Freizeit und den ordnungskritischen Werten der individuellen Selbstverwirklichung auch bereits die großen sozialen Institutionen des Wirtschafts- und Soziallebens. In ihnen liegen die neuen hedonistischen

und narzißtischen Werte und die aus ihnen fließenden veränderten Verhaltensweisen im Bereich der Arbeit und der sozialen Kommunikation mit den alten, mehr auf Effektivität und Leistung bezogenen Wertorientierungen im Streit.
Die greifbarsten empirischen Daten für den Bewußtseinswandel der Industriegesellschaft liefert uns die soziologische Umfrageforschung, obwohl mit Fug bezweifelt werden kann, daß das Bild, das sie uns vom Werte- und Bewußtseinswandel vermittelt, mit dem voll übereinstimmt, was sich tatsächlich vollzieht. Die bekannteste derartige Untersuchung, der zahlreiche ähnliche gefolgt sind, war die des amerikanischen Soziologen Ronald Inglehart, in der er den von ihm empirisch untersuchten Prozeß des Wertwandels als eine zunehmende Umorientierung der Bevölkerung von materialistischen auf postmaterialistische Werte beschrieb, die wie eine »stille Revolution« vor sich gehe. Zwar waren in der Bundesrepublik die Postmaterialisten, um in dieser leicht mißzuverstehenden Ausdrucksweise zu bleiben, im Jahre 1978 gegenüber den Materialisten noch deutlich in der Minderheit (11% gegenüber 38% Materialisten, der große Rest nicht eindeutig den beiden Sozialtypen zurechenbar), aber ihr Anteil an der jungen Generation war weitaus stärker und unter den Studenten sogar schon in der Mehrheit, so daß die Schlußfolgerung nahelag, die postmaterialistische Werthaltung würde im Zuge des fortschreitenden Generationenwechsels bald zu einer gesellschaftlich bestimmenden Einstellung werden können.
Als typisch postmaterialistische Orientierungen gelten: ein starkes Interesse an Partizipation in Wirtschaft und Politik, eine Bevorzugung qualitativer Lebensinhalte, die im Sammelbegriff der Selbstbestimmung gefaßt werden, bei entsprechender Geringschätzung rein quantitativer, ausschließlich materieller Daseinsorientierungen. Produktivität, Arbeit, Fleiß, Leistung, Ordnung, Disziplin, Karriere, Wettbewerb, also alle die Werte, die von den traditionellen Verteidigern der Industriegesellschaft für unverzichtbar gehalten werden, wenn das System weiterhin erfolgreich funk-

tionieren soll, werden im gewandelten Bewußtsein zugunsten neuer Wertorientierungen verdrängt. Psychisch akzentuierte Werte wie Lebensqualität, Kreativität, Selbsterfahrung, Solidarität, Kommunikation, Naturverbundenheit etc. stehen dabei im Mittelpunkt und werden den materialistischen kritisch entgegengehalten. Zwar läßt sich natürlich auch im Rahmen der sogenannten alten Werte der Industriegesellschaft eine Einbeziehung der postmaterialistischen Werte in Gestalt einer zwar nicht spannungsfreien, gleichwohl fruchtbaren Synthese vorstellen, und sie wird faktisch von vielen Menschen der Industriegesellschaft auch immer wieder probiert, doch sehen die Träger des neuen Wertbewußtseins die von ihnen hochgehaltenen neuen Werte in einer antagonistischen Perspektive als *Gegenwerte* zur Industriegesellschaft. Es sind bewußt alternative, nicht komplementäre Werte, obgleich sie als solche in der Entwicklung der technisch-wissenschaftlichen Zivilisation immer auch eine Rolle gespielt haben. Dies ist der Grund, warum der Bewußtseinswandel von ihren Verteidigern nicht als eine willkommene und notwendige Ergänzung der stärker instrumentellen und funktionalen Wertorientierung der Industriegesellschaft begriffen wird, sondern als eine Herausforderung, die, wenn sie Erfolg hätte, die Dynamik und Leistungsfähigkeit der Industriegesellschaft zerstören müßte.

Das Ziel: ein neuer Konsensus für die Industriegesellschaft

Soweit sind wir indessen noch nicht: Zwar haben wir im Zuge der durch den Erfolg der wachstumsorientierten Industriegesellschaft ermöglichten Verbesserung des allgemeinen Lebensstandards eine Situation erreicht, in der nichtmaterialistische psychische Bedürfnisse auf der Basis eines hohen Standards ökonomischer und politischer Sicherheit nachweislich eine wachsende Rolle spielen und zu einer Verschiebung in der Priorität der Werte und zu entsprechenden Veränderungen des sozialen Bewußtseins geführt haben, doch die entscheidende Frage wird sein, ob diese Verschiebung in der Wertorientierung die für die Aufrechterhaltung und Fortentwicklung der Industriegesellschaft zentralen Werte wirksam zu schwächen oder gar außer Kraft zu setzen vermag oder ob es gelingt, postmaterialistische und materialistische Wertorientierungen in einer friedlichen Koexistenz zu halten und in einem neuen Konsensus zu integrieren. So kann zum Beispiel das im neuen Wertbewußtsein besonders hoch eingeschätzte Interesse an Mitbestimmung (Partizipation) sich fruchtbare Betätigungsmöglichkeiten auf lokaler Ebene oder in bestimmten sozialen Tätigkeitsfeldern erschließen, aber es darf nicht, wie es die Idee der Basisdemokratie impliziert, zu einer Aushöhlung und Blockierung der repräsentativen Demokratie und der für eine Industriegesellschaft notwendigen zentralen Entscheidungsorgane führen, wenn diese funktionsfähig bleiben soll. Das gleiche gilt für den dem neuen Bewußtsein suspekten Leistungsgedanken. Es lassen sich gewiß andere Arten der Leistung und Leistungsbemessung denken als die quantitativ orientierten, die bei uns noch vorherrschen; nicht vertreten läßt sich indes eine Position, die das Leistungsprinzip schlechthin ablehnt, in der gar die Schwächung der Leistungsfähigkeit der arbeitsteiligen Industriegesellschaft als eine wünschenswerte Leistung betrachtet wird, sei es durch pure Leistungsverweigerung, sei es durch Leistungen, die darauf gerichtet sind, die Wettbewerbs- und Funktionsfähigkeit der Industriegesellschaft zu untergraben.

Deshalb ist die geistige und politische Auseinandersetzung über die richtigen und notwendigen Wertorientierungen für die Überlebensfähigkeit der Industriegesellschaft von nicht zu unterschätzender Bedeutung für die Zukunft. Es geht darum, die falschen Zumutungen abzuwehren, die aus einer einseitig gegen die alten Werte und Strukturen der westlichen Industriegesellschaft gerichteten Interpretation des Bewußtseinswandels erwachsen.

Wie soll man sich angesichts dieses Wandels und seiner möglichen weiteren Auswirkungen auf unsere Gesellschaft verhalten?

Ich möchte zwei Strategien empfehlen, die sich gegenseitig auszuschließen scheinen, aber, wie ich meine, durchaus komplementär sein können. Die erste Strategie besteht darin, mit diesem Bewußtseinswandel zu rechnen, ihn nicht für das Werk einiger weniger realitätsferner Utopisten oder intellektueller Verführer zu halten, die man getrost ignorieren könne. Es gilt, sich klarzumachen, daß die eingetretene Verunsicherung unseres Bewußtseins ein tiefgreifender gesellschaftlicher Prozeß ist, der zwar intellektuell intensiv gefördert worden ist, aber doch durch die stürmische Entwicklung der westlichen Industriegesellschaft und den durch sie bewirkten rapiden sozialen Wandel zu einem wesentlichen Teil selbst erzeugt worden ist.

Mit der neuen Situation rechnen, das heißt: die Ängste, Besorgnisse und Entfremdungserfahrungen, die viele Menschen – vor allem die jungen – heute beschweren, nicht verniedlichen oder für eine eingebildete Krankheit erklären, sondern sie als Ausdruck einer kulturellen Krise unseres Selbstverständnisses in der wissenschaftlich-technischen Welt ernst nehmen und sie abzubauen trachten. Das ist gewiß nicht leicht, und es setzt vor allem eine Erziehung zu nüchterner Wirklichkeitserkenntnis und zum verantwortungsbewußten Gebrauch unserer Freiheit voraus, beides Dinge, in denen wir Deutschen nicht besonders bewandert und erfahren sind. Dazu gehört nicht zuletzt die angemessene Einschätzung dessen, was wir durch die Industriegesellschaft erreicht haben und trotz des um sich greifenden Unbehagens nicht leichtfertig aufs Spiel setzen dürfen.

Die zweite Strategie, die ich empfehle, ist die der Konfrontation oder, verträglicher formuliert, der offenen kritischen Auseinandersetzung. Diese sucht die offene und öffentliche Konfrontation mit geistigen Positionen, die die Bewußtseinskrise unserer Gesellschaft zum Teil unter Mißachtung der Vernunftregeln bewußt verschärfen und dadurch Spannungen erzeugen, die dieses Bewußtsein in einen immer stärkeren Gegensatz zu den etablierten gesellschaftlichen Institutionen und den von ihnen noch vertretenen Werten treiben müssen. Ich glaube, daß es vor allem darauf ankommt, die neuen Wertorientierungen, die man nicht hinwegreden kann, im Rahmen der bestehenden Institutionen zu verarbeiten; wir müssen die gestörte Balance zwischen den Institutionen, mit denen wir unser politisches und ökonomisches Leben gestalten, und den Werten, die diese Institutionen tragen und inspirieren sollen, auf einer neuen Stufe unserer Entwicklung wiederherstellen. Mit anderen Worten: Wir müssen daran arbeiten, einen neuen Konsensus zu gewinnen, in dem die sensiblen Punkte unserer Entwicklung, die heute soviel Unbehagen und Widerstand verursachen, als von der gesamten Gemeinschaft zu lösende neue Probleme aufgenommen werden.

Die Bewußtseinskrise oder Verunsicherung der Industriegesellschaft ist durch die Folgewirkungen der wissenschaftlich-technischen Entwicklung und die gesteigerte Sensibilität der Menschen in der Wohlstandsgesellschaft erzeugt und durch intellektuelle Dramatisierung unnötig verschärft worden. Der neue Konsensus, den es zu finden und dann zu stabilisieren gilt, muß der neuen Empfindsamkeit und dem Unbehagen an den »das humane Maß« (Fritz Schumacher) überschreitenden Auswüchsen und den Gefährdungen der wissenschaftlich-technischen Zivilisation angemessen Rechnung tragen, ohne daß wir der Versuchung nachgeben, unsere freiheitlichen politischen und ökonomischen Strukturen umzubauen, ja, gar zu zerschlagen, um sie dem Bewußtseinswandel anzupassen.

Wir stehen nicht in einer Zeitenwende, und es bedarf keiner völlig neuen Politik. Es ist weder ratsam, die parlamentarische Demokratie mit ihren Freiheitsrechten für die Bürger noch die sozial temperierte kapitalistische Wirtschaftsordnung mit dem regulativen Prinzip des Marktes abzuschaffen, um der neuen Lage gerecht zu werden. Vielmehr geht es darum, die unverzichtbaren Grundwerte der westlichen Zivilisation auch in Zeiten eines rapiden sozialen und technologischen Wandels lebensfähig und menschlich zu erhalten und allen irrationalen Versuchen entschlossen entgegenzutreten, eine Neuauflage von Oswald Spenglers »Untergang des Abendlandes« zu inszenieren.

4. Stehen wir am Ende des »sozialdemokratischen Jahrhunderts«?

In der gegenwärtigen, vielfach als kritisch empfundenen Situation der westlichen Industriegesellschaften beschleicht viele Menschen Besorgnis um die Zukunft. Bei nicht wenigen ist es die Sorge um den Arbeitsplatz, bei den Auszubildenden die Sorge um einen ihren Wünschen und Fähigkeiten gemäßen Platz in der Gesellschaft, bei den Grünen die Sorge um die Umwelt, bei den Pazifisten alter und neuer Art die Sorge um den Frieden, bei den über die eigenen Grenzen Hinausblickenden die Sorge um das wachsende Mißverhältnis zwischen den reichen Industriestaaten des Nordens und den von Hunger und Unterentwicklung bedrohten Staaten der Dritten oder Vierten Welt, und vieles andere mehr. Der Sorge um die Zukunft entspricht ein immer freimütiger geäußertes Gefühl der Angst um die Zukunft, wie es vor allem in der Umwelt- und Friedensbewegung kultiviert wird, wobei man allerdings oft nicht klar erkennen kann, ob es sich um wirkliche Angstgefühle oder um ein Kokettieren mit ihnen handelt.

Die Veränderungen in den Rahmenbedingungen der westlichen Industriegesellschaften, die zwar einschneidend und bedeutsam sind, aber gleichwohl die Industriegesellschaften bislang noch nicht aus den Bahnen und Denkformen ihrer bisherigen Politik geworfen haben, werden dabei vielfach als so tiefgehend und gravierend empfunden, daß man in einer Zeitenwende zu stehen meint, in der eine historische Epoche zu Ende geht und eine neue sich vorbereitet, von der man noch nicht weiß, wohin sie uns führt und welche Katastrophen oder realen Hoffnungen sie für uns bereithält. Diese Reaktion ist verständlich bei den in der Ökologie- und Friedensbewegung heimischen Propheten des kommenden Weltuntergangs und der drohenden Umweltkatastrophe, denn sie leben vom Geschäft der Dramatisierung und bewußten Übersteigerung der uns umringenden Gefahren. Sie ist indes eher überraschend bei Autoren, deren Blick auf die Situation der Zeit nicht durch die einseitige Fixierung auf ein bestimmtes Katastrophen-Szenario getrübt ist. Es ist indes auffällig, daß auch so geschätzte wissenschaftliche Beobachter des säkularen Zeitgeschehens wie der Soziologe Ralf Dahrendorf dazu neigen, die Veränderungen in den Rahmenbedingungen und in den Bewußtseinshaltungen der gegenwärtigen westlichen Industriegesellschaft als das Ende eines Zeitalters und als Übergang in eine neue Epoche zu deuten.

In seinem jüngsten Buch, das sich mit den »Chancen der Krise« befaßt, hat Dahrendorf seine schon vor Jahren vorgetragene These vom »Ende des sozialdemokratischen Konsensus« in der deutschen Politik zu der starken Behauptung vom »Ende des sozialdemokratischen Jahrhunderts« erweitert. Nach einem Überblick über die Errungenschaften dieser jetzt zu Ende gegangenen Epoche stimmt er ihren »Grabgesang« an, denn »die Annahmen der Welt von gestern helfen uns nicht weiter bei der Bewältigung der Probleme von morgen« (S. 16).

Dahrendorf stellt das sozialdemokratische Jahrhundert anhand der sechs Stichworte Wachstum, Gleichheit, Arbeit, Vernunft, Staat und Internationalismus dar und endet seine kurze Charakterisierung des Inhalts und der Bedeutung dieser Hauptthemen der sozialdemokratischen Epoche (die natürlich nicht auf die Sozialdemokratische Partei und ihre Politik beschränkt ist, sondern auch die bürgerlichen Parteien meint, die den auf kapitalistischer Grundlage beruhenden demokratischen und sozialen Rechtsstaat mit aufgebaut haben) jeweils mit der Frage, was denn geschehe, wenn...: wenn z. B. Wirtschaftswachstum für längere Zeit in ausreichendem Maße nicht mehr erreichbar wäre oder wenn z.B. gegenüber dem bisher gültigen Primat der Vernunft ganz andere geistige und emotionale Haltungen Raum gewännen. Mit diesen Fragen spielt er auf Veränderungen in den Rahmenbedingungen und Bewußtseinshaltungen an, von denen er anzunehmen scheint, daß sie der Ausgangspunkt für das Heraufziehen einer post-sozialdemokratischen Epoche wären, deren ganz neue Themen und Probleme er in einzelnen Abschnitten seines Buches im Blick auf »die Zukunft des Liberalismus« zu behandeln sucht.

Ich kann Dahrendorfs These vom Ende des sozialdemokratischen Jahrhunderts nicht teilen. Sie ist ein literarischer Kunstgriff, eine rhetorische Übertreibung. Sie schreibt den sich keineswegs dramatisch verändernden Rahmenbedingungen der Politik der heutigen Industriegesellschaft eine so umwälzende, ja epochemachende Bedeutung zu, daß ihr Erfinder, der sich in seinen Teilanalysen sehr wohl an Phänomenen der Wirklichkeit orientiert, sie gar nicht so plausibel begründen kann, wie es für eine These von diesem Gewicht eigentlich notwendig wäre. Ich bin hingegen der Auffassung, daß die großen Themen und Probleme des sozialdemokratischen Konsensus auch weiterhin auf der Tagesordnung der Politik der Bundesrepublik und der westlichen Industriegesellschaften bleiben werden. In der vor uns liegenden Zeit wird es vor allem darum gehen, die Errungenschaften des sogenannten sozialdemokratischen Jahrhunderts auch in einer Ära zu bewahren, in der es zugegebenermaßen nicht mehr so einfach und selbstverständlich sein wird wie in den Jahren des Wirtschaftswunders und des zunehmenden Wohlstandes, stetiges Wachstum zu sichern, den Gedanken der Gleichheit in praktische Politik umzusetzen, allen genügend Arbeit zu geben, dem Glauben an die Vernunft ein unangreifbares Daseinsrecht zu sichern und den Staat als wohlwollenden Anwalt der Daseinsvorsorge für die in ihm lebenden Menschen zu sehen. Alle diese Themen bleiben unvermindert aktuell, und sie ändern sich nicht schon dadurch, daß die Bedingungen für die Realisierung sozialdemokratischer Ziele nicht mehr ganz so günstig zu sein scheinen wie in den zurückliegenden Jahrzehnten der Expansion der Industriegesellschaft.

Ein Blick in die aktuelle Tagespolitik der Industriestaaten und auch ihrer internationalen Verflechtung zeigt uns, daß von einem Übergang in eine neue Epoche nicht die Rede sein kann. Die veränderten Rahmenbedingungen haben die Themen der sozialdemokratischen Politik nicht obsolet werden lassen, auch wenn der Konsensus sich dadurch etwas abgeschwächt hat; sie haben auch nicht, wie Dahrendorf behauptet, die Möglichkeiten dieses Themas erschöpft; sie haben lediglich das Problem gestellt, wie unter erschwerten äußeren und inneren Voraussetzungen Wachstum noch erreichbar, Gleichheit und Gerechtigkeit noch unvermindert erstrebenswert, Vernunft noch chancenreich und staatliche Gewalt noch wohlwollend organisiert sein kann. All dies sind gewiß neue Herausforderungen für eine Gesellschaft, die sich vielleicht zu sehr daran gewöhnt hatte, im Rahmen des sozialdemokratischen Konsensus ein unaufhaltsames Mehr an Wachstum, Wohlstand, Gerechtigkeit und Mündigkeit zu erreichen und für selbstverständlich zu halten, und sich nun mehr nach der Decke strecken muß, aber es sind keine grundsätzlichen Richtungsänderungen, um die es geht, keine epochalen Umwälzungen, die sich abzeichnen, sondern Anpassungsprobleme, wie sie in einer sich stetig verändernden Welt immer wieder auftreten.

Das sozialdemokratische Jahrhundert ist noch nicht zu Ende. Ralf Dahrendorf, dieser so anregende und bewegliche Denker des Zeitgeistes (vgl. Kap. III, 5), hat seinen Grabgesang zu früh angestimmt. Er hat sich, so fürchte ich, anstekken lassen vom zeitgenössischen Gefühl und Gerede einer Zeitenwende, die es nicht gibt, und nur einen literarischen Beweis dafür erbracht, daß wir in wendischen Zeiten leben, in Zeiten einer gewissen Ratlosigkeit und Verunsicherung, wie der Zeitgeist sie in der Tat offenbart. Doch es wäre ein verhängnisvoller Trugschluß, das unstete Flackern des Zeitgeistes mit dem Beginn einer wirklichen Zeitenwende zu verwechseln. Die Themen des sozialdemokratischen Konsensus bleiben auch in Zukunft große Themen der Politik; sie werden in neuen Variationen dargeboten werden, gewiß, doch es handelt sich nicht um einen epochalen Themenwechsel. Man begünstigt nur das irrationale Verlangen nach einer anderen, alternativen Politik, wenn man sich der Suggestion einer Zeitenwende hingibt, in der »das Morgen nicht die Fortsetzung von gestern« sein wird. Die Eule der Minerva – dieses berühmte Hegelsche Sinnbild der Zeitenwende – hat ihren Flug noch nicht begonnen. Sie bleibt – vorerst noch – in ihrem Nest.

III
Das neue Krisenbewußtsein

1. Das Aufkommen der Totalkritik

Die Bundesrepublik Deutschland begann ihren Weg durch die Geschichte ohne jedes Gefühl des Triumphes und der Sicherheit über den mit dieser demokratischen Neugründung eingeschlagenen Weg. Man war sich bewußt, daß die Katastrophe des Dritten Reiches dem westlichen Teil Deutschlands noch einmal die Chance gab, das 1933 so verhängnisvoll gescheiterte erste Experiment mit der demokratischen Staatsform ein weiteres Mal zu wagen, wenngleich im Angesicht der deutschen Teilung und unter Bedingungen, die zunächst von den Siegermächten diktiert waren und keine allzu optimistischen Erwartungen in die Zukunft zu nähren vermochten.

Doch wider Erwarten ging alles viel besser, als man realistischerweise zu hoffen gewagt hatte. Bonn wurde nicht Weimar, auch wenn dessen Schatten gelegentlich am Horizont aufzogen, und selbst die Tendenz der Restauration, die viele kritische Intellektuelle in der Neugründung am Werke gesehen hatten, erwies sich als nicht so wirksam, wie sie beschrieben worden war. Im Zuge der raschen wirtschaftlichen Erholung des Landes und auf der Basis eines starken Konsensus über die strukturellen und geistigen Grundlagen der demokratischen Ordnung, der alle politischen Parteien und gesellschaftlichen Machtgruppen verband, hat sich die westdeutsche Bevölkerung mit der neuen Staatsform und dem

wirtschaftlichen und sozialen System der entwickelten Industriegesellschaft bestens zu arrangieren vermocht. Auch die Intellektuellen, obwohl sich viele von ihnen die Neuordnung anders vorgestellt hatten, schlossen, wenn auch nicht ohne Murren, ihren Frieden mit dieser Demokratie: Sie hatte sich nicht gerade ideal entwickelt, denn sie hatte ihre Vergangenheit nur halbherzig bewältigt und war schnell ins Materialistische verflacht, aber so schlecht war diese Bundesrepublik nun Gott sei Dank auch wieder nicht, daß man in ihr nicht hätte leben und frei atmen und vor allem das sagen und schreiben können, was man (auch über sie) dachte. Es gab in der Bundesrepublik bis tief in die sechziger Jahre hinein unzählige kritische Auseinandersetzungen über einzelne politische und gesellschaftliche Vorgänge und Tendenzen, aber es gab keine nennenswerte Kritik, welche die Entwicklung des Ganzen, die demokratische Ordnung der Bundesrepublik in ihrer Gesamtheit, in Frage stellte. Da wurde, wie in allen freien Systemen, unendlich viel Teilkritik oft sehr heftiger Natur geübt, aber das Phänomen der *Totalkritik*, das für die oppositionellen Strömungen der Weimarer Republik so charakteristisch gewesen war, hatte im geistigen und politischen Leben der Bundesrepublik in den ersten fünfzehn Jahren keine rechte Heimstatt finden können.
Mit dem Ausklingen der Ära Adenauer wurde dies anders, und es gehört zu den Paradoxien der geistigen Entwicklung unseres Landes, daß das Eindringen des Phänomens der Totalkritik in die politische Kultur der Bundesrepublik ausgerechnet von einem führenden Philosophen der bürgerlichen Welt ausgelöst wurde, und nicht etwa von radikalen linken oder rechten Intellektuellen, die aufgrund ihres Glaubens an antidemokratische Ideologien mit dem Typus der Totalkritik vertraut waren. Sie sollten sich erst später stärker bemerkbar machen.

Karl Jaspers als Vorreiter

Die Methode der Totalkritik und den Gestus der dramatischen Beschwörung eines kommenden Unheils hat der Philosoph Karl Jaspers publikumswirksam in die deutsche politische Literatur der Nachkriegszeit eingeführt, und zwar zu einem Zeitpunkt, in dem die von Adenauer geprägte Welt der Bundesrepublik noch völlig intakt zu sein schien. Jaspers nahm die 1965 im Deutschen Bundestag abgehaltene Debatte über die Verjährung von Nazi-Verbrechen zum Anlaß, den geistigen und politischen Zustand der Demokratie der Bundesrepublik kritisch zu durchleuchten. Die parlamentarische Behandlung der Verjährungsfrage war ihm ein erneuter Beweis für seine seit 1945 gehegte Befürchtung, daß die Deutschen den von ihm nach Beendigung des Zweiten Weltkrieges in seinem Buch über die Schuldfrage geforderten Akt der inneren Umkehr, der geistigen und moralischen Erneuerung, nicht wirklich vollzogen hatten. Mit dieser Sorge war Jaspers übrigens nicht allein; die Frage, ob wir Deutschen die schreckliche Vergangenheit »bewältigt«, positiv aufgearbeitet hätten, hat viele kritische Geister in und außerhalb Deutschlands immer wieder beschäftigt. Sie war jüngst bei den zahlreichen öffentlichen Verlautbarungen aus Anlaß des fünfzigsten Jahrestages der Machtergreifung Adolf Hitlers noch immer vernehmbar. Bemerkenswert und provozierend an seinem im Frühjahr 1966 erschienenen Buch »Wohin treibt die Bundesrepublik?« war nicht so sehr dieser Zweifel als vielmehr der Frontalangriff gegen die Parteiendemokratie der Bundesrepublik als Ausdruck einer mißratenen, dem Unheil zustrebenden Demokratie. Jaspers vertrat allen Ernstes die These, aus der bestehenden Parteienoligarchie würde über kurz oder lang der autoritäre Staat, dann die Diktatur, und mit dem Diktaturstaat käme es von neuem zum Krieg. Gewiß hat Jaspers diese Entwicklung nicht als unausweichlich angesehen; er schrieb sein Buch ja in der Absicht, vor dieser Entwicklung zu warnen, sich endlich der bislang ausgebliebenen geistig-sittlichen Grundlegung des neuen demokratischen Staates anzunehmen, ohne welche das Scheitern auch dieser zweiten deutschen Demokratie vorprogrammiert wäre, aber es bleibt trotz dieser pädagogischen Absicht erstaunlich, mit welcher Selbstsicherheit dieser Philosoph seine provozierende Meinung kundtat, die Bundesrepublik sei als eine »lebendige und wahrhafte Demokratie« gescheitert und auf dem Weg ins Verderben.

Jaspers schuf mit diesem Buch ein folgenreiches literarisches Beispiel für die Totalkritik der bundesrepublikanischen Ordnung, die wenig später, in den Jahren der Studentenrevolte und der versuchten Kulturrevolution, epidemisch anschwoll. Sein Buch war, wie Hermann Rudolph bemerkte, wie ein »Gewittervogel«.

Die Totalkritik ist ein Kritiktypus, der das Ganze für verfehlt und korrumpiert hält. Die Totalkritik geht über die sonst in freiheitlichen Demokratien laufend geübte systemimmanente Kritik an Einzelerscheinungen hinaus, etwa am Fehlverhalten oder Versagen bestimmter Institutionen und in ihnen tätiger Personen oder an kritikbedürftigen Ideen, die einer Politik zugrunde liegen. Sie hält den Weg, den das System als Ganzes eingeschlagen hat, für problematisch und deshalb für kritikbedürftig. Sie stellt die Normalität als solche in Frage. Dementsprechend kann eine Änderung zum Guten, eine wirksame Korrektur der Verhältnisse, nur in einem entschiedenen, durchgreifenden, radikalen Akt der Umkehr oder der Wende gesehen werden. Die Fähigkeit zu dieser Umkehr hängt in der idealistischen Denkstruktur, der Jaspers verpflichtet war, zunächst ab von einer geistigen Erneuerung, einem Umdenken, von der Schaffung eines neuen Bewußtseins. Einzelkorrekturen oder institutionelle Veränderungen sind allenfalls dann hilfreich, wenn sie im richtigen Geist, in der das Ganze in den Blick fassenden neuen Gesinnung vorgenommen werden.

Jaspers hat mit diesem Werk, dessen Befürchtungen, wie heute jeder sehen kann, nicht im mindesten eingetroffen sind (obwohl man kaum davon ausgehen kann, daß die von Jaspers geforderte, tiefgreifende sittlich-geistige Erneuerung der deutschen Führungsschicht stattgefunden hätte), einem systemkritischen Denken und Argumentieren den Weg bereitet, das seither in der politischen Literatur und im politischen Denken der Bundesrepublik eine wichtige und, wie ich meine, höchst problematische Rolle spielt. Es ist eine Kritik, die, weil sie am Ganzen ansetzt und das Ganze für verkehrt hält, darauf abzielt, die Normalität schlechthin zu diskreditieren und ins Unrecht zu setzen.

In einer ausführlichen Auseinandersetzung mit einer von mir seinerzeit veröffentlichten Kritik an diesem Buch hat Karl Jaspers (in seinem Buch »Antworten«, München 1967, S. 195) mir besonders den Hinweis verübelt, daß bei uns die Demokratie doch »leidlich funktioniere«, und dazu vermerkt, auch im Weimarer Staat habe die Demokratie »leidlich funktioniert« (was gerade nicht stimmt). Er schrieb dann: »Die heutige, grundsätzlich staatswohlwollende Kritik, die zufrieden ist und die bösen und absurden Erscheinungen in der Politik der Bundesrepublik nach Möglichkeit zum Guten deutet, läßt das Gift in diesem Staate sich vermehren. Es ist viel kritisches Gerede, am Ende fast immer eine Halbheit, mancher Donner mit Blech, aber im ganzen eine merkwürdig unerschütterte Gemütlichkeit...«

Diese Stelle ist aufschlußreich, weil sie nur der grundsätzlichen Kritik, der Kritik, die aufs Ganze geht, das Wort redet, während die Teilkritik, die systemimmanente kritische Auseinandersetzung, für eine gefährliche Halbheit gehalten wird. Nun mag es im demokratischen Alltag gewiß viel »kritisches Gerede« geben, das gänzlich folgenlos bleibt, aber die von Jaspers vertretene Meinung, daß angesichts der Lage der Bundesrepublik eine Kritik um so richtiger sei, je grundsätzlicher sie angelegt wäre, je mehr sie auf das Ganze ziele, führt notwendig zu einer politischen Kritik, die auf die Veränderung und Überwindung des Ganzen zielt und die im schlechten Einzelnen stets von neuem das verfehlte Ganze entdeckt.

Jaspers sah die deutsche Politik seiner Zeit, die innere wie die äußere, von einem falschen, oberflächlichen, kleinlichen

Geist geleitet; das Volk erschien ihm zum Manipulationsobjekt oligarchischer Parteien erniedrigt. Er forderte darum unablässig die Umkehr: »Findet die Umkehr nicht statt, so ist nach allem, was wir an Tatsächlichem wissen, Deutschlands Untergang nahezu gewiß.« (Antworten, S. 204)
Man möchte seinen Augen nicht trauen, und doch ließ der große Philosoph einen solchen Satz allen Ernstes drucken! Er wurde damit zum Vorreiter einer kritischen Betrachtung der Entwicklung der Bundesrepublik, die nicht bloß dies oder jenes kritikwürdig fand, sondern in der Entwicklung des Ganzen das Falsche und Böse am Werke sah. Wenige Jahre nach der Veröffentlichung seiner Schrift war es im geistigen Leben der Bundesrepublik gang und gäbe, mit diesem Mittel der Totalkritik und der damit verbundenen Verurteilung der Normalität zu arbeiten. Die anti-autoritäre Studentenbewegung argumentierte zwar nicht idealistisch im Sinne einer geistigen Umkehr wie Jaspers, sondern stärker im Gefolge einer neomarxistsichen »Kritischen Theorie«, die es schon immer als den Angelpunkt jeder sozialen Analyse betrachtet hatte, die *Totalität* des Lebenszusammenhangs in den Blick zu nehmen, aber der kritische Zugriff galt hier wie dort dem Ganzen der bestehenden Verhältnisse, die als demokratisch höchst unzureichend, durch autoritäre Strukturen verderbt, vom Spätkapitalismus und seiner Technokratie gefesselt und durch falsche Zielsetzungen irregeleitet dargestellt wurden.

Die Nachfolger

Das von Jaspers erstmals mit aller Radikalität auf die Bundesrepublik angewandte Verfahren der Totalkritik fand zwar inhaltlich kaum literarische Nachfolger, wohl aber in seiner Form als prinzipieller und totaler Kritik, die sich mit wechselnden Inhalten füllen ließ. Die erste Phase der Totalkritik an der Bundesrepublik entwickelte sich in und aus der studentischen Protestbewegung. Nachdem die Welle der marxistischen und neomarxistischen, aus dem Geist der Kritischen Theorie gespeisten Totalverurteilungen der bürgerlichen Demokratie und Industriegesellschaft der Bundesrepublik mangels öffentlicher Resonanz etwas abgeklungen war, traten Mitte der siebziger Jahre die umgreifenden, Ziel und Organisation der modernen Industriegesellschaft prinzipiell in Frage stellenden ökologischen Totalkritiken an ihre Stelle. Auch sie arbeiten nach demselben Muster: Sie sehen in der Entwicklung des Ganzen das Verfehlte, das Irrationale; sie beschwören den drohenden Untergang, das Ende, sofern wir nicht schleunigst umkehren und den Weg zu einer gesellschaftlichen und politischen Neuorientierung finden, der allein in eine lebenswerte Zukunft zu führen verheißt.

Als Warnung vor einer Entwicklung, deren potentielle Gefahren man schon heute erkennt und die man in entsprechender Verstärkung auf die Zukunft projiziert, hat das Verfahren der Totalkritik durchaus eine gewisse Berechtigung, wie etwa in Orwells bedeutender negativer Utopie »1984«. Es setzt unter Umständen Abwehrprozesse in Bewegung, es mobilisiert Gegenkräfte und weckt Widerstand, doch entscheidend ist natürlich, womit, mit welchen Tatsachen und Thesen, die Totalkritik begründet wird und welchen Weg aus der Krise sie empfiehlt. Sieht man wie die Marxisten im Kapitalismus und seinen Gesetzen den Motor der angeprangerten gesellschaftlichen Entwicklung, dann gilt es, den Kapitalismus als die eigentliche Quelle des Übels zu überwinden; sieht man die Ursache für die Fehlentwicklung im modernen Industriesystem, dann gilt es, das Industriesystem tiefgreifend umzustrukturieren, es in seinem Wesenskern zu verändern. Totalkritik mündet, so sie folgerichtig bleibt, in eine Totalrevision. Ihr Feind ist die Normalität und deren vermeintlich falsches Bewußtsein. Dies ist das Muster, nach dem die gängige Krisenliteratur, sei sie idealistisch oder materialistisch oder ökologistisch fundiert, gestrickt ist: Die Gesellschaft, die Welt ist in gefährlicher Unordnung; findet die Umkehr (die Wende, die geistige Erneuerung, die Veränderung der Strukturen etc.) nicht statt, so ist uns der Untergang (die Krise ohne Ende, der Holocaust der Menschheit, das Ende etc.) gewiß. Es ist ein Signum unserer Zeit, daß solche Topoi inzwischen hohen Kurswert haben.

2. Kein Ende des ideologischen Zeitalters

Mitte der sechziger Jahre, also unmittelbar vor dem Beginn einer Periode, in der die demokratischen Industriegesellschaften des Westens in eine Krise ihres Selbstverständnisses und ihrer Entwicklung gerieten, aus der sie sich bis heute noch nicht zu befreien vermochten, hatten einige führende Soziologen des Westens wie der Amerikaner Daniel Bell und der Franzose Raymond Aron »das Ende des ideologischen Zeitalters«, das Versickern der Ideologien konstatiert. Zwar war es, gerade wenn man die deutschen Verhältnisse zugrunde legt, richtig beobachtet, daß die Ära des Wiederaufbaus nach dem Zweiten Weltkrieg die klassischen ideologischen Gegensätze der zwanziger Jahre nicht wieder reproduziert hatte. Weder das nationalsozialistische noch das ihm nahestehende konservative Gedankengut vermochte die Katastrophe des Dritten Reiches zu überleben; es vegetierte allenfalls als Bodensatz für ein soziales Ressentiment weiter fort. Noch weniger Chancen hatte im Westen Deutschlands die totalitäre Ideologie des Kommunismus, zumal da sie im anderen Teil Deutschlands zur Macht gekommen war. Sie wurde von der die Politik durchgehend bestimmenden antitotalitären Grundstimmung der Nachkriegszeit verschlungen. So entstand in der Bundesrepublik ein alles Extreme ausschließender politischer Konsensus, der die allesamt staatstragend gewordenen politischen Parteien des Bundestages und die großen sozialen Machtgruppen der Gesellschaft im verfassungsmäßig geregelten Wettstreit friedlich aneinanderband und dank der Gunst der Verhältnisse ein ungeahnt hohes Maß an Stabilität und Prosperität hervorbrachte. Doch schon bevor in den späten siebziger Jahren die politische Stabilität des Systems auf die Probe gestellt und die Prosperität einer auf stetiges Wachstum programmierten Wirtschaftsgesellschaft fragwürdig wurden, kam es zu einer Erschütterung des politischen Konsensus durch das Wiederaufleben ideologischer Positionen in der deutschen Politik.

Kaum war das Ende der Ideologien proklamiert, da erhoben sie also wieder ihr Haupt: Faschistisches und nationalkonservatives Gedankengut wurde wieder lebendig in der NPD, die 1969 nur mit knapper Not daran gehindert werden konnte, die Tribüne des Bundestags zu erklimmen, nachdem sie zuvor schon in mehrere Landtage eingezogen war; fast gleichzeitig wurde die anti-autoritäre studentische Protestbewegung zum Träger neuer linker Ideologien, die dem liberaldemokratischen Konsensus des Systems, seinen Parteien und Institutionen hart zusetzten. Mit dem knappen Mißerfolg der NPD bei den Bundestagswahlen 1969 fiel die versuchte Re-Ideologisierung von rechts schnell in sich zusammen und blieb auf versprengte, sozial isolierte Zirkel beschränkt. Sie wurde von den bürgerlich-konservativen Parteien weitgehend absorbiert und neutralisiert, die von nun an in der erstarkten Linksbewegung in der deutschen Politik, die mit Hilfe der sich neu orientierenden F.D.P. 1969 den Machtwechsel zugunsten der SPD ermöglicht hatte, einen auch ideologisch zu bekämpfenden Gegner vor sich sahen. Die Polarisierung des politischen Lebens in der Bundesrepublik im Zeitraum der ersten Jahre der sozial-liberalen Koalition, die sich verschärfende politisch-geistige Auseinandersetzung waren nicht nur die Begleiterscheinung einer Machtauseinandersetzung, wie sie in geregelten Formen in allen offenen demokratischen Systemen an der Tagesordnung ist, sondern eben auch die Auswirkung einer umfassenden Re-Ideologisierung des politischen Lebens, wie sie für die Bundesrepublik neu war.

Der Beginn der Re-Ideologisierung in der Studentenbewegung

Es war die anti-autoritäre Studentenbewegung, die erstmals in der Geschichte der Bundesrepublik versuchte, ihre linke Totalkritik der bestehenden Verhältnisse in eine Totalrevision der politischen Ordnung und ihrer Ziele zu überführen. Sie hatte zaghaft begonnen, sich aber dank einiger Vorfälle, die ihr massenhafte Solidarität verschafften, im Nu zu einer spektakulären außerparlamentarischen Opposition formiert, die die Politiker des Establishments das Fürchten lehrte. Die von kühnen Hoffnungen inspirierten Versuche der rebellierenden Studenten, die Bevölkerung der Bundesrepublik für die von ihnen für notwendig erachtete Revolutionierung der Verhältnisse zu gewinnen, scheiterten am Ende zwar kläglich, vor allem bei der Arbeiterschaft, die nichts mehr davon wissen wollte, das »Subjekt des revolutionären Prozesses« zu sein, aber die Sympathien für diesen Ausbruch aus der scheinbar so festgefügten etablierten Ordnung mit ihren politischen und wirtschaftlichen Hierarchien, ihrem primären Interesse an Effizienz und steriler Prosperität gingen über den Kreis der rebellierenden Studenten weit hinaus. Hier war eine junge Generation der vermeintlichen Langeweile und Anonymität des Konsensus entflohen; sie empfand es plötzlich als lustvoll und aufregend, sich in einen tiefen, für manche unter ihnen dann nicht mehr überbrückbaren Dissens zur bestehenden Ordnung zu stürzen. Die studentische Protestbewegung hat die Totalkritik der bestehenden Gesellschaftsordnung in der Bundesrepublik, die bis dahin nur vereinzelt geübt worden war, öffentlich durchgesetzt. Sie ist seither ein Bestandteil des politischen Denkens und der politischen Theoriebildung in der Bundesrepublik.

Sympathie fanden die Studenten vor allem bei Intellektuellen, bei zahlreichen Schriftstellern und Professoren, ja, man kann sagen, daß die kritische Grundeinstellung gegenüber dem politischen System der Bundesrepublik oder – mit anderer Stoßrichtung – gegenüber der hochentwickelten modernen Industriegesellschaft und ihrer technokratischen Administration sich vielen der von der Studentenrevolte erfaßten Personen – und es waren nicht wenige – dauerhaft mitgeteilt hat, mit der Folge, daß diese politische Generation in ihrem Denken und in ihrem Verhalten den inneren Vorbehalt gegen die repräsentative Demokratie und die mit ihr verbundene Technokratie nicht mehr recht losgeworden ist. Die kritische Reserve gegenüber der Totalität der Verhältnisse hat auch den baldigen Zerfall der Studentenbewegung überlebt und ist ein Faktor im politischen Bewußtsein der Bundesrepublik geblieben.

Man übersieht allerdings Wesentliches, wenn man die Studentenbewegung nur ideologisch, d. h. unter dem Gesichtspunkt der Renaissance des Marxismus in der Bundesrepublik, sieht oder sie nur politisch beurteilt, d. h. aus der Perspektive ihres baldigen Scheiterns und ihrer Auflösung in ideologische Sekten bis hin zum Terrorismus. Was die Studentenbewegung der auf sie folgenden Politik der siebziger Jahre vermittelt hat, ist eine Gefühlshaltung der Distanz zum System der Bundesrepublik, ein tiefes Mißtrauen gegen die Strukturen der modernen repräsentativen Demokratie und der kapitalistisch organisierten Industriegesellschaft. Gegen die Repräsentativverfassung setzte sie die Idee der Partizipation und der Demokratisierung aller Lebensbereiche, die auch nach dem Verebben der studentischen Protestbewegung auf der Tagesordnung der Politik geblieben ist; gegen die kapitalistisch organisierte Industriegesellschaft setzte sie einen neuen Glauben an den Sozialismus und die Idee der Emanzipation, den Gedanken des sich selbst verwirklichenden, durch keine Herrschaft in Abhängigkeit gehaltenen, von den Zwängen der technischen Organisation und des verordneten Konsensus freien und mündigen Menschen, eine Denkfigur, die in unserer politischen Diskussion von heute nicht minder lebendig ist als vor fünfzehn Jahren. Es sind dies schöne und gute Ideen mit großer Tradition, gegen die in ihrer Abstraktheit kein Demokrat etwas vorbringen wird, wo jedoch alles darauf ankommt, wie man sie ins

Werk setzt. Heute wie damals gilt, was Arnulf Baring in seinem Buch »Machtwechsel« (Stuttgart [2]1982) über diese Visionen der Studentenbewegung gesagt hat: »Ein tiefes Mißtrauen gegen alles rechnende Denken, gegen die Rationalität der Dingwelt mit ihren anonymen Mechanismen von Wirtschaft und Technologie, dieser funktionell verbundenen Struktur von Industrie, Technik und Naturwissenschaften, die erklärte Abscheu vor einer ›total verwalteten, einer technokratisch verkommenen Welt‹ (Knut Nevermann) gab, für sich genommen ebensowenig ein realisierbares politisches Programm ab wie die Hoffnung auf eine freie, menschliche, vom einzelnen mitgestaltete Gesellschaft.« (S. 81)

Die Studentenbewegung war die erste massive Auflehnung gegen das herrschende System, welche die Bundesrepublik erlebt hat. Gemessen an ihren Zielen, einer grundsätzlichen Veränderung der Gesellschaft der Bundesrepublik zu einem System eines unbürokratischen und freien Sozialismus, der eine gerechte und von allen mitgestaltete Überflußgesellschaft neuen Typus schaffen würde, ist sie in der Tat gescheitert, aber die Motive und Gefühle, aus denen der plötzlich aufbrechende Protest sich nährte, sind mit ihr nicht verschwunden. Nicht verschwunden ist das Unbehagen an den Verhältnissen, wie sie sind; nicht verschwunden ist das Verlangen nach einer neuen Gewißheit im Strudel des weltanschaulichen Relativismus, welches nach dem Abklingen der Faszination umfassender marxistischer Welterklärung sich neue Bahnen suchte, sei es in der Hingabe an östliche Gurus und ihre Mystik, sei es im tastenden Suchen nach verläßlicher Kommunikation mit gesteigerter Selbsterfahrung. Nicht verschwunden ist das Bedürfnis, ein selbstbestimmtes Leben zu führen, den übermächtigen Strukturen des modernen Daseins ein Stück selbstgestalteten Lebens abzugewinnen, wie es in den alternativen Lebensmodellen und Lebensstilen, die in der Studentenbewegung erstmals ausprobiert wurden, immer wieder neu versucht wird.

»Hinter den Rätseln einer esoterischen Sprache, hinter eiferndem Protest und verzweifelter Auflehnung, hinter vielen zeitgenössischen Verkleidungen der Revolte spürte man immer wieder den Hunger nach Gewißheit, nach einem verläßlichen Halt, das Verlangen nach einer bejahenswerten Sicht des Weltganzen, also nach Theorie im ursprünglichen Sinne. Man ahnte eine Sehnsucht nach dem Ursprung, nach Ganzheit und Freiheit, nach Erlösung – keineswegs nur vom Kapitalismus; er mußte lediglich als Chiffre aller Unzulänglichkeiten modernen Erdendaseins herhalten.« (Baring, S. 85)

Die punktuelle Ideologisierung in den Protestbewegungen

Die Ideologisierung des politischen Lebens und seine Herausforderung in Gestalt von Utopien und fixen Ideen sind seit der Studentenbewegung ein Merkmal der deutschen Politik geblieben. Zwar handelte es sich bei den Versuchen der Studenten, im Werk von Karl Marx und verschiedener seiner Interpreten, seien es Korsch oder Lukács, Gorz oder Mandel, eine Art Leitfaden für ein kritisches Verständnis der bürgerlichen Demokratie und der kapitalistischen Industriegesellschaft zu gewinnen, um einen sehr viel »ideologischeren« Prozeß der Ideologisierung, als dies später der Fall war, aber das ideologische Element ist mit dem Verblassen der marxistischen Faszination nicht aus der deutschen Politik verschwunden. Es lebt fort in den sozialen Bewegungen, die sich seither gebildet haben.
Die Zuhilfenahme einer ideologischen Welterklärung für das theoretische Verständnis der sozialen und ökonomischen Vorgänge, wie der Marxismus sie bis heute in verschiedenen Varianten vermittelt, und die Verwendung dieser Theorie als Anleitung für praktisches Handeln, wie sie für die Studentenbewegung typisch war, sind in der Tat nur mehr vereinzelt anzutreffen. Die neuen sozialen Bewegungen, die sich der Rettung der bedrohten Umwelt oder dem Ziel der Sicherung des Friedens durch Abrüstung zugewandt haben, besitzen in der Tat keine einheitliche Ideologie, aber sie sind

punktuell ideologisch, weil sie ihr spezielles Anliegen mit einer Radikalität und mit fixen Ideen vertreten, die keine Diskussion zulassen und Kompromisse ausschließen. Aus der umfassenden Ideologisierung, die übrigens auch in der Studentenbewegung ja nur die lernwilligen und aufnahmefähigen Köpfe erfaßt hatte, während die meisten mit den verkürzten Formeln der politischen Agitation als Versatzstükken zufrieden waren, wurde in den nachfolgenden Phasen der sozialen Bewegungen eine punktuelle und spontane Ideologisierung. Die durch politische Ideologien stets vermittelte Grundhaltung der Gewißheit und der daraus folgenden Verurteilung anderer Denkansätze ist ein Kennzeichen auch der sozialen Bewegungen der siebziger Jahre geblieben, und zwar unabhängig von den Themen und Problemen, die sie jeweils aufgriffen.

Geblieben ist schließlich auch die Zweideutigkeit in der Beurteilung des Gewaltproblems. Die Studentenbewegung hatte die Frage der Anwendung von Gegengewalt gegen die Gewalt des Staates als erste thematisiert und jene Entwicklung eingeleitet, die seither die politische Kultur der Bundesrepublik belastet: die Infragestellung des staatlichen Gewaltmonopols und seiner Legitimität. So kam es auch während der siebziger Jahre immer wieder zu gewaltsamen Konfrontationen der neuen Protestbewegungen mit der legalen Staatsgewalt, die durch fragwürdige Theorien des Widerstandes und des zivilen Ungehorsams legitimiert wurden. Schon der legendäre Studentenführer Rudi Dutschke hatte die Durchbrechung der etablierten Spielregeln der Demokratie für eine Notwendigkeit gehalten, wenn die Bewegung ihr Ziel erreichen sollte, denn jede Beachtung der Spielregeln einer unvernünftig gewordenen Demokratie führe zur Vereinnahmung der Bewegung durch das System. Auch viele Sympathisanten hielten die »begrenzte Regelverletzung« für ein legitimes politisches Mittel.

Die Aufkündigung der Spielregeln der freiheitlichen Demokratie durch die Protestbewegungen ist der Ausfluß eines ideologischen Denkens in seiner Anwendung auf die politische Praxis. Sie beruht auf der ja nicht ganz abwegigen Überlegung, daß man für die eigene Sache nur dann die notwendige öffentliche Aufmerksamkeit findet, wenn man sie mit anderen Mitteln und Methoden vertritt, als sie in einer gut verfaßten Demokratie üblich sind. Der Grund für die Durchbrechung der Spielregeln liegt im ideologischen Charakter der politischen Überzeugungen begründet, für deren Verwirklichung man mit diesen ungewöhnlichen Mitteln kämpft. Es sind Überzeugungen, gegen die es keine Widerrede gibt, Konzeptionen, die man für so zwingend und unabweisbar hält, daß (fast) alle Wege zu ihrer Durchsetzung erlaubt zu sein scheinen. Es kommt dabei nicht so sehr auf den Inhalt der jeweiligen Überzeugung an als auf die Unverrückbarkeit und Unbedingtheit, mit der sie gewußt und vertreten werden. Der Grad der Unbedingtheit und Abgeschlossenheit einer politischen und theoretischen Position macht ihren ideologischen Charakter aus.

Das Ende des ideologischen Zeitalters ist also, trotz der gegenteiligen Behauptung des Publizisten Peter Bender in seinem jüngsten Buch dieses Titels, noch nicht gekommen. Im Gegenteil, wir haben, beginnend mit der Studentenbewegung, immer neue, in Protestbewegungen sich artikulierende Ideologisierungsschübe erhalten, deren Wirkungen trotz des deutlichen Abebbens der Faszination der marxistischen Ideologie noch immer spürbar sind. Für das konkrete politische Verhalten von Protestierenden macht es wenig Unterschied, ob es sich bei ihnen um eine umfassende oder um eine begrenzte, auf ein bestimmtes Thema und Ziel bezogene Ideologisierung handelt. Die Verhaltensprägung durch das ideologische Bewußtsein wirkt sich hier wie dort im Sinne einer Neigung zur Mißachtung und Durchbrechung der Spielregeln der demokratischen politischen Auseinandersetzung aus. Dieses ideologische Ferment ist bis heute ein aktives Element in unserer Politik. Auch wenn seine Auswirkungen zeitweilig gedämpft erscheinen, so ist es doch jederzeit aktivierbar, weil der Glaube, daß man seine politischen Ziele nicht mit den üblichen und legalen Mitteln durchsetzen kann, zu einer selbstverständlich gewordenen Grundüberzeugung der Protestmentalität gehört.

3. Die Erblast der studentischen Protestbewegung

Es ist üblich, vom Scheitern der Studentenbewegung zu sprechen, und eine andere Schlußfolgerung ist auch nicht zulässig, wenn man die utopischen Erwartungen und phantastischen Vorstellungen als Maßstab nimmt, von denen die Studentenbewegung in ihrem Kampf um eine Revolutionierung der Verhältnisse in Deutschland zeitweilig beflügelt war. Und doch wäre es voreilig, die Auswirkung der Studentenbewegung auf die Politik in der Bundesrepublik unter dem Gesichtspunkt des Scheiterns zu sehen, denn diese Wirkungen gingen viel weiter und tiefer, als es der Gedanke vom Scheitern oder vom Mißerfolg suggeriert.

Utopie und Wirklichkeit

Die sozial-liberale Koalition, die sich 1969 zusammenfand, obwohl sie nur eine schwache Mehrheit hatte, verdankt ihre Entstehung und ihren großen Aufschwung, der trotz der parlamentarischen Schwierigkeiten und des verbitterten Grolls der CDU/CSU-Opposition bis nach der Wahl von 1972 vorhielt, nicht zuletzt der politischen Klimaveränderung, die durch die studentische Protestbewegung eingeleitet wurde. Die Studentenrevolte war wie ein reinigendes Gewitter über die politische Landschaft der Bundesrepublik hinweggezogen und hatte ganz neue Lichtverhältnisse geschaffen. Das politische Bewußtsein, aus dem die Bundesrepublik bis in die sechziger Jahre gelebt hatte und das durch einen breiten Konsensus der Parteien und auch der Generationen charakterisiert war, hat sich seitdem wesentlich verändert. Die Ideologisierung, von der es bis dahin ziemlich frei gewesen war, sprengte den traditionellen Konsensus, der sich trotz der Anstrengungen der maßgebenden politischen und sozialen Kräfte fortan nur mit Mühe behaupten konnte und relativ brüchig geworden ist. Zerbrochen ist seither auch die bis dahin relativ reibungslos sich vollziehende Kontinuität im Wechsel der Generationen. Nun meldete sich schlagartig eine junge Generation zu Wort, die das Werk der Väter gering schätzte und sich der politischen Vergangenheit nicht mehr verpflichtet fühlte, welche die amtierende Generation zu verantworten hatte. Der Generationenkonflikt, an dem die Bundesrepublik so schwer laboriert, ist mit der Studentenbewegung in seiner ganzen Schärfe ausgebrochen. Daß die Jugend zu einem vorrangigen Thema öffentlicher Besorgnis in der Politik wurde, ist eine bis heute nachwirkende Folge der Kampfansage der Studentenbewegung an das alte Establishment. Auch wenn nie die Rede davon sein konnte, daß die jüngere Generation sich in ihrer Gesamtheit der Erwartung der Älteren verschloß, den ihr übergebenen Stafettenstab im Interesse der Kontinuität zu übernehmen, so waren doch die Wortführer der neuen Generation daran nicht mehr interessiert. Sie waren die Repräsentanten einer prinzipiell kritischen Grundeinstellung gegenüber den Älteren und den von ihnen hinterlassenen Verhältnissen. Die Aufsässigkeit eines Teils der Jugend gegenüber den Älteren, die Schärfe des Generationskonflikts, die provokante Verweigerung gegenüber dem Prinzip der Kontinuität – all dies sind Folgewirkungen der studentischen Protestbewegung, die diese Bewegung überdauert haben und bis heute in unserer Politik fortwirken.

Nicht weniger einschneidend waren die *geistigen* Veränderungen, die durch die studentische Protestbewegung eingeleitet wurden und über sie selbst hinauswirkten. Die Erneuerung ideologischen Denkens, ob umfassend oder punktuell, ist nur ein Aspekt dieses Aufbruchs zu neuen Denkformen und Denkinhalten. Grundlegender ist das verbreitete Empfinden, mit der herrschenden geistigen Struktur der Rationalität und des pluralistischen Relativismus in einer Sackgasse gelandet zu sein und deshalb nach ganz neuen Wegen suchen zu müssen, um dem Leben wieder einen Sinn und eine Orientierung zu geben. Die Studentenbewegung hatte in der Plötzlichkeit ihres Aufbruchs mehr verwirrend als orientierend gewirkt; sie hatte ihren Anhängern geistige Wechselbäder verabreicht; mal setzte sie auf Marcuse und sein theoretisches Vertrauen in die Chance der Revolution durch die Randgruppen; mal setzte sie auf die mitreißende Kraft direkter Aktionen, die den Bann der Ohnmächtigkeit brechen sollten; dann ergab sie sich in einzelnen ihrer Gruppen einem zynischen Kritizismus, der an den Verhältnissen überhaupt nichts Gutes mehr übrigließ, ohne indes einen Weg aufzeigen zu können, wie man aus der immer von neuem konstatierten Misere herauskäme. Die Erfahrung des Mißerfolgs erschütterte schließlich auch die zeitweilig so starke Bindung an die mobilisierende Kraft einer Utopie. Doch ungeachtet der vielerlei Arten und Weisen, die geistige Situation der Zeit kritisch zu deuten, hielt sich die Grundstimmung des Mißtrauens gegenüber der bestehenden Gesellschaft, ihren Steuerungsmechanismen und Lebensformen stets durch. Mit der Studentenbewegung brach sich das Bewußtsein Bahn, daß diese Welt, diese Gesellschaft, diese Demokratie nicht in Ordnung seien, daß sie einen falschen, vielleicht sogar lebensgefährlichen Weg eingeschlagen haben und daß es nicht der Mühe wert sei, diese Art von Gesellschaft und politischer Ordnung zu unterstützen und zu verteidigen.

Auf ihrem Höhepunkt (1968/69) hatte die Studentenbewegung gewähnt, sie könnte der Wegbereiter einer neuen Gesellschaft und einer neuen Demokratie werden, doch als der revolutionäre Traum ausgeträumt war, als man nicht einmal die Verabschiedung der Notstandsgesetze hatte verhindern können, kehrte man gleichwohl nicht zu einer realistischeren Betrachtung der Verhältnisse zurück. Man sah zwar, daß man nicht allzuviel machen konnte, man hoffte hie und da,

auf dem »langen Marsch durch die Institutionen« den Veränderungsprozeß vorantreiben zu können, aber die Grundeinstellung, daß diese Gesellschaftsordnung und die etablierte Demokratie nicht das sind, was sie sein sollten und auch sein könnten, blieb über die Studentenbewegung hinaus ein Gemeinplatz in der geistig-politischen Auseinandersetzung, die in der Bundesrepublik über die Grundfragen unserer politischen Existenz geführt wurde. Als dann, beginnend mit dem Ölpreisschock im Jahre 1973, die weltwirtschaftlichen Schwierigkeiten hinzukamen und sichtbar wurde, daß die Zeit stetigen Wachstums und einer durch dieses ermöglichten Prosperität ohne Ende auszulaufen begann, da waren dies nur neue Gründe für die Verstärkung des Mißtrauens gegenüber dem bestehenden System.
Die negative Grundeinstellung gegenüber der demokratischen Industriegesellschaft ist auch nach dem Abebben des studentischen Protests gegen die repräsentative Demokratie und kapitalistische Technokratie lebendig geblieben. Sie ist ein Erbstück der Protestbewegung, mit dem wir noch eine Zeitlang werden leben müssen und gegen die der bloße Appell an den Optimismus oder die Aufforderung, die Zukunft im Geiste der in der Anfangsära der Bundesrepublik bewährten Werte und Tugenden anzupacken, nur wenig vermag.

Die innere Entzweiung der SPD

Von nicht zu unterschätzender Wirkung auf das politische Leben im engeren Sinne war die Veränderung der politischen Parteien durch die neue Jugendbewegung. Sie betraf nur in geringem Maße die CDU, darum aber um so mehr die SPD und bis zu einem gewissen Grade auch die F.D.P. Die SPD hat sich einiges darauf zugute gehalten, einen Teil der Studentenbewegung aufgesogen und integriert zu haben, aber dies geschah um den Preis einer tiefgehenden Verände-

rung sowohl der Altersstruktur der Partei-Aktivisten wie auch der politischen Programmatik, die innerhalb der Partei permanent und meistens kontrovers diskutiert wurde. Zwar ist es den Jungsozialisten, in denen sich das ideologische Gedankengut der Studentenbewegung bis heute am lebendigsten erhalten hat, nicht gelungen, die Mehrheit der Partei ideologisch umzudrehen – sie sanken schließlich zur Bedeutungslosigkeit herab –, aber von da an war die Sozialdemokratische Partei von zwei miteinander schwer zu vereinbarenden politischen Strömungen geprägt, die sich von Parteitag zu Parteitag erbitterte Kämpfe lieferten und vom Parteivorsitzenden Willy Brandt, der sich für beide Richtungen offenhielt, nur mit Mühe zusammengehalten werden konnten. Der fortschwelende Zwist in der SPD zwischen alter und neuer Politik schwächte die Partei nicht nur in ihrem Erscheinungsbild nach außen sowie in ihrer Rolle als Stütze der Regierung Helmut Schmidts, der nicht der unangefochtene Kanzler der ganzen Partei war, sondern gab auch den parteipolitischen Widersachern und dem Koalitionspartner der Sozialdemokratie stets von neuem die Chance, die SPD als eine in sich völlig zerstrittene und uneinige politische Kraft zu bezeichnen, in der wesentliche Elemente nach einer ganz anderen Republik strebten.
Der Vorwurf hat sich auch über das Ende der Regierung Schmidt hinaus als ein beliebtes Mittel der gegnerischen Parteipropaganda erwiesen. Er hat seinen Ursprung in der seit dem Eindringen der Studentenbewegung in die SPD immer von neuem aufbrechenden innerparteilichen Kontroverse über den richtigen Weg zur Demokratie und zum Sozialismus. Während die traditionellen Vertreter des demokratischen Sozialismus gemäß dem Godesberger Programm in der Bundesrepublik bereits die verfassungsmäßigen Grundlagen für eine weiter auszubauende Gesellschaft des demokratischen Sozialismus gelegt glauben, die der ständigen inhaltlichen Fortentwicklung im Sinne der Prinzipien der Freiheit, der Gerechtigkeit und der Solidarität bedarf, sehen die Sozialisten in der SPD eine Gesellschaft des demokratischen

Sozialismus nur über tiefgreifende strukturelle Veränderungen von Wirtschaft und Gesellschaft für erreichbar an. Die heftige ideologische Auseinandersetzung über diese Fragen, etwa die unsinnige, von der DDR-Theorie beeinflußte Debatte über »Stamokap«, ist inzwischen zwar längst abgeflaut, doch sind im Zuge der Entwicklung der neuen Protestbewegungen andere Themen ideologisch besetzt worden, die innerhalb der Partei von ähnlicher Brisanz waren und sind wie die Debatte über marxistische Theoreme. Ohne den Verweis auf Kräfte in der SPD, wenn auch nicht in der Regierung selbst noch in der Mehrheit der SPD-Bundestagsfraktion, die den traditionellen sozialdemokratischen Konsensus in Frage stellten, hätte die F.D.P. wohl nicht so leicht einen Vorwand gefunden, im Sommer und Herbst 1982 den Wechsel der Regierung vorzubereiten. Ohne das anhaltende Mißtrauen gegenüber einer SPD, die am Ende doch auf eine andere Republik zusteuere, wäre es vermutlich auch nicht zu der eindrucksvollen Legitimierung einer neuen konservativen Regierung im März 1983 durch die Mehrheit der Bundesbürger gekommen. Zwar hatte sich im Wahlkampf der Verdacht, die Republik ins Chaos zu führen, kaum mehr auf die sehr geschlossen erscheinende SPD selbst, sondern ganz auf die Grünen gerichtet, aber allein schon die rechnerische Möglichkeit einer Koalition zwischen SPD und Grünen wurde vielfach als der Anfang vom Ende der Bundesrepublik gesehen und beschwörend an die Wand gemalt. Die SPD war aus dieser kritischen Sicht als ganze unzuverlässig geworden, weil sie den Grünen nicht mit der gleichen verdammenden Entschiedenheit entgegentrat wie die Konservativen. Das negative Image der studentischen Protestbewegung und ihrer Nachfolgebewegungen hatte seine Schatten auch auf das Erscheinungsbild der SPD geworfen.

4. Die Radikalisierung des Wortes und der Tat

Die vielleicht wichtigste und problematischste Erbschaft, die das geistige und politische Leben der Bundesrepublik der studentischen Protestbewegung zu verdanken hat, ist die Denkstruktur und die Pose der *Radikalität*. Sie ist als ein neues, stark irritierendes politisches Phänomen in den späten sechziger Jahren in der Bundesrepublik heimisch geworden und gehört seither zu ihren geistigen und politischen Ausdrucksmitteln. Geistig zeigte sich der Radikalismus entweder als bewußt zuspitzende Vereinseitigung oder als neuer Wahrheitsanspruch. Letzterer tritt mit dem auf Marx zurückgehenden, den Wortsinn des Begriffs Radikalismus aufnehmenden Anspruch auf, das Geschehen an seiner Wurzel aufzuspüren, es in seinem Kern zu erfassen und darum die Dinge gründlicher und tiefergehend erklären zu können als jene, die als Positivisten nur an der Oberfläche der Erscheinungen kleben bleiben und darum nicht zu wesentlichen Erkenntnissen der Zusammenhänge und nicht zu tieferen Wahrheiten durchstoßen können. Auf diesem Radikalitätsanspruch beruhte die zeitweilige Faszinationswirkung der marxistischen und der Kritischen Theorie, die in den letzten Jahren so hoch im Kurs standen. Von diesem Anspruch lebt auch das Denken eines Teils der ökologischen Bewegung, das die Ursache der Umweltzerstörung, die »Wurzel« allen Übels, in der modernen Technik und ihrem Industriesystem sieht und entsprechend radikale Lösungen des Ausstiegs aus diesem zerstörerischen System fordert und für unaufschiebbar hält.

Weitaus häufiger ist jedoch, gerade nach dem Verblassen des Glaubens an umgreifende, die Dinge aus ihrer Wurzel erklärende Ideologien, der *punktuelle Radikalismus*. Er tritt auf in Gestalt der Verabsolutierung, Vereinseitigung, bewußten Zuspitzung bestimmter geistiger Positionen. Das Verfahren ist einfach und in der Geschichte auch früherer Epochen immer wieder angewandt worden. Es besteht darin, die Stoßrichtung der geistigen Auseinandersetzung auf einen bestimmten Punkt zu konzentrieren und ihn so zu behandeln, als käme es nur auf ihn an, als gäbe es keine anderen Gesichtspunkte, die die Richtigkeit und Relevanz der radikalisierten Position schwächen und relativieren könnten. Während der Studentenrevolte haben, um ein Beispiel aufzugreifen, die Studenten die Auseinandersetzung über die Notstandsgesetze so geführt, als würde mit deren Verabschiedung durch den Bundestag sogleich der Notstand ausgerufen und unter seinem Schutz umgehend die Verwandlung des autoritären Staates der Bundesrepublik in einen faschistischen Unterdrückungsstaat betrieben, was barer Unsinn war. Im Banne sich zuspitzender Radikalisierung auf das Thema der Partizipation stand auch die Diskussion über das Problem der Demokratie, und daran hat sich bis heute nicht viel geändert. Ebenso ging es mit der Behandlung des demokratischen Grundwerts der Gleichheit durch die Demokratisierungsbewegung der siebziger Jahre. Er wurde nicht in seinem Spannungsverhältnis zum Grundwert der Freiheit gesehen, sondern als radikalisierter Anspruch den ungleichen und darum angeblich ungerechtfertigten sozialen Verhältnissen entgegengehalten und damit verabsolutiert. Die Beispiele lassen sich leicht bis in die jüngsten Auseinandersetzungen über die Notwendigkeit einer alternativen Politik verlängern, die selten frei sind von einer Vereinseitigung der Problemsicht und der sich aus dieser Perspektive ergebenden Aufforderung zum entschiedenen, radikalen Handeln.

Geistige und verhaltensmäßige Radikalisierung hängen miteinander zusammen, der Radikalisierung des Gedankens folgt meist die radikale Tat. Der bedächtige, das relative Gewicht der vorgebrachten Argumente abwägende Repräsentant einer toleranten und liberalen Geisteshaltung ist dem Radikalen ohnehin suspekt, und so war es kein Wunder, daß dieser geistige Typus im letzten Jahrzehnt nicht mehr besonders gefragt war; ebensowenig geschätzt war die Beachtung der Spielregeln einer offenen und freien Diskussion, die in einem Klima des Radikalismus, wie wir erfahren haben, nur schwer möglich ist.

Zur geistigen Radikalität muß die radikale Tat, das radikale Gebaren nicht zwingend gehören. Es gibt radikale Geister, denen die Arbeitsteilung zwischen ihrer Arbeit an der Theorie und dem von radikalen Positionen angeleiteten Handeln der anderen geboten und sinnvoll erscheint und auch persönlich angenehm ist – Schreibtischtäter sozusagen –, aber es liegt dessenungeachtet im Wesen der geistigen Radikalisierung, daß sie sich in Handeln umsetzen will und daß sie dafür nach Möglichkeit nicht-konventionelle, sondern besondere, eben radikale Mittel sucht und anwendet. Es ist offensichtlich, daß sich seit der Studentenbewegung auch die Mittel der politischen Aktion und Manifestation in der Bundesrepublik radikalisiert haben. Man muß die terroristischen Aktionen der Linken, die eine Art Irrläufer der Protestbewegung waren und die ihrerseits latentes terroristisches Potential auf der Rechten weckten, gar nicht im Blick haben, um das festzustellen, obwohl auch sie in das Spektrum der Radikalisierung gehören. Allein schon die breite Palette der Demonstrationsformen und -praktiken, vom Go-in bis zur demonstrativen Vermummung und der Besetzung von Häusern, die seither bei uns üblich geworden sind, zeigt klar die eingetretene Radikalisierung des politischen Verhaltens, das im Dienste radikaler geistiger Positionen oder Theorien steht und von diesen miterzeugt wird.

Eine neue politische Subkultur

Als politisches Mittel der geistigen wie verhaltensmäßigen Radikalisierung hat das *Flugblatt* seit der Studentenrevolte eine neue und zentrale Rolle in der politischen Willensbildung der systemkritischen Gruppen gespielt. Es hat sich eine spezifische Subkultur des Radikalismus innerhalb der politischen Kultur entwickelt, die auf dem Weg über Flugblätter und demonstrative Aktionen die politische Kommunikation im Geiste des Radikalismus herzustellen sucht und die, bei aller Unterschiedlichkeit im einzelnen, von der mit Hochglanz gepflegten standardisierten Informationspraxis der etablierten Parteien deutlich, mitunter sogar wohltuend absticht.

Der Radikalismus der geistigen Einstellung und des politischen Verhaltens zeigt erfreulicherweise nicht nur Züge doktrinärer Verbohrtheit und theoretisch gestelzter Besserwisserei, wie sie anfangs die Szene beherrschten. Wir haben ihm auch durchaus phantasievolle, originelle Kreationen zu verdanken, die ohne die radikale Grundeinstellung wahrscheinlich nicht geschaffen worden wären: humorvolle, das System witzig bloßstellende Slogans und Collagen, provozierende Unternehmungen wie z. B. der vielbeachtete Tunix-Kongreß in Berlin, bei dem man in symbolischer Absicht das »Modell Deutschland« durch den Dreck zog, oder die oft praktizierte Verhöhnung der Justiz durch ein die konventionellen Verfahrens- und Anstandsregeln bewußt verletzendes Verhalten.

Der Einsatz der *Phantasie als Waffe* im politischen Kampf ist vielleicht noch der positivste Aspekt der neuen radikalen Aufbruchstimmung, die sich mit der Studentenbewegung in der Bundesrepublik, vor allem in der jungen Generation, ausbreitete. Ihre Repräsentanten haben clever und einfallsreich nach immer neuen Formen und Methoden gesucht, um das Establishment bloßzustellen, seine manchmal schwerfälligen und überzogenen Reaktionen auf die Störungen von *Law and Order* lächerlich zu machen und, nicht zuletzt, um den Beteiligten auch ein bißchen Spaß auf ihrem mühsamen Weg zu einer anderen Republik zu machen. In der Entfaltung von Phantasie, im Ersinnen witziger, die konventionellen Schablonen der politischen Propaganda, Rhetorik und Organisation absichtsvoll durchbrechender Sprüche und Ausdrucksformen zeigt sich einerseits das Festhalten an einer radikal gegen das Establishment gerichteten kritischen Grundposition, andererseits aber auch ein spielerisches, künstlerisches Element, das günstigenfalls die Radikalität aufzuweichen, ihren oft so tierischen Ernst zu lockern vermag.

Die sogenannten *Spontis*, die nach dem Zerfall der anti-autoritären Studentenbewegung und der auf sie folgenden sterilen Ideologisierungs- und Sektiererphase Mitte der siebziger Jahre für eine Zeitlang das politische Bild an einigen deutschen Universitäten prägten, hatten ihren geistigen Radikalismus gewiß nicht aufgegeben, doch mit einem nicht minder radikalen Individualismus und Spontaneismus verbunden, der sie phantasievoller, beweglicher und offener erscheinen ließ als die organisatorisch wie ideologisch festgefügten sogenannten K-Gruppen, in welche sich der anti-autoritäre Aufbruch der Studenten von 1967 nach wenigen Jahren verlaufen hatte.
Diese flexiblere, individualistischere Art, Protestpolitik zu machen, ist dann zu einem charakteristischen Merkmal der späteren Protestbewegungen geworden, die sich gegen den Bau von Atomkraftwerken, gegen die Umweltzerstörung und gegen die weitere Stationierung von Atomwaffen auf deutschem Boden zur Wehr setzten. Diese Protestbewegungen sind zwar auch aus der entschiedenen, radikalen Ablehnung und Abwehr einer bestimmten Politik erwachsen, aber sie haben als Bewegung keine die Totalität der Gesellschaft umfassende ideologische Konzeption zur Veränderung der Gesellschaft mehr entwickelt. Sie begnügen sich mit punktuellen Protestaktionen, in die sich die Teilnehmer als sich selbst bestimmende Persönlichkeiten »einbringen«. Das grenzt oft ans Chaotische, schafft aber auch eine gewisse Lockerung und Entkrampfung des radikalen Umfelds.

Ein vagabundierendes Protestpotential

Die Empfänglichkeit beachtlicher Minderheiten für den Radikalismus, neuerdings stärker im Sinne der Radikalisierung einer konkreten Kritik, die zu Protestaktionen führen kann, im Gegensatz zu einem ideologisch motivierten Gesamtradikalismus, der die Dinge von Grund auf verändern zu müssen glaubt, ist ein Erbstück der studentischen Protestbewegung, das mit deren Dahinschwinden nicht auch verschwunden ist. Die radikale Sensibilisierung lebt fort in dem grundsätzlichen Mißtrauen gegenüber der herrschenden Ordnung und ihren Institutionen, in der Bereitschaft, sich stets von neuem mobilisieren zu lassen, wenn bei den aktiven Oppositionsgruppen, die das Heft in der Hand haben, das Interesse besteht, die latente Protestbereitschaft zu organisieren und sie durch Protestaktionen gegen bestimmte Maßnahmen und Tendenzen der staatlichen Politik in Anschlag zu bringen. Die Studentenbewegung hat also in der Bundesrepublik ein kritisches Protestpotential geschaffen, das sich inzwischen über viele kleine und größere Gruppen und Organisationen, von den Kommunisten bis in die Kirchen, erstreckt und sogar in die etablierten politischen Parteien auf der Linken hineinreicht. Dieses Protestpotential hat einen eher vagabundierenden Charakter, das heißt, es ist nicht auf nur *ein* Thema oder eine bestimmte politische Zielsetzung festgelegt; es wendet sich jeweils den Fragestellungen und Themen zu, die in der öffentlichen Diskussion gerade kritische Aufmerksamkeit erregen und die sich für eine Schwächung der Legitimität der politischen Ordnung besonders wirksam nutzen lassen.

Überblickt man die letzten zehn Jahre, so wird man eine mehr oder weniger rasche Abfolge von verschiedenen Themen entdecken, auf die dieses Protestpotential jeweils angesetzt wurde: Es war lange Zeit die Auseinandersetzung über den Radikalenerlaß und die sogenannten Berufsverbote, dann die Kritik an der als hysterisch bezeichneten staatlichen Überreaktion auf den Terrorismus, dann die Konzentration auf die Verhinderung des Weiterbaus von Atomkraftwerken (Whyl, Brokdorf u. a.); in Verbindung damit die Auseinandersetzung um das eventuell vorgesehene Entsorgungslager in Gorleben; dann die Welle der Hausbesetzungen in Berlin und andernorts; dann der Kampf gegen die Startbahn West in Frankfurt; schließlich die Friedensbewegung, die seit Mitte 1981 ein enorm starkes öffentliches Interesse auch im

Ausland geweckt und zu den wildesten Besorgnissen über die Zukunft der Bundesrepublik im atlantischen Bündnis Anlaß gegeben hat. Auf den wechselnden Schauplätzen des Protests ging es konkret zwar immer um die radikale Kritik an den jeweiligen Maßnahmen, doch die konkrete Parteinahme für einen Protest erfolgte vor dem allgemeinen Hintergrund einer grundsätzlich kritischen Einstellung zu den politischen Strukturen und Entwicklungstendenzen der Gesamtgesellschaft. Die Gegenstände des Protests konnten wechseln, ja, sie schienen bis zu einem gewissen Grade austauschbar zu sein, weil jeder konkrete Protestgegenstand als Beweis für die grundsätzliche Verfehltheit der Entwicklung im Ganzen genommen wurde. Das durch die Studentenbewegung erstmals freigesetzte, sich danach in der Bürgerinitiativbewegung und den diversen Protestbewegungen fortpflanzende Protestpotential war stets bereit, sich auf die gerade aktuellen Schauplätze der radikalen Auseinandersetzung mit dem System bzw. mit bestimmten Ereignissen und Tendenzen des Systems zu stürzen.

Dieses Protestpotential läßt sich freilich nur in Grenzen als eine an einer einheitlichen Ideologie ausgerichtete politische Bewegung in Gestalt einer politischen Partei organisieren. Die Parteibildung der Grünen, die zu Beginn der achtziger Jahre einsetzte, nachdem erste Durchbrüche in einigen Bundesländern geglückt waren, und die bei den Märzwahlen 1983 auch in der Bundesrepublik erstmals zum Erfolg führte, besorgt heute die parteipolitische Formierung des vagabundierenden Protestpotentials, aber sie erschöpft es nicht. Denn dieses Potential reicht etwa beim Thema Ökologie und Frieden weit über die von den Grünen erfaßten sozialen Gruppen hinaus.

Die heutigen Grünen stehen erkennbar in der Kontinuität der von der studentischen Protestbewegung vor fünfzehn Jahren angestoßenen Entwicklung zur politischen Radikalisierung, aber sie sind mehr als eine Nachfolgeorganisation dieser Bewegung, denn sie haben durch die verstärkte Virulenz des ökologischen Problems und durch die gewachsene

Besorgnis über die Chancen zur Erhaltung des Friedens Sympathisanten aus allen Altersgruppierungen und aus Gruppen mit tendenziell progressiver wie konservativer Mentalität für sich gewonnen, was es ihnen nun ermöglicht, die bisherige außerparlamentarische Arbeit mit der parlamentarischen Tätigkeit als radikale Opposition zu verbinden.

Habitus, äußeres Auftreten und Aufmachung sowie die Sprache und Gestik der Grünen sind durchaus verwandt mit den Formen politischer Selbstdarstellung und Totalopposition gegen die etablierten Parteien und die von ihnen geschaffenen Verhältnisse, wie sie in der Studentenbewegung entwickelt worden sind. Es fehlt nur das Übermaß an revolutionärer Illusion, von dem zahlreiche Studenten geprägt waren. Es ist einer Ernüchterung gewichen, die jedoch die Radikalität der Kritik nicht gemindert hat.

Der grundlegende Unterschied zwischen der Ära der bürgerlichen Koalition unter Adenauer und Erhard und der 1983 mit so klarer Mehrheit bestätigten neuen bürgerlichen Koalition unter Kohl liegt nicht zuletzt darin, daß die neue Regierung es trotz der unerschütterbaren Stabilität ihrer Mehrheitsverhältnisse mit einem radikal denkenden und sich radikal gebärdenden Kritikpotential zu tun hat, das sich zur schweigenden Anpassung nicht so leicht bequemen wird. Der teils offene, teils latente Radikalismus, dem die studentische Protestbewegung erstmals das Tor öffnete, ist eine irritierende Begleiterscheinung der deutschen Politik seit Ende der sechziger Jahre gewesen und wird es auch in naher Zukunft noch bleiben.

Die Entstehung dieses Radikalismus-Potentials in den späten sechziger Jahren und die auch danach nicht mehr aufhörende Bereitschaft von Minderheiten, sich der Radikalisierung des Wortes und der Tat zu öffnen und hinzugeben, haben ihre Ursachen nicht allein in ökonomischen und sozialen Zusammenhängen. Mindestens ebenso wichtig sind die psychischen Faktoren, die es am Leben erhalten und begünstigen: das gesteigerte Maß an dramatischen Erlebnissen, das die Protesthaltung verspricht, die Chance, in der engen Bindung und Tuchfühlung mit Gleichgesinnten dem zeitgenössischen sozialen Druck in Richtung auf die Atomisierung und Anonymisierung des Lebens zu entrinnen; die Möglichkeit, dem von der modernen Gesellschaft und ihren Institutionen ständig ausgehenden, die individuelle Selbstbestimmung erschwerenden Anpassungsdruck wenigstens zeitweilig zu entrinnen; das Verlangen, die unter den gesellschaftlichen Verhältnissen der Gegenwart brüchig gewordene individuelle Identität durch kollektive Bewußtseinsprozesse und Gemeinschaftserfahrungen zu stabilisieren (obwohl meist eher das Gegenteil erreicht wird); ein kritischer Affekt gegenüber allen institutionellen Verfestigungen und Zwängen (daher auch das Eintreten für einen permanenten Prozeß der Verflüssigung der Institutionen durch das Prinzip der Rotation und der ständigen Rückbindung an eine fluktuierende Basis); die Neugier und Leidenschaft für ganz neuartige, in sich unabgeschlossene und experimentelle soziale Lebensformen, die alternative Erfahrungen ermöglichen und neue Wege der Kommunikation erlauben, kurz: es handelt sich bei den Protestierenden immer auch um die Ausfüllung eines von der Rationalität der modernen Industriegesellschaft hinterlassenen inneren Vakuums, es ist ein als romantisch zu qualifizierender Aufstand gegen die Strukturen, Denkformen und Ergebnisse der modernen Welt und ihrer Politik, der da stets von neuem geprobt wird, im Namen eines besseren, freieren und gehaltvolleren Lebens. Diesem diffusen, irrationalen Verlangen nach Ausbruch und Öffnung entspricht die in den Protestbewegungen lebendige Tendenz zur geistigen und verhaltensmäßigen Radikalisierung, der von der herrschenden Norm abweichende Gedanke, der schrille Ton und die dramatische Gebärde.

5. Geistige Profile der Zeitenwende

Zeiten des Umbruchs, der Zukunftsungewißheit und der Verunsicherung in der Daseinsorientierung wecken dramatisierende Beschwörungen kommenden Unheils. Sie nähren sich aus der subjektiven Empfindung, daß die Dinge nicht mehr im rechten Lot zu sein scheinen; sie nehmen ihren Ausgang von der Entdeckung und Aufdeckung beunruhigender, den gewohnten Gang der Dinge durchbrechender neuer Phänomene, die als Vorboten und Zeichen tiefgreifender Veränderungen gedeutet werden. Das entdeckte Neue ist, je nach Weltbild und Temperament, entweder ein Anlaß zur Hoffnung (sofern es einen Ausweg aus der Misere verspricht) oder ein Grund zur Angst vor dem drohenden Zusammenbruch und Verfall. Wenn man nicht sicher ist, wohin der Weg führt, auf dem man schwankend geht, fehlt es erst recht nicht an *geistigen Weg-Weisern*, die eben dies sicher zu wissen vorgeben. Doch die Richtung, die sie einem weisen, ist selten einheitlich, was die Unsicherheit und Verwirrung eher steigert als mindert. Zeiten des Umbruchs oder besser: Zeiten, die als solche empfunden und gedeutet werden, unterscheiden sich vor allem darin von Zeiten einer durch Kontinuität und Stabilität bestimmten Entwicklung, daß in jenen die geistigen Bemühungen, Gegenwart und Zukunft zu deuten, Gefahren und Chancen der Krise zu ermessen, bemerkenswert zunehmen. Das Bedürfnis zu wissen, wohin die Reise geht, verstärkt sich um so mehr, je verhangener der Ausblick auf die Zukunft ist, je dunkler und gefahrenvoller der Weg nach vorn zu sein scheint.
So ist es kein Wunder, daß wir in den letzten Jahren keinen Mangel hatten an Versuchen, die neuen Zeichen der Zeit zu deuten. Es ging stets darum, das in der Entwicklung unserer Zivilisation angelegte Gefahrenpotential für die Zukunft des Menschen, der modernen Industriegesellschaft, der Demokratie als politischer Organisationsform ausfindig zu machen, um durch die Schaffung eines Bewußtseins unserer Gefährdung fähig zu werden, mit den veränderten Rahmen-

bedingungen der Politik zurechtzukommen, den neuentdeckten Krisenelementen wirksam zu Leibe zu rücken, ja, sie möglicherweise ganz beseitigen zu können.

Ein großer Teil der ökologischen Literatur der letzten Jahre ist aus solcher Sorge um die Zukunft geboren, deren drohendes Unheil schon in der Gegenwart erkennbar ist, falls wir nicht schleunigst umkehren, den Weg verlassen, der uns in die Katastrophe führt. Die Diskussion über den Frieden, die wir auf breiter Front führen, lebt aus der Angst vor der Katastrophe der atomaren Vernichtung; sie bezieht von daher das Pathos, mit dem wir bei fast allen Erörterungen über die Welt von morgen in das Grundgefühl der Angst eingestimmt werden. Die meisten dieser das kommende Unheil ins Visier nehmenden Zeitdiagnosen sind auf einer Antithetik aufgebaut, für die Erhard Epplers Buchtitel »Ende oder Wende« charakteristisch ist.

Der Appell umzukehren, vom schlechten Alten abzulassen und sich dem heilbringenden Neuen zuzuwenden, ist ein uralter religiöser Topos, der die ganze Menschheitsgeschichte durchzieht. Im christlichen Evangelium richtet sich die Botschaft der Umkehr an den einzelnen; er soll Buße tun, sich seiner Sündhaftigkeit und Gottesferne bewußt werden und die Hand der Versöhnung ergreifen, die Gott ihm in seiner Gnade entgegenstreckt. Im Politischen richtet sich der Ruf zur Umkehr an ein Kollektiv; er ergeht an die Herrschenden und die von ihnen gelenkten Völker, sie möchten von ihrer falschen oder gefährlichen Politik ablassen und eine neue Richtung einschlagen, die der Gesellschaft zum Segen werden kann. Hier wie dort geht es um die Abwendung vom Bösen. Dabei verschlingen sich oft genug individueller und kollektiver Appell zur Umkehr, weil das eine das andere voraussetzt.

Es ist das legitime Ziel geistiger Weg-Weiser, zumal wenn sie meinen, sie hätten in dieser Weltstunde ihren Zeitgenossen etwas für ihre Zukunft Wichtiges zu sagen, die Menschen anzusprechen, sie mit ihren Argumenten zu überzeugen, ihnen, wenn möglich, die Augen zu öffnen für Dinge,

die sie vielleicht noch gar nicht oder nur undeutlich gesehen haben. Darauf beruht das geistige Leben in einer freien Gesellschaft, davon lebt der permanente Dialog, den sie in ihren vielfältigen Organen der Meinungsbildung, vom Pamphlet über Zeitungen und Zeitschriften bis zum literarischen und wissenschaftlichen Werk, über sich und ihre Zukunft führt.
Die Auswahl der hier behandelten fünf Autoren Michael Ende, Erhard Eppler, Iring Fetscher, Hartmut von Hentig und Ralf Dahrendorf, die sich als Interpreten der Zeitenwende in der publizistischen Öffentlichkeit der Bundesrepublik profiliert haben, ist nicht aufgrund einer systematischen Überlegung erfolgt. Meine Selektionsgründe waren folgende: Für *Michael Ende* habe ich mich entschieden, weil er der erfolgreichste Autor der zivilisationskritischen Literatur ist und sich in einem protokollierten Gespräch jüngst ausführlicher über sein Denken geäußert hat. *Erhard Eppler* ist von besonderem Interesse, weil er aus der Politik kommt und zu einer Art Symbolfigur des intellektuellen Politikers der Zeitenwende geworden ist. *Iring Fetschers,* des Politologen, Denken mag weniger bekannt sein, doch erscheint es mir symptomatisch für die Kombination von traditionell sozialistischen mit den neuen ökologischen Utopien. *Hartmut von Hentig* ist wohl der vielseitigste und beweglichste Pädagoge, den die Bundesrepublik kennt, und er hat die politische und pädagogische Situation der Zeit unablässig mit seinen Kommentaren und Reflexionen begleitet. *Ralf Dahrendorf* schließlich ist zum herausragenden Repräsentanten der liberalen Interpretation der Zeitenwende geworden. Allen Autoren eignet eine besondere Sensibilität für das, was man den Zeitgeist nennen kann. Ich hoffe, daß diese knappen intellektuellen Porträts einen Eindruck davon vermitteln können, wie das Bewußtsein einer Zeitenwende, um dessen Erhellung es mir geht, inhaltlich beschaffen ist.

Michael Endes romantische Vision einer neuen Politik

Der Schriftsteller Michael Ende hatte mit seinen Büchern »Momo« (Stuttgart 1973) und »Die unendliche Geschichte« (Stuttgart 1978) den größten Bucherfolg der letzten Jahre. Diese beiden Werke wären niemals in aller Stille zu langjährigen Bestsellern herangewachsen, hätte ihnen nicht ein starkes Bedürfnis einer breiten Leserschicht entsprochen, Michael Endes »Gegenwelt der Phantasie« zu der ihren zu machen.

Anfang des Jahres 1982 fanden Erhard Eppler und Hanne Tächl vom kommunalen Kontakttheater in Stuttgart sich zu einem Gespräch über »Phantasie, Kultur, Politik« in Michael Endes Haus in Italien zusammen, dessen Protokoll dann gedruckt wurde (Stuttgart 1982). Dieses Gespräch ist die Grundlage für den nachfolgenden Versuch, die Umrisse einer neuen Politik zu zeichnen, wie sie vom Schriftsteller Michael Ende gesehen und für notwendig gehalten wird.

Ausgangspunkt der Bemühungen Michael Endes um eine »positive Utopie« (als Kontrapunkt zu den negativen vom Schlage Orwells in »1984« oder A. Huxleys »Schöner Neuer Welt«) ist seine Empfindung, daß die Welt der technischen Zivilisation, in der wir leben, in einer Art von »Höllenkreislauf« rotiert, aus dem wir uns durch unsere Kreativität und Phantasie befreien müssen, wenn wir überleben und noch eine Zukunft haben wollen. Unsere Welt, so findet er, stehe ganz im Bann des technokratischen Denkens, das ein sich selbst steuerndes System antreibe, das sich wie ein »wildgewordenes Karussell« im Kreise herumdrehe, ohne daß jemand es noch anhalten könne. Er sieht dennoch handfeste Anzeichen dafür, daß das Ende des materialistischen Zeitalters und seines Denkens sich abzeichnet. Ein epochaler Bewußtseinswandel vollziehe sich, der die verhängnisvolle Zerreißung der ursprünglichen Einheit der Welt in eine objektive Wirklichkeit und eine subjektive Innerlichkeit abzulösen beginne zugunsten der Wiederversöhnung von menschlichem Bewußtsein und äußerer Welt in einer unlösbaren Einheit. Ein »Bewußtseinssprung« sei nötig, um über die Eindimensionalität unserer Welt der Machbarkeit und technischen Zivilisation hinwegzukommen und zu einer neuen Vieldimensionalität des Menschseins durchzustoßen. Michael Ende betreibt nicht die Verteufelung der technischen Zivilisation schlechthin, aber er will ihre bleierne Geschlossenheit transzendieren, er will über sie hinaus mit Hilfe eines neuen, die Vielfalt des Menschlichen reflektierenden und sie ermöglichenden neuen Bewußtseins. Er will eine das Ganze, also auch Politik und Wirtschaft, umfassende Kultur sich entwickeln sehen, die von diesem neuen Bewußtsein inspiriert und getragen wird. Auf die durchdringende Kraft eines neuen Geistes in einer neuen »All-Kultur« kommt es ihm an, nicht auf äußerliche Reparaturen von Staat und Wirtschaft.

Michael Ende will ein staatsunabhängiges, freies, von den Menschen selbst bestimmtes und getragenes Geistesleben. Genauso wie die Pfarrer seiner Meinung nach ihre Sachen packen sollten, wenn niemand sie für ihre Dienste mehr bezahlen will, soll nur noch das geistig wirken dürfen, was sich selbst trägt, was aus sich selbst heraus lebt. Er ist zuversichtlich, daß dies möglich ist, weil die Menschen des neuen Bewußtseins dieses Leben aus einem neuen Geist so notwendig zum Leben brauchen wie Essen und Trinken.

Michael Ende variiert das alte Thema einer *Konservativen Revolution*. Er spricht davon, daß die Werte, die unbedingt gefunden werden müssen, wenn die Zukunft gemeistert werden soll, mit den alten humanen Werten identisch sein müßten. Ihm gilt der Akt des »Nach-vorn-Durchstoßens« zu diesen Werten als der eigentlich wichtige, etwas Neues schaffende Vorgang. Gegen die Vorherrschaft der Wertzertrümmerer in Gestalt des rationalistischen modernen Intellektuellen plädiert er für die Wiedergewinnung und Entfaltung alter Werte und Ideale.

Um welche Werte handelt es sich? In der Tat um keine neuen. Für das Geistesleben erscheint Michael Ende die Freiheit zentral, für das Rechtsleben die Gleichheit und für das Wirtschaftsleben die Brüderlichkeit. Im Zentrum seiner Bemühungen steht ein neues, nicht-materialistisches Weltbild, ein Weltbild, das frei ist von den Zwängen der mechanischen Kausalität. Es soll dem Menschen ein Stück wahrer Freiheit und moralischer Verantwortung für sein Tun zurückgeben.

Dieser konservative Gedanke des Rückgriffs auf die Werte der Tradition und der klassischen Humanität wird immer wieder überlagert von dem Bewußtsein, in der gegenwärtigen Situation die gefährdete Zukunft dieser Welt im Blick haben zu müssen. Die Maßstäbe des Handelns, so meint Ende, seien aus einem Antizipieren der Zukunft zu gewinnen. Gemeint ist damit die Bemühung um die Sicherung der Lebensgrundlagen für eine menschliche Welt in der Zukunft. Sie erscheinen heute bedroht: »Wir müssen heute und hier auf eine Katastrophe reagieren, die sich in der Zukunft einstellen wird. Das ist ganz neu als Bewußtseinshaltung, das müssen wir alle erst lernen... Wir alle müssen, ob wir wollen oder nicht, prophetisch denken lernen.« (S. 70) Endes Forderung nach einer neuen Bewußtseinshaltung und Politik impliziert die Verurteilung der herrschenden Politik und ihrer Mechanismen; ihr wird, obwohl sie doch alles durchdringt, Wirklichkeitsverlust bescheinigt.

Gefordert wird eine neue Politik, die dem Bewußtseinswandel gerecht wird. Sie soll den Zerfall und die Selbstzerstörung der menschlichen Zivilisation aufhalten und neue Perspektiven für eine andere und bessere Welt eröffnen. Dem Schriftsteller und Künstler wird dabei die Aufgabe zugewiesen, neue Bilder zu schaffen, mit denen die Menschen ihre Freiräume ausfüllen können; diese Bilder sollen dann auf die Politiker zurückwirken, die sensibler werden müssen für das, was da an neuen Bildern und Phantasien entsteht – eine *unendliche Geschichte* also von Wirkungen und Rückwirkungen, die ihren Ursprung in einem neuen Geist, einer neuen Phantasie, einer neuen Kultur haben. »Kunst und Literatur müssen die Bewußtseinsformen und Bewußtseinsinhalte schaffen, die sich dann über die Menschen auch politisch verwirklichen.« (S. 120) Ende ist überzeugt, daß die schon von Max Weber prognostizierte »Entzauberung der Welt« kein unabänderliches Gesetz der historischen Entwicklung sein muß, ja, daß sie uns in die Katastrophe treibt. Darum arbeitet er an der Erschaffung von Gegenwelten; er stellt die keinen Sachzwängen gehorchende freie Welt der Phantasie einer durch ihre Rationalität in die Unvernünftigkeit schlitternden technischen Welt entgegen.

Hier ist von neuem ein *romantischer* Impuls am Werke, wie er immer wieder in der deutschen Geschichte seit dem frühen 19. Jahrhundert sein Wesen getrieben hat. Der politische Romantiker meint, die Welt um sich herum im Zustand der Erstarrung und Kälte zu sehen; er glaubt, die tödliche Umklammerung, in der sich die Menschen durch die von ihnen geschaffenen materiellen Dinge befinden, durch den mit der Natur verbundenen Odem des Geistes lösen und so die Menschen zu einem wesentlicheren, tieferen Leben befreien zu können. Er setzt auf die Wirksamkeit eines neuen Geistes, eines von Grund auf veränderten Bewußtseins, das die Welt verändern kann, weil es zuvor die Menschen verwandelt hat.

Michael Ende ist ein liebenswürdiger Romantiker, der mit seinen Geschichten von einem anderen, phantasievolleren Leben, als wir Heutigen es zu führen gewohnt sind, zu verzaubern vermag. Aber auch auf ihn trifft zu, was Gordon Craig, der amerikanische Deutschland-Historiker, in seinem Buch »Über die Deutschen« (München 1982) zum Verhältnis der Romantiker zur Politik gesagt hat: »Die Romantiker waren ihrem Wesen nach unpolitisch, denn sie begriffen weder die Fragen ihrer Zeit, noch den Prozeß, durch den praktische Lösungen für die Probleme der zeitgenössischen Gesellschaft gefunden werden mußten.« (S. 218)

Erhard Eppler – ein Politiker als Prediger und Prophet

Der schwäbische Sozialdemokrat Erhard Eppler, unter Bundeskanzler Willy Brandt Leiter des Entwicklungshilfeministeriums, danach ein ziemlich glückloser Führer der Sozialdemokratischen Partei und Fraktion in Baden-Württemberg, langjähriger Vorsitzender der Grundwertekommission beim sozialdemokratischen Parteivorstand, zuletzt amtierender Präsident des Deutschen Evangelischen Kirchentages, ist in den letzten Jahren zu einer der prominentesten politischen und geistigen Figuren des Protests gegen die Entwicklung der Industriegesellschaft und die in ihr vorherrschende Politik geworden. Die große Bedeutung, die Erhard Eppler in der geistig-politischen Auseinandersetzung über die Richtung und Zukunft der deutschen Politik erlangt hat, hängt einerseits mit seiner relativ prominenten Rolle innerhalb der Sozialdemokratischen Partei Deutschlands zusammen, andererseits mit seiner beachtlichen Fähigkeit, die weithin als problematisch empfundenen Entwicklungstendenzen der Industriegesellschaft und der Weltpolitik publikumswirksam zu diagnostizieren und daraus ein mit vielen konkreten Details angereichertes politisches Programm für eine grundsätzliche Wende abzuleiten. Erhard Eppler galt in den letzten Jahren als der führende Kopf einer innerhalb der Sozialdemokratischen Partei arbeitenden, die Politik ihres Bundeskanzlers Helmut Schmidt massiv kritisierenden Opposition. Er war und ist die Personifizierung eines partiellen Bewußtseinswandels in der SPD, der die Partei aus einer dem technischen und wirtschaftlich-sozialen Fortschritt positiv gegenüberstehenden politischen Organisation zu einer hinsichtlich der Richtungsfragen ihrer künftigen Politik stark verunsicherten politischen Organisation verwandelt hat. Nach der durch die Studentenrevolte ausgelösten Belastungsprobe durch die marxistische und neomarxistische Herausforderung der SPD seitens der Jungsozialisten und ihrer älteren Anhänger ist es ganz wesentlich Erhard Eppler gewesen, der mit seiner lockeren Gefolgschaft von Anhängern der Ökologie- und Friedensbewegung das historisch positive Verhältnis der SPD zur modernen Industriegesellschaft und zum Westen einer weiteren Belastung ausgesetzt hat, deren Probe noch nicht bestanden ist.

Erhard Epplers besondere Rolle in der deutschen Politik und Kultur liegt darin, ein Politiker und Intellektueller zugleich zu sein, die Apparate und Mechanismen der modernen demokratischen Politik genügend gut zu kennen und dank seiner engagierten Belesenheit über ein hohes, wenn auch seinen politischen und gesamtgesellschaftlichen Zielsetzungen dienstbar gemachtes Informationsniveau zu verfügen. Hinzu kommt, daß Eppler sich wie wenige andere der Glaubwürdigkeitslücke bewußt geworden ist, die zwischen einem Teil der Wähler, insbesondere in der jungen Generation, und den etablierten Vertretern des Politikbetriebes entstanden ist. Er bekennt sich deshalb nicht nur verbal zu den Grundsätzen einer ökologisch orientierten Politik, sondern ist im Rahmen seines eigenen Lebensbereiches darum bemüht, diesen Grundsätzen zur praktischen Verwirklichung zu verhelfen. Schließlich eignet ihm die Fähigkeit, sich voll und ganz in den Dienst der als richtig erkannten Sache zu stellen, sich von ihr ganz ergreifen zu lassen und sie nicht ohne gewisse missionarische Züge, die mit seinem schwäbischen Pietismus in Verbindung gebracht werden, zu verfechten. Das erhöht seine persönliche Glaubwürdigkeit, mindert jedoch seine Fähigkeit zur inneren Distanznahme, die für ein differenziertes und unpolemisches Urteil in vielen der von ihm behandelten Sachfragen von Bedeutung ist.

Gleichwohl ist Eppler kein unpolitischer Romantiker wie Ende; er kennt die Sachzwänge der Politik, auch wenn er sie nicht schätzt, und er respektiert den politischen Pluralismus und seine Institutionen, auch wenn es ihm nicht immer leichtfällt. Erhard Eppler hat seine erst in den siebziger Jahren geformten politischen Grundüberzeugungen von der Notwendigkeit einer grundsätzlichen Wende in der Politik der Industriegesellschaft in zwei Büchern niedergelegt, von denen das zweite ein großer Erfolg war: »Ende oder Wende.

Von der Machbarkeit des Notwendigen« (München 1975) und »Wege aus der Gefahr« (Reinbek 1981). Einblicke in sein Denken lassen sich auch aus dem oben erwähnten Protokoll eines Gesprächs gewinnen, das Erhard Eppler mit dem erfolgreichen Schriftsteller der neuen Welle, Michael Ende, und der Stuttgarter Künstlerin Hanne Tächl im Frühjahr 1982 geführt hat.

Erhard Epplers Zeitdiagnose nimmt – vermutlich, weil dies auch seiner biographischen Erfahrung entspricht – den Ausgangspunkt von einem Bewußtseinswandel, den er als epochal empfindet. Da Eppler der Neigung zur Dramatisierung leicht nachgibt, vergleicht er ihn gern mit dem epochalen Bewußtseinswandel in der Renaissance, der die Grundlagen der modernen Welt vorbereitete. Es beflügelt ihn auch, als Träger dieses Bewußtseinswandels einen beachtlichen Teil der jungen Generation hinter sich zu wissen und damit die Partei derer zu ergreifen, denen die Entwicklung der Zukunft weitaus weniger gleichgültig sein kann als seinen eigenen Altersgenossen, die sich in den die materielle Prosperität fördernden Strukturen der entwickelten Industriegesellschaft einigermaßen bequem eingerichtet haben. So kann er sich als Träger einer besonderen Zukunftsverantwortung für die junge Generation empfinden, zumal er auch bei vielen evangelischen Kirchentagen der letzten Jahre gelernt hat, mit welchen rhetorischen Mitteln man sich heutzutage des Beifalls der jungen Generation leicht versichern kann.

Eppler ist der Überzeugung, daß dieser Bewußtseinswandel die treibende und verändernde Kraft der gegenwärtigen Weltstunde sein wird, doch das Hauptproblem liegt für ihn darin, daß der Bewußtseinswandel haltmacht vor den großen Apparaten der politischen Parteien, der Wirtschaft und des Staates. Es ist für ihn eine bedrückende Erfahrung, daß der Bewußtseinswandel um so rascher vor sich gehe, je weiter man von den Zentren politischer, ökonomischer und publizistischer Macht entfernt sei. Nach seiner Auffassung spiegelt das Bewußtsein der meisten Politiker eine nicht mehr existierende Wirklichkeit wider, weshalb die meisten

Parlamentsdebatten oder Politikerstatements geradezu gespenstisch anmuteten. »Für die Politiker müßte jetzt die entscheidende Frage sein, wie man der Realität dieses Bewußtseinswandels gerecht wird, und was daraus politisch zu machen ist. Das Eigentümliche ist, daß diese Frage heute noch abgeblockt wird und daß dieser Teil unserer Wirklichkeit in Regierungen und Parlamenten so gut wie gar nicht wahrgenommen wird. Von daher habe ich auch den Eindruck, daß viele Politiker in einer Welt leben, die es schon gar nicht mehr gibt.« (Gesprächsprotokoll, S. 84)

Das neue Bewußtsein, zu dessen Sprecher und Fürsprecher im Namen der Zukunft Erhard Eppler sich gemacht hat, ist das zivilisationskritische, die Fortschreibung der technokratischen Industriegesellschaft als unheilvoll empfindende und sich darum dagegen wehrende Bewußtsein, wie es in vielerlei Ausprägungen die ökologische und neuerdings auch die Friedensbewegung erfüllt. Es bekümmert Eppler, daß sich die verkrusteten Machtstrukturen der technisch-wissenschaftlichen Zivilisation gegenüber dem Ansturm des neuen Bewußtseins so hartnäckig resistent zeigen, doch sieht er bereits Anzeichen für das Wachsen einer aus dem neuen Bewußtsein entspringenden Gegenmacht.

Während Eppler immer wieder unterstreicht, daß die Politiker und Wirtschaftsfunktionäre in einer rein technokratisch konstruierten Wirklichkeit leben, wehrt er sich gegen die Unterstellung, das von ihm jetzt vertretene alternative Bewußtsein sei ebenfalls konstruiert, d. h. durch rein geistige Beeinflussung erzeugt worden. Er verweist auf die Summe der Alltagserfahrungen, die immer mehr Menschen zu der Einsicht brächten, daß ein Mehr an industriellem Wachstum nicht unbedingt ein Mehr an Lebensqualität mit sich bringt, wofür es in der Tat nicht an Beispielen und auch nicht an Gruppen fehlt, die diese Erfahrung zum Inhalt ihrer konkreten Politik als Bürgerinitiativen gemacht haben. Was Eppler jedoch völlig vernachlässigt, ist der Umstand, daß solche Alltagserfahrungen vor dem Hintergrund einer prosperierenden und expandierenden Industriegesellschaft gemacht werden, die, falls man ihr die Grundlage entzöge, die jetzt aufgekommene Bewußtseinshaltung vermutlich wieder sehr schnell zum Verschwinden bringen würde. Was er ebenfalls falsch einschätzt, ist die Breite und Tiefe des Bewußtseinswandels. Er macht den Politikern zum Vorwurf, in einer falschen Welt zu leben, weil sie den Bewußtseinswandel, wie er ihn durchgemacht hat, angeblich in ihrer Politik nicht berücksichtigen. Doch es hängt nicht so sehr mit der Losgelöstheit der politischen Repräsentanten von den Menschen zusammen, wenn die Politiker so reagieren, wie Eppler es ihnen übertreibenderweise unterstellt, vielmehr mit der Tatsache, daß das existierende Bewußtsein der meisten Bürger und ihrer sozialen Organisationen die Politiker in die Richtung einer Fortsetzung der traditionellen Politik drängt. Wäre der Bewußtseinswandel eine wirkliche Gegenmacht in der deutschen Öffentlichkeit, dann würde er sich auch eine politische Vertretung zu schaffen wissen, wie dies in Gestalt der neuen Parlamentsfraktion der Grünen in engen Grenzen jetzt geschehen ist. Der Wahlsieg der CDU/CSU kann jedoch nicht anders interpretiert werden denn als eine Absage der übergroßen Mehrheit der deutschen Bevölkerung an eine aus dem neuen Bewußtsein geborene und konzipierte Politik.

Es ist nicht verwunderlich, daß der missionarisch für die Verbreitung des Bewußtseinswandels streitende Erhard Eppler in seiner Diagnose des Zeitgeschehens zum bewährten propagandistischen Hilfsmittel der Vereinfachung, Übertreibung und schablonisierenden Entgegensetzung greifen muß, um seiner Botschaft Nachdruck zu verleihen. Typisch für sein Vorgehen ist die folgende Gegenüberstellung der guten, von der Sorge um den Frieden angetriebenen Menschen der Friedensbewegung und dem militärischen Expertentum, bei dem die Sicherung des Friedens in denkbar schlechten Händen liege: »Man wähnt sich auf verschiedenen Sternen, wenn man erst junge Menschen bei einer der unzähligen Friedenswochen erlebt, wo heute auf bewegende Weise Wege zum Frieden gesucht werden, und dann einer

Diskussion von Rüstungsexperten zu folgen versucht, die in ihrer Geheimsprache jene Schachpartie nachvollziehen, die zwischen den beiden Supermächten mit der Logik von Computern abrollt. Da gibt es keine Brücken: Die einen versuchen, von bösen Ahnungen getrieben, etwas Eigenes, und sei es auch noch so bescheiden, für den Frieden zu tun; sie fragen sich, wo sie – notfalls erst im ganz kleinen – Frieden stiften können, sie fordern Abrüstung, sie verweigern sich den militärischen Apparaten; die anderen rechnen, zählen, vergleichen, verwalten und vor allem: sie wissen. Sie wissen, daß man Stärke, zumindest Gleichgewicht, braucht, um Frieden zu erhalten. Sie wissen Bescheid in dem Dschungel von First Strike und Second Strike, Marschflugkörpern und Raketen tragenden U-Booten, von Warnzeiten und Zielgenauigkeiten, von vermirvten Raketen und Anti-Raketen-Raketen.« (Wege aus der Gefahr, S. 79)

Ebensowenig ist es verwunderlich, daß Erhard Eppler seiner Partei, der Sozialdemokratie, empfiehlt, sie müsse sich dem neuen, gewandelten Bewußtsein öffnen, wenn sie als Partei überleben und nicht in gehorsamer Langeweile verrotten wolle. In seinen Büchern trägt Eppler mit Fleiß und Geschick zusammen, was an ersten Möglichkeiten einer Veränderung erwogen und in die Wege geleitet werden kann. Doch die Gesamtkonzeption der von ihm für notwendig gehaltenen Wende bleibt undeutlich und widersprüchlich.

Erhard Eppler war es, der die interessante Unterscheidung zwischen Wert- und Strukturkonservatismus in die deutsche politische Diskussion eingeführt hat. Unter einem Wertkonservatismus, zu dem er sich bekennt, versteht er eine Politik des Erhaltens und Bewahrens der in der abendländisch-christlichen Tradition wichtigen Werte; unter einem Strukturkonservatismus versteht er das Festhalten an den Strukturen und Organisationsformen der Industriegesellschaft. Strukturkonservative betreiben eine Politik, von der er behauptet, daß sie zur Zerstörung eben jener Werte führen müsse, die man durch die Bewahrung der Strukturen zu verteidigen glaube. Es ist jedoch nicht klar erkennbar, um was für Strukturänderungen es sich konkret handeln soll, mit deren Hilfe die wichtigen Werte erhalten und ein selektives, an der Lebensqualität orientiertes Wachstum gesichert werden soll. Hier scheint Eppler eine wesentliche Verstärkung der Lenkungs- und Steuerungsfunktion des Staates im Blick zu haben, während er in anderer Hinsicht mit großer Entschiedenheit für das bei den Ökologen so beliebte Prinzip der Dezentralisierung eintritt. Ein wirklich neues politisches Konzept, das sich in konkreten Verfassungsnormen und Strukturen niederschlagen würde, besitzt auch er nicht, es sei denn, man hielte seine Sympathie für die Schaffung plebiszitärer Einrichtungen zur Ergänzung und Kontrolle der repräsentativen Demokratie für ein solches. Wie man zwischen der Notwendigkeit zentraler Entscheidungen und dem Bedürfnis nach mehr gesellschaftlicher Autonomie und Eigenständigkeit eine funktionale Verbindung herstellen kann, die weder primär Plan noch Markt ist, weiß er nicht anzugeben.

So erschöpft sich seine politische Botschaft in der immer wieder betonten Grundüberzeugung, daß wir mit unserer Politik, mit unseren staatlichen Institutionen und den sie tragenden politischen Parteien auf dem falschen Weg sind und so schnell wie möglich, aufbauend auf dem Bewußtseinswandel der Gesellschaft, eine Wende einleiten müssen, damit wir nicht noch schlimmeren Verhältnissen, ja richtigen Katastrophen entgegengehen. Eppler scheint von der Verzweiflung gepackt, daß die Politiker nicht rechtzeitig erkennen könnten, was die Stunde geschlagen hat. Dies gibt seinen Schriften und auch seinen Reden das emotionale Pathos der Beschwörung und Bekehrung: Beschwörung der allseits drohenden Gefahr und Bekehrung zu einem neuen Bewußtsein, das diese Gefahren erkennt und alles Notwendige in die Wege leitet, um ihnen zu wehren. Dabei nimmt er, auch im Gestus, die Gestalt eines Predigers und Propheten an. In diesem Habitus klagt er die Politiker, nicht zuletzt auch die seiner eigenen Partei, an, die Zeichen der Zeit nicht zu erkennen, und setzt seine vom Pessimismus nicht völlig unterminierte Zuversicht und Hoffnung einstweilen auf die Basis. Gemeint sind die von dem epochalen Bewußtseinswandel ergriffenen Menschen, ohne die es keine Hoffnung mehr für uns gäbe: »Wenn heute Rettendes wächst, dann nicht an der Spitze der Institutionen, sondern da, wo Menschen versuchen, menschlicher miteinander zu leben, an der sogenannten Basis.« (S. 111) Das Heil kann nur von unten kommen. Der Politiker Erhard Eppler waltet als sein prophetischer Prediger.

Iring Fetschers sozialistische Alternativzivilisation

Iring Fetscher, Politikprofessor und Publizist, dessen wissenschaftliches Interesse vorwiegend dem Studium der bürgerlichen Philosophie und des Marxismus in seinen vielen Varianten gegolten hat, ist in der jüngsten Zeit mit einer Reihe von Beiträgen zur Zukunft der industriellen Zivilisation hervorgetreten, durch die er sich mit kräftiger Stimme in den Chor derer eingereiht hat, die ein radikales Umdenken und eine entschiedene Umkehr in bezug auf die bisherige Entwicklung der Industriezivilisation fordern, wenn die Menschheit nicht ihrer selbstfabrizierten Katastrophe zueilen wolle. Er hat, wie er in der Einleitung zu »Überlebensbedingungen der Menschheit« (München 1980) schreibt, mit vielen anderen Menschen den Eindruck gewonnen, »daß die kapitalistische Industriezivilisation wie ein Expreßzug unaufhaltsam dahinbraust, auf ein Ziel zu, welches Katastrophen schwer vorstellbaren Ausmaßes für das in diesem Zug reisende Menschengeschlecht bereithält«.
Von konservativen Denkern, deren Zeitdiagnose ebenfalls durch die prophetische Vorausschau einer auf uns zukommenden Katastrophe bestimmt wird, unterscheidet er sich darin, daß er nicht, wie etwa Martin Heidegger, auf den »Zuspruch des Seins« wartet, sondern ontologiefreie, wenn auch nur scheinbar praktische Überlegungen entwickelt, wie

dem drohenden Unheil zu wehren wäre. Immerhin läßt sich Fetscher in seinem derzeitigen Zivilisationspessimismus kaum übertreffen. Er folgt in seinen jüngsten Schriften dem in dieser Art von Kassandra-Literatur vertrauten Schema, die Notwendigkeit der radikalen Alternative mit der Katastrophenträchtigkeit des bestehenden Zustands und seiner linearen Fortentwicklung zu begründen. Fetscher bekennt sich mit vielen anderen, die heute mit ihren zivilisationspessimistischen Betrachtungen ein wachsendes Echo finden, zu der von Erhard Eppler geprägten Formel »Ende oder Wende«, die mir typisch zu sein scheint für die Struktur eines *apokalyptischen Denkens*, welches das drohende und nahende *Ende* beschwören muß, um geistige und materielle Kräfte für die notwendige *Wende* zu gewinnen, die die Menschheit vor ihrem Ende bewahren und ihr eine bessere Zukunft sichern soll. Als Demokrat, der er ist, verwirft er die von Wolfgang Harich nahegelegte Idee einer »Ökodiktatur« zugunsten des Konzepts einer »Alternativzivilisation«, in welcher die neuen ökologischen Zielsetzungen durch das Mittel einer hochgradig partizipatorischen Demokratie im Sinne eines demokratischen Sozialismus ins Werk gesetzt werden sollen. Es ist diese Kombination einer prinzipiell konservativen, d. h. gegen den bisher praktizierten technologischen und industriellen Fortschritt gerichteten Wertposition mit dem progressiven Instrument der sozialistischen Demokratisierung, welche die Arbeiten Fetschers zu diesem Thema charakterisiert.

Fetschers Modell einer Alternativzivilisation (entwickelt in: Vom Wohlfahrtsstaat zur neuen Lebensqualität, Köln 1982) hat folgende Züge:

1. Sie garantiert das Recht auf Arbeit für alle und stellt mit Hilfe verbesserter Technologien, die nicht in erster Linie der Produktivitätssteigerung dienen, allen sinnvolle Arbeitsplätze zur Verfügung.
2. Sie setzt die Wiederherstellung der Fähigkeit der Menschen voraus, ihre Produktionsmittel wie »Mittel in ihrer eigenen Hand zu beherrschen«. Dies meint die Abkehr

von aggressiver Großtechnologie zugunsten umweltfreundlicher Produktionsmethoden in überschaubaren Produktionseinheiten.

3. Die sozialen Beziehungen in diesen Produktionseinheiten sollen demokratisch und solidarisch sein; kein Leistungsprinzip mehr und kein Konkurrenzkampf, was zur Voraussetzung habe, daß alle Gesellschaftsmitglieder über ausreichende und gleiche materielle Lebensbedingungen verfügen.
4. Das gesamte soziale Leben soll auf ein friedliches Zusammenleben hin organisiert werden. Um Arbeitsleid und Frustrationen zu verhindern, müßten die mechanischen körperlichen Arbeiten und auch die bürokratischen Tätigkeiten in einem Rotationsverfahren zugeteilt werden, damit ein hohes Maß an allgemeiner Zufriedenheit sich einstelle.
5. Die Gestaltung der Produkte und die Festlegung der Ziele der Produktion sollten von der Gesellschaft bewußt, d. h. in einem demokratischen Verfahren, vorgenommen werden. Ziel sei die Erreichung optimaler Gebrauchswerte der Güter, nicht die Steigerung ihrer Quantität.
6. In dieser Alternativzivilisation, in der die Menschen zwar individuell verschieden sein dürfen, aber alle als gleichwertig gelten, sollen Alltagsarbeit wie soziale Beziehungen als sinnerfüllt erfahren werden. Freizeit soll nicht der Wiederherstellung der Arbeitsfähigkeit dienen, sondern eine »kreative Nutzung der Muße« ermöglichen.
7. Wenn die Alternativzivilisation auf solche Weise Zufriedenheit und Glück der Menschen allseitig realisiere, schwinde auch die Angst der Menschen vor ihrem Tod, denn im Blick auf ein erfülltes und sinnvolles Leben könnten sie ihre eigene Endlichkeit besser ertragen und damit zugleich auch die Angst vor der Bedrohung durch andere Staaten und Völker ablegen.

So sind schließlich alle Gefahren gebannt: Der Mensch arbeitet, sofern er überhaupt muß, gerne; er ist sinnerfüllter Partner eines dem sozialen Frieden dienenden Netzes zwischenmenschlicher Beziehungen; er hat, was er zum Leben braucht, und kann seinen Bedürfnissen entsprechend sein Leben einrichten; die Technik ist dank ihrer Vermählung mit der Natur zu einem Freund und Helfer geworden... Die grüne Utopie des demokratischen Sozialismus ist perfekt!

In Fetschers Beiträgen zur Zeitdiagnose bieten sich zwei Felder zur genaueren Untersuchung und Kritik an: Es ist 1. zu prüfen, wie berechtigt, d. h. wie gut sowohl empirisch wie historisch abgesichert, die vorgetragenen Thesen über das nahende Unheil und die angeblich auf uns zukommende Katastrophe sind; 2. ist zu fragen, ob der skizzierte Ausweg aus der Gefahr, also jene Wende, die das sonst drohende Ende abwendbar macht, begehbar erscheint, und zwar ebenfalls vor dem Hintergrund unserer historischen und gegenwärtigen Erfahrungen. In beiden Feldern präsentiert sich der Politikwissenschaftler Fetscher nicht als ein Repräsentant wissenschaftlichen, sondern eines mit wissenschaftlichen Erkenntnissen ausgeschmückten prophetischen Denkens.

Was den ersten Punkt anlangt, so folgt Fetscher den in der zukunfts- und zivilisationspessimistischen Literatur von heute ausgetretenen Pfaden. Er betont die drohende Gefährdung der Menschheit durch das aufgehäufte nukleare Zerstörungspotential, d. h. durch einen mit Atomwaffen ausgefochtenen Vernichtungskrieg, und verweist mit guten Gründen auf den Umstand, »daß mit der Reichweite wissenschaftlicher Entdeckungen und praktischer Erfahrungen zugleich mit dem produktiven das destruktive Potential der Menschheit wächst«. Doch die weitaus gefährlichere Bedrohung der Überlebenschancen der Menschheit sieht er in der expansiven Dynamik der industriellen Zivilisation selbst, die nach seinem Urteil selbstzerstörerisch geworden ist und allein durch eine bewußt geplante, qualitativ andere, also neuartige Zivilisation abgelöst werden kann. Als Beispiele für die negative Dialektik des Fortschritts wählt er die bekannten Schwierigkeiten, das Bevölkerungswachstum auf der Erde wirksam zu drosseln, ausreichende Ernährungsgrundlagen für diese wachsende Bevölkerung zu schaffen, ohne die Umwelt weiter zu zerstören, die Unfähigkeit der Menschheit zu einer umfassenden Welt-Einheits-Regierung und natürlich die drohende Erschöpfung der Ressourcen, wie sie uns in den Berichten des Club of Rome und auch der amerikanischen Studie »Global 2000« so wirkungsvoll vor Augen gestellt worden sind.

Wer für die Notwendigkeit einer qualitativ anderen Weltzivilisation plädiert, muß die diversen Risiken für das Überleben der Menschheit besonders hoch veranschlagen und wird sich deshalb mit den Argumenten, die die apokalyptische Beweisführung entkräften könnten, kaum auseinandersetzen. So verfährt auch Fetscher, der die Gemeinplätze über den drohenden Weltuntergang ungeprüft kolportiert, anstatt ihnen auf den Grund zu gehen.

Angesichts seines abgrundtiefen Pessimismus im Blick auf die lineare Fortentwicklung der kapitalistischen Industriezivilisation ist es dann doch einigermaßen überraschend zu sehen, wie stark Fetscher andererseits vom *Prinzip Hoffnung* auf eine real mögliche bessere Welt durchdrungen ist. Sosehr er davon überzeugt ist, daß eine Epoche, in der die Hoffnungen sich auf den unendlichen Progreß richteten, zu Ende gehe, so entschieden tritt er ein für die Bemühung, den noch möglichen Fortschritt in Richtung auf die Gestaltung humaner Lebensformen zu lenken, indem man den technischen Fortschritt kontrolliert und begrenzt und zu neuen sinnerfüllten Lebensformen findet, die sich der gefräßigen Dynamik der kapitalistischen Industriezivilisation entziehen.

Damit komme ich zu der zweiten Frage, wie die notwendige Wende in der Entwicklung herbeigeführt werden soll. Das Ziel ist klar: Es geht um die Wiederversöhnung von Mensch und Natur, um die Gewinnung und Sicherung humaner Lebensmöglichkeiten für alle Menschen in der Zukunft, um die Entwicklung gesellschaftlicher Beziehungen, »unter denen die Individuen aufhören, *homines oeconomici* zu sein, um sich in solidarisch verbundene, hilfsbereite, freundliche und freundschaftlich aufeinander bezogene Glieder überschaubarer Gruppen zu verwandeln«. Die Mittel und Wege sind weit weniger klar. Fetschers Utopie eines grünen Sozialismus ist pures Wunschdenken, das keinen gangbaren Weg aufzeigt.

Für die Gesellschaften westlichen Typus sieht Fetscher gegenwärtig zwei Hauptaufgaben: Auf der einen Seite gelte es, das in einigen Alternativgruppen sichtbar werdende neue Verständnis solidarischen Zusammenlebens für die gesamte Gesellschaft verbindlich zu machen, indem man die Pionierfunktion dieser Gruppen anerkenne, was doch wohl heißen soll, daß man ihnen auch eine gesellschaftliche Leitfunktion zubilligt; zum anderen gehe es darum, die extremen Einkommens- und Eigentumsunterschiede in unserer Gesellschaft abzubauen, weil nur auf der Basis einer weitgehend egalitären Gesellschaft die dynamischen, falsche Bedürfnisse weckenden, im Ergebnis unbefriedigenden Faktoren der gegenwärtigen Entwicklung eliminiert und eine allgemeine Steigerung der Lebensqualität erreicht werden könnten. Fetscher ist der Überzeugung, daß nur bei mehr Gleichheit die Freiheit auf die Dauer aufrechterhalten bleiben könne. Er hält seine Vorstellung von einer grundlegenden Verbesserung aller Arbeits- und Lebensbedingungen und seine Forderung nach einem Abbau »possessiver Persönlichkeitsstrukturen« nicht für die Utopie weltfremder Träumer, sondern für die notwendige Voraussetzung eines friedlichen Übergangs zur ökologischen Gesellschaft von morgen. Er verwirft den liberalen wie sozialistischen Fortschrittsglauben zugunsten einer sich qualitativ nennenden Fortschrittsidee, für welche die Schaffung humaner Lebensbedingungen das maßgebliche Kriterium sein soll.

So ist Fetscher – zumindest in diesen neueren Aufsätzen – ein konservativer Utopist, der sich von einem ordinären Konservativen dadurch unterscheidet, daß er auch Utopist sein will und seine eigene Utopie für real oder konkret, d. h. für möglich hält. Wie auch im Fall Herbert Marcuses ist es jedoch auch für Fetscher bezeichnend, daß er die Wege, wie man zu dieser besseren und humaneren Gesellschaft gelangt, nur höchst ungenau skizziert. Wie dieses gigantische Programm zivilisatorischer Neuorientierung, d. h. der Ablösung von der Konsumorientierung, der Bereitstellung der wichtigsten Güter für alle, ohne daß zusätzliche Bedürfnisse verspürt werden, realistisch in die Tat umgesetzt werden könnte, bleibt – wie in fast allen derartigen utopischen Entwürfen – weitgehend offen. Die Utopie erscheint ihm notwendig, darum gilt sie als »real«, aber der Weg von der Realität in die Utopie liegt im dunkeln.

Es ist darum pure Koketterie, wenn man mit Fetscher den Vorwurf des Utopismus an diejenigen zurückgibt, die ihn normalerweise gegen die Vertreter von Alternativpositionen erheben. Es ist eine fragwürdige dialektische Polemik, wenn man kurzerhand diejenigen, die im Sinne der Terminologie Erhard Epplers als »Strukturkonservative« gelten, als »Revolutionäre« bezeichnet, indem man ihnen unterstellt, ihr Festhalten an den überlieferten Strukturen müsse notwendig eine Revolution produzieren; sie hielten sich zu Unrecht für Konservative und merkten gar nicht, daß sie »die phantasielosen Erben bankrotter Utopien« seien.

Aber der realistische Gehalt dieser grün eingefärbten sozialistischen Utopie läßt sich nicht damit begründen, daß man, wie Fetscher dies tut, die von der kapitalistischen Konsumwerbung gemachten Versprechungen für weit weniger realistisch hält. Wer in der heutigen Konsumgesellschaft glaubt denn wirklich an das von Fetscher zitierte, der Werbung untergeschobene Versprechen: »Bald wirst du so viel ausgeben können wie Jackie Onassis, der suggestive Konsumpionier, bald wirst du so glücklich sein wie sie?« Das ist phantastische Literatur, keine Wissenschaft.

Der Realitätsgehalt der aus einem konservativen Antrieb gespeisten sozialen Utopie Fetschers von der ökologisch orientierten humanen Weltzivilisation läßt sich nicht aus dem Realitätsdefizit von Werbesprüchen aus der politischen oder Konsumsphäre ableiten, sondern muß seinen Realitätscharakter in sich selbst tragen. Zwar ist es völlig legitim, eine bessere und schönere Welt zu fordern, als wir sie haben, und erst recht ist es legitim, auf die Gefahren hinzuweisen, die unserer Zivilisation erwachsen, wenn sie im Banne eines rein technisch orientierten Fortschrittsdenkens verbleibt; doch so vernünftig es erscheint, eine Welt zu wollen, in der Wahrheit und Gerechtigkeit, Freiheit und Schönheit, Brüderlichkeit und Kreativität den Ton angeben, so vernünftig ist es andererseits, damit zu rechnen, daß auch dann, wenn die Menschen zu einer »bewußten Gestaltung« ihrer Verhältnisse fähig wären, diese hohen Ziele nicht durchgängig verwirklicht werden können. Es gehört zu den großen, selbstverständlich auch Iring Fetscher bekannten Erfahrungen der neueren Geschichte, daß die Umsetzung neuer Gesellschaftsmodelle die hehren Ziele meist nicht erreicht, ja sogar oft in ihr Gegenteil verkehrt, die uns in den Ideologien oder konkreten Utopien verheißen werden.

Iring Fetscher hat dem berühmten Spruch der Pariser Mairebellen des Jahres 1968: »Die Phantasie an die Macht!« stets viel abgewinnen können. Er wirft den herrschenden Eliten in den westlichen wie östlichen Industriegesellschaften vor, zu wenig Phantasie zu besitzen, um sich eine qualitativ veränderte Zukunftsgesellschaft überhaupt vorstellen zu können. Dieser Vorwurf mag zutreffen, aber mit der bloßen Projektion und Proklamation einer Gesellschaft, in der alle, ihren wahren Bedürfnissen entsprechend, glücklich leben und ihre Existenzgrundlage ohne zerstörerische Konflikte auf Dauer sichern können, ist es nicht getan, wenn man sich nicht Phantastereien überlassen will. Fetscher hat aus gutem Grund kein großes Vertrauen in die moralische, durch eine appellatorische Erziehung zu leistende Verbesserungsfähigkeit des Menschen. Aber wo sollen die Kräfte eigentlich herkommen, die eine Veränderung unserer gegenwärtigen Strukturen in die Wege leiten sollen, wenn nicht die Einsicht sich allgemein Bahn bricht, daß es dieser Veränderungen bedarf? Der Rousseau-Kenner Fetscher und viele, die ähnlich denken wie er, mögen sich in ihrem Bewußtsein erhoben fühlen durch die Überzeugung, die *volonté générale* der gesamten Menschheit zu artikulieren, aber solange wir eine

Demokratie haben, sind auch sie darauf angewiesen, durch politische Überzeugungsarbeit, durch die Qualität ihrer Argumente die Zustimmung zu erwerben, die sie brauchen, wenn sie, gestützt auf die demokratische Mehrheit, die Gesellschaft in eine ganz andere Richtung lenken wollen.
Mit seinen dem alternativen Trend folgenden Arbeiten über die Zukunft der entwickelten Industriegesellschaften will Fetscher zur Vertiefung des Krisenbewußtseins beitragen, damit weltweite Katastrophen vermieden werden können. Sich gegen die drohende Gefahr, gegen das Schlechte überhaupt zu stemmen zeichnet den sittlich verantwortungsvollen Menschen aus. Aber diese Verantwortung ist immer eine doppelsinnige: Sie gilt der Richtigkeit und Genauigkeit der Analyse ebenso wie der daraus zu entwickelnden möglichen Therapie. Die apokalyptisch inspirierte »Rationalität«, wie sie in Fetschers gegenwärtiger Sorge um die Überlebensbedingungen der Menschheit ihren Ausdruck findet, bedarf des korrigierenden Gegengewichts einer nicht-prophetischen Rationalität. Phantasie ist kein Ersatz für Vernunft.

Hartmut von Hentig – der Intellektuelle, der weiß, was anliegt

Der Pädagogikprofessor Hartmut von Hentig, den man auch über sein Fach hinaus zu den tonangebenden, durch eine extreme Sensibilität für moderne Zeitströmungen ausgezeichneten Intellektuellen der Bundesrepublik rechnen darf, scheint mir typisch zu sein für jene liberalen Intellektuellen, die es verstehen, stets mit dem Zeitgeist im Bunde zu sein, ohne ihre geistige Identität einzubüßen. Intellektuelle vom geistigen Kaliber Hartmut von Hentigs schwimmen nicht einfach opportunistisch im Strom der Zeit; ihre hochentwickelte Fähigkeit zu erkennen, was anliegt, macht sie zu Trendsettern, die der sich abzeichnenden geistigen und politischen Klimaveränderung ihren betont individuellen Stempel aufdrücken. Eine sich den intellektuellen Zeitströmungen und ihren Pendelbewegungen zwischen mehr progressiven und mehr konservativen Trends einpassende unabhängige Intelligenz setzt eine ausgeprägte geistige Individualität auf der Basis einer vielseitigen und breiten Bildung voraus. Nur dann ist sie in der Lage, ihren geistigen Führungsanspruch im Wechsel der Zeiten zu behaupten. Dieser Intellektuellentypus besitzt eine undogmatische Liberalität, die ihm ermöglicht, je nach Bedarf das für notwendig Gehaltene zu akzentuieren, ohne sich durch solche Akzentverschiebungen selbst untreu zu werden. Er wird sich weder als prinzipiell progressiv noch als prinzipiell konservativ verstehen, sondern immer wieder deutlich zu machen versuchen, daß es ihm einzig um das Wahre und Gute geht, wie es hier und heute bedacht werden muß. So kann man sich, wenn es anliegt, emphatisch für mehr Massenbildung einsetzen und das Bürgerrecht auf Bildung verkünden, aber auch, wenn es anliegt, dem Gedanken der Eliteförderung das Wort reden. Gute Gründe gibt es für das eine wie für das andere, und von Hentig weiß sie jeweils anzubringen.

Es zeichnet gerade den liberalen Intellektuellen aus, daß er Vorteile und Nachteile einer Sache prüft, sie gegeneinander abwägt und – im besten Falle – zu einem abgewogenen Urteil kommt. Es kann für den liberalen Intellektuellen auch Situationen geben, in denen er – im Interesse eines Ausgleichs zwischen einseitig progressiven und einseitig reaktionären Tendenzen – eine bewußt korrigierende Funktion wahrnimmt nach dem Motto Thomas Manns: »Ich lehne mich instinktiv nach links, wenn der Kahn rechts zu kentern droht, und umgekehrt.«

Liberale Intellektuelle hingegen, die dem Zeitgeist auf den Fersen sind, setzen sich der Gefahr aus, den Primat der humanen Ausgewogenheit vorübergehend zu suspendieren zugunsten einer entschiedenen Parteinahme für das, was gerade anliegt. Sie schöpfen aus dem Fundus ihrer breiten Bildung, die beweglich einsetzbar ist, so daß ihre liberale Grundhaltung sich eher in Zick-Zack-Bewegungen als in einer stetigen Linie im Koordinatensystem des Zeitgeistes abbildet. Dieses Phänomen scheint mir im Falle des Pädagogen Hentig vorzuliegen, der, ungeachtet seiner unverwechselbaren Individualität und Originalität, mir nicht untypisch zu sein scheint für zahlreiche Intellektuelle im geistig-liberalen Establishment der Bundesrepublik.

Die nachfolgende Kritik betrifft freilich nur einen Aspekt des umfangreichen und vielseitigen Werks dieses Pädagogen, nämlich seine changierenden Positionen zum Thema Demokratie. Sie erscheinen mir nicht nur aufschlußreich für die Charakterisierung des Intellektuellen, der weiß, was anliegt, sondern auch für die Verstärkungsfunktion des Zeitgeistes, die durch ihn bewirkt wird.

Hartmut von Hentig hat in einem 1973 veröffentlichten Buch dieses Titels emphatisch »Die Wiederherstellung der Politik« gefordert. Seine Ausgangsthese ist, daß die Politik, die vorherrscht, vom »Verlust der Politik« geprägt sei. Er setzt deshalb auf die Wiederherstellung der Politik, verstanden als »die gemeinsame bewegliche Regelung gemeinsamer Angelegenheiten«. Nur die Wiederherstellung der Politik in dem von ihm gemeinten, an der griechischen Idee der Polis ausgerichteten Sinn verspricht Rettung aus den Wirrnissen und Verfehlungen des Zeitalters; nur wenn wir die Voraussetzungen dafür schaffen, daß Politik in diesem Sinn wieder möglich und wirklich wird, werden wir die Krise unserer Welt meistern. Hentigs neue Botschaft für die Politik heißt Selbstbestimmung und Mitbestimmung, ein Postulat, das die Demokratiediskussion der siebziger Jahre in der Bundesrepublik beherrscht hat. Er macht der Demokratie – mit Ausnahme der gelungenen Ausprägungen der Polis-Idee in einigen griechischen Stadtstaaten – den Vorwurf, »die Herrschaft der Herrscher nur begrenzt, geteilt und kontrolliert« zu haben, jedoch nicht zur Realität eines auf Selbstbestimmung und Mitbestimmung beruhenden politischen Systems vorgestoßen zu sein.

Hentig sieht den Menschen der industriellen Zivilisation in einem »Zustand der Entfremdung und Ohnmacht«. Da er nicht daran glaubt, daß dieses System der Fremdbestimmung des Menschen aus sich selbst heraus die Kraft zur Veränderung findet, setzt er seine Hoffnung auf Erneuerung in die verändernde Wirkung von Subsystemen, die, weil sie in dem von ihm gemeinten Sinne politisch sind und eine eigene Identität haben, schließlich ihre Überlegenheit über das mächtige Gesamtsystem beweisen werden; so könne am Ende die Wiederherstellung der Politik durch Prozesse der Selbstbestimmung und Mitbestimmung von unten die lähmende Herrschaft der alten Politik brechen und das Zeitalter der neuen Politik einläuten, die allein unsere Rettung erwirken kann.

Was aber heißt Demokratie durch Selbstbestimmung und Mitbestimmung? Hentig hat, ohne allzu konkret zu werden, die Demokratisierung von sozialen Lebensfeldern im Blick, in denen Entscheidungen durch die Mitwirkung aller Beteiligten aufgrund spezifischer Erfahrungs- und Überzeugungsprozesse zustande kommen sollen. Er denkt an »ein Verfahren, durch das die jeweils Betroffenen immer neu zu Beteiligung und Verantwortung aktiviert werden«. In den sozialen Institutionen der Familie, der Schule, dem Betrieb sollen die Maßstäbe innerer Demokratie gelten, damit Politik gelernt und erfahren werden und von dort aus in die zentraleren Bereiche des Gesamtsystems vordringen kann. Gelingt es uns nicht, »kleine Entscheidungsgruppen mit den Großstrukturen unserer technischen Lebensbasis vereinbar zu machen«, dann fallen wir der »großen Anonymität« anheim, aus der wir uns befreien müssen, wenn wir human leben wollen.

In Hentigs Plädoyer für eine Wiederherstellung der Politik finden sich, wenn auch in einer durch changierende Reflexionen schillernden Brechung, alle Elemente des Demokratieverständnisses der neuen Politik:

1. der Glaube, daß erst durch eine neue Art von Demokratie, die als die Rückkehr zu den Ursprüngen charakterisiert wird, die Zukunft menschlich lebenswert gestaltet werden kann;

2. das Vertrauen in die systemsprengende Kraft des lebendigen Beispiels von unten;
3. die Inanspruchnahme einer großen Tradition des abendländischen Denkens, die durch die moderne Entwicklung pervertiert worden sei und zu der wir uns von neuem bekennen müssen.

Der Forderung nach Wiederherstellung der Politik entspricht die kritische Diagnose der herrschenden Politik. Sie erscheint als verfehlt und von Grund auf erneuerungsbedürftig; im einzelnen stellt von Hentig fest:

1. Die bestehende Demokratie ist keine, die diesen Namen verdient, sie muß ganz neu fundiert werden;
2. die wissenschaftlich-technische Zivilisation muß in ihren positiven Errungenschaften mit ganz anderen Mitteln bewahrt und gesichert werden als mit denen, die sie groß gemacht haben;
3. das herrschende Denken und Tun führen uns in die Irre, es geht um die Rückbesinnung auf die wahren Werte der abendländischen Humanität.

Es handelt sich hier um einen im glanzvollen Namen der Demokratie auftretenden Zivilisationspessimismus, der in der Hoffnung auf die Möglichkeit der Wiederherstellung einer wahren Idee und Praxis von Politik den als unheilvoll diagnostizierten Lauf der Dinge zu korrigieren und zum Besseren zu wenden meint, um »die vom Menschen gemachte Welt meistern« zu können.

Es ist die Denkfigur einer *konservativen Revolution*, die sich hier, in progressives Licht getaucht, zu Wort meldet. Diese Revolution muß von unten kommen, denn die Welt der zentralen politischen Instanzen samt ihren gewaltigen Mitteln und Apparaten ist korrumpiert. Und diese Revolution muß erfolgen, um die wahre Idee des Politischen wieder in ihr Recht einzusetzen. Dies ist ihr konservativer Sinn.

Nachdem Hentigs Botschaft von einer auf Selbstbestimmung und Mitbestimmung beruhenden neuen Politik hinausgedrungen war und viele Adressaten erreicht hatte, die sich in ihrem oft noch unaufgeklärten Aufbegehren gegen die herrschenden Strukturen der industriellen Zivilisation und ihrer Politik durch sie bestätigt und ermuntert fühlen durften, machte ihr Künder in den darauf folgenden Jahren offenbar einige Lern- und Erfahrungsprozesse durch, die den Inhalt seiner Botschaft veränderten. Zwar konnte und wollte er seine Forderung nach »Wiederherstellung der Politik« verbal nicht zurücknehmen, aber es ist doch erstaunlich zu entdecken, wieviel gedämpfter und gemäßigter seine Botschaft wenige Jahre danach klang. In der Einleitung zu einer 1980 erschienenen Veröffentlichung seiner politischen Aufsätze (»Die entmutigte Republik«) verlegt Hartmut von Hentig den Akzent seiner politischen Verkündigung vom Thema Demokratie, das ihn in seinem Buch von 1973 beschäftigt hatte, auf das Thema Republik. Nun verbreitet er, ohne sein früheres Engagement für eine durchgreifende Politik der Demokratisierung kritisch zu reflektieren, die Einsicht, die parlamentarische Parteiendemokratie sei in den gegenwärtigen gesellschaftlichen Großstrukturen wohl die einzige Demokratie, die sich verwirklichen lasse. Zwar erinnert er noch an die alte Idee, die Demokratie sei jedermanns Herrschaft, und stellt fest, daß davon bei uns nicht die Rede sein könne, aber er räumt nun auf einmal ein, daß sich eine solche Polis-Demokratie nur schlecht mit den durchgehenden Abhängigkeiten vereinen lasse, in welche die technische Zivilisation uns bringe. Deshalb schlägt er, das Thema wechselnd, vor, nicht von Demokratie, sondern von Republik zu reden. Darunter versteht er »in erster Linie verfaßte, gewaltenteilige Kontrolle« und meint zuversichtlich, das könnten wir schaffen. Dem Bürger = Laien schreibt er in diesem Prozeß der verfaßten Kontrolle die Kompetenz zu, dreinzureden in den Dingen, die ihn betreffen. Er verlangt, wissend, daß solches Dreinreden oft sehr widersprüchlich ausfällt, nicht einmal, daß die Regierenden dem Einspruch folgen sollen, sondern bescheidet sich mit der positiven pädagogischen Wirkung solchen Dreinredens, daß nämlich der Laie dadurch selber Einsichten gewinne, die ihm helfen, seine politische Verantwortung vernünftig wahrzunehmen.

Hentigs republikanische Botschaft klingt nach dem pathetischen Ruf zur Wiederherstellung der Politik durch Beteiligung aller auffallend bescheiden. Es sei nutzlos, so läßt er uns nun wissen, die Wiederherstellung der Politik ständig von neuem zu beschwören, nur die »ehrliche Einsicht in die Wirklichkeit« könne helfen. Zwar hat er den pädagogischen Appell an den einzelnen, sich einzumischen und seine politische Verantwortung wahrzunehmen, nach wie vor in seinem Repertoire, aber die Beteiligung wird nicht mehr als das allein Maßgebliche gesehen, sondern eher als das Ferment, das Salz der Demokratie, das in den und mit den Institutionen zur Wirkung gebracht werden muß. Hentig bekennt nun, daß seine Loyalität ganz der Republik gehöre, »einer weitgehend formalen, institutionellen Sicherung dessen, was ich abkürzend und altmodisch die Würde des Einzelnen nenne«.

Schön und gut, so möchte man beifällig anmerken, doch seine Ermutigung zur Republik läuft nach seinem nur wenige Jahre davor formulierten ungestümen Plädoyer für die unbedingt notwendige Rückkehr zur Politik auf die Bewahrung von Rechten und Strukturen hinaus, die in der Bundesrepublik ernstlich nie gefährdet waren: »Meinungs- und Redefreiheit, Freizügigkeit, Gleichheit vor dem Gesetz, unabhängige Gerichte, public control, government by consent, Gewaltenteilung, geregelte Ablösung der funktionalen Regierungen, Schutz von Minderheiten.« So will es Hentig, so will es das Grundgesetz, so ähnlich sagt es auch das Bundesverfassungsgericht. Hartmut von Hentig plädiert für den alten Konsensus.

Angesichts dieser auffallenden Wandlung eines radikalen Demokraten zu einem gemäßigten Konsensus-Republikaner fragt man sich freilich, was sie bewirkt hat, denn die Einsicht, daß man unter den Bedingungen der technischen Zivilisation und des modernen Staatensystems die Wiederherstellung der Politik im Sinne der antiken Polis nicht mit Erfolg betreiben kann, hätte man ja auch früher schon haben können, wenn man sich um »ehrliche Einsicht in die Wirklichkeit« bemüht hätte. Von Hentig beruft sich gern auf »Tradition, Überzeugung und Erfahrung«, aber er ist in den nur sieben Jahre auseinanderliegenden Texten offensichtlich von verschiedenen Traditionen, Überzeugungen und Erfahrungen ausgegangen, so wie auch der Geist der Republik Anfang der siebziger Jahre ein durchaus anderer war als an deren Ende.

So ist der Intellektuelle von Hentig ein durchaus repräsentativer Exponent der Pendelbewegungen des deutschen Zeitgeistes, vorwärtsdrängend, wenn es à la mode ist, die erstarrten Verhältnisse zum Schwingen zu bringen, ausgleichend und moderat, wenn Sturm und Drang vorüber sind und man der konservativen Tendenzwende Rechnung tragen muß, um den Anschluß an den Geist der Zeit nicht zu verlieren. Dessenungeachtet ist Hentigs demokratisches Credo ein Kernstück des neuen Verständnisses von demokratischer Politik geblieben, wie es für viele, die heute gegen die etablierten Mechanismen und Kräfte der Politik angehen, selbstverständlich geworden ist. Gegen die Einfachheit der Parole, daß Demokratie jedermanns Herrschaft sei und daß darum auch jedermann an ihr teilhaben müsse, ist so schnell kein pädagogisches Kraut gewachsen. Sie gibt auch nicht zu bedenken, daß zu solcher Art von unmittelbarer demokratischer Herrschaft auch Kenntnisse, Pflichten und Tugenden gehören, die im trotzigen Akt einer gegen die herrschenden Verhältnisse aufbegehrenden Selbstbestimmung in der Regel nicht erlernt werden. Hentig selbst weiß viel davon, aber wissen es auch die vielen, für die wahre Demokratie heute identisch ist mit unmittelbarem Durchsetzenkönnen des eigenen Willens und der eigenen Interessen?

Es bleibt – dies will ich damit sagen – nicht einfach folgenlos, den irrigen Glauben an die Wiederherstellung der Politik in Gestalt der idealisierten Polis zu wecken und ihn der verfaßten Massendemokratie des industriellen Zeitalters als Spiegel vorzuhalten. Die »neue Politik«, die viele im Blick haben, die mit dem System unzufrieden sind, baut sich aus solchen Elementen ihre Theorie und verschafft sich damit ein gutes Gewissen bei ihrem Versuch, die alte Politik zu Fall zu bringen. Hentigs Themenwechsel ist die späte Frucht einer Einsicht, die er besser schon hätte haben sollen, als er sich so vehement für die »Wiederherstellung der Politik« engagierte, weil es damals anlag.

Ralf Dahrendorf – ein beweglicher Denker des Zeitgeistes

Ralf Dahrendorf, der Vordenker des gegenwärtigen deutschen Liberalismus, als Politiker erfahren, als Akademiker einer der erfolgreichsten modernen Soziologen mit internationalem Flair, als Publizist ein anregender Popularisator von Zeit-Diagnosen, hat nicht wenig dazu beigetragen, den Gedanken der *Zeitenwende* unter den deutschen Intellektuellen publik zu machen und ins Bewußtsein zu heben. Er vermied, als es in polemischer Absicht aufkam, bewußt das Wort Tendenzwende, um nicht in den Geruch zu geraten, das Geschäft jener Konservativen besorgen zu wollen, die womöglich hinter die Errungenschaften der in Deutschland erst so spät, wenn auch in der Nachkriegszeit mit erstaunlicher Schnelligkeit und Gründlichkeit geschaffenen *Modernität* einer offenen Gesellschaft zurückgehen wollten.

Als Analytiker der Entwicklung der deutschen Gesellschaft der vergangenen hundert Jahre hatte er anfangs Deutschlands Zurückbleiben im Prozeß der Modernität zum Thema gemacht (in: Gesellschaft und Demokratie in Deutschland, München 1965). Er beschrieb Deutschlands historische Entwicklung seit der Mitte des 19. Jahrhunderts als einen vom westlichen Modell einer liberalen = offenen Gesellschaft abweichenden Sonderweg, den er mit der schwachen politischen wie geistigen Ausprägung des Liberalismus in Deutschland und der dadurch bewirkten Blockierung der Entwicklung zu einer offenen Gesellschaft erklärte, was durchaus plausibel war und auch im Trend der Historiographie lag. Erst mit der Entstehung und erfolgreichen Entfaltung der Bundesrepublik sah er den so lange verzögerten Durchbruch Deutschlands zur Modernität einigermaßen geglückt, wenngleich die Schlacken des Alten im sozialen Verhalten und in manchen Institutionen noch immer erkennbar waren. Sein Urteil über den Zustand der Bundesrepublik in der Mitte der sechziger Jahre war auffällig kritisch, ja düster. Er fand, daß ein neuartiger, nämlich passiver Autoritarismus, gestützt auf ein Kartell der Angst, die Bundesrepublik beherrsche, ähnlich wie Jaspers damals den autoritären Start schon im Kommen sah. Die Verfassung der Freiheit war in Dahrendorfs Augen noch nicht wirklich verankert, die für eine lebendige Demokratie notwendige aktive Teilnahme am politischen Prozeß lasse arg zu wünschen übrig, der Parlamentarismus sei ein bloßes Ritual geworden, hinter dem weder eine soziale noch eine politische Wirklichkeit stehe (so sagte es, wenn auch unter Zuhilfenahme anderer Kategorien, wenig später die neomarxistische Linke), ja, in der Modernität selbst seien Widersprüche und Zweideutigkeiten angelegt, die dem Wachsen einer sozial fundierten Verfassung der Freiheit entgegenstünden. Dieses letztere Thema hat er erst später entfaltet.

Das Interesse an der offenen, dynamischen, vom geregelten Konflikt profitierenden Gesellschaft, der Gesellschaft auf der Basis gleicher Bürgerrechte, an der liberalen Demokratie als einer Organisations- und Lebensform, die unter sich wandelnden zeitlichen Bedingungen und Herausforderungen den Weg zu immer neuen Lösungen offenhält, die geeignet sind, die Chancen der Freiheit zu mehren – das ist Dahrendorfs ständiges, stets durchgehaltenes, freilich meist nur vage konkretisiertes liberales Programm. Aber innerhalb dieses weiten, nach vorne geöffneten liberalen Umhangs, mit dem er sich zeitgemäß kleidet, gibt es, blickt man auf seine politische Publizistik der letzten zwanzig Jahre, changierende Farbtöne, bemerkenswerte Wandlungen und Themenwechsel, die Ralf Dahrendorf zu einem ebenso sensiblen Seismographen wie intellektuellen Animator der deutschen Unruhe dieser letzten Jahre gemacht haben.

Als er in den späten sechziger Jahren von der Wissenschaft in die Politik ging, tat er es im Geiste und mit dem Vokabular eines notwendigen Aufbruchs zu neuen Ufern. In Deutschland, so erklärte er landauf, landab, müsse endlich wieder Politik gemacht werden, um die erstarrten Verhältnisse in Bewegung zu bringen. Damals legte er den Schwerpunkt auf den Gedanken, der Modernität zum vollen Durchbruch zu verhelfen. Er wollte eine »Politik der Bürgerrechte für alle« in Bewegung setzen und engagierte sich mit Nachdruck für die Reform und Expansion des deutschen Bildungssystems. Seiner Partei, der F.D.P., wies er die gigantische Aufgabe zu, »die demokratische Erneuerung der Bundesrepublik in die Wege zu leiten«. Die deutschen Liberalen sollten zum Kristallisationszentrum einer Politik werden, »die das Wagnis des Wandels sucht, um die offene Gesellschaft zustande zu bringen, hier in Deutschland« (Für eine Erneuerung der Demokratie in der Bundesrepublik, München 1968, S. 164).
Dann kam der Machtwechsel von 1969, für den Dahrendorf in seiner Weise Stimmung gemacht hatte und der ihn für eine kurze Weile als Staatssekretär im Auswärtigen Amt an der Seite Walter Scheels in die neue Regierung katapultierte, wo es den beweglichen, die geistige Unruhe dieser Jahre geradezu personifizierenden liberalen Intellektuellen jedoch nicht lange hielt. (Arnulf Baring beschreibt in seinem Buch »Machtwechsel« sehr treffend die für Dahrendorf besonders typische Spannung zwischen brillanter, hochfliegender Intellektualität und den Beengungen des alltäglichen politischen Geschäfts.)
Als Dahrendorf nach seinem ebenfalls kurzen Ausflug auf die Kommandohöhen der Europapolitik wieder mehr Muße hatte, sich seinem bevorzugten und allseits geschätzten intellektuellen Geschäft, der kritischen Zeitdiagnose, zuzuwenden, intonierte er (1975) bereits den Abgesang der Politik, welche das sozialliberale Bündnis nach innen so stark bestimmt hatte, nämlich die Politik des stetigen Wirtschaftswachstums und der ständigen Verbesserung des Sozialstaates

in Verbindung mit neuen Ansätzen zur Modernisierung und Demokratisierung der Gesellschaft. Er proklamierte von nun an das »Ende des sozialdemokratischen Konsensus«, in dem liberale und soziale Elemente gleichermaßen zu finden waren: »Wirtschaftswachstum, Bürgerrechte, der Versuch, beide vernünftig zu entwickeln, die Abkehr von radikalen Lösungen, das Vertrauen, daß Modernität am Ende den Menschen nützt und gefällt.« (In: H. Glaser, Hrsg., Fluchtpunkt Jahrhundertwende, Bonn 1979, S. 45) Nun ging es ihm um die Zweideutigkeit und Widersprüchlichkeit der Modernität, während er es in seinen Schriften der sechziger Jahre darauf angelegt hatte, der verzögerten Modernität in Deutschland zu ihrem vollen Durchbruch zu verhelfen. Er bescheinigte der Bundesrepublik, daß sie die Chancen der Modernität nicht nur mit beiden Händen ergriffen hätte, sondern bemängelte nun auf einmal, dies mit deutscher Gründlichkeit getan zu haben, so daß gerade in ihr die Probleme der Modernität und die Zweideutigkeiten des Fortschritts sich besonders kraß zeigten und in politischen Gegenbewegungen manifestierten.
Damit war Dahrendorf nun wieder mitten in der bewegten Krisendiskussion, die sich aufgrund des Berichts an den Club of Rome und der ab 1973 einsetzenden Verschlechterung der weltwirtschaftlichen Situation allenthalben entsponnen hatte. Mit der ihm eigenen Sensibilität für sich vollziehende geistige und soziale Veränderungsprozesse hatte er sein Thema gewechselt: Er erschien nun nicht mehr als der intellektuelle Repräsentant des sozialen und liberalen Fortschritts der Industriegesellschaft, der er eine neue Dynamik einzuhauchen versucht hatte, sondern als der eher bedächtige Warner vor den unbedachten Folgen und Widersprüchen, die in das System der Modernität eingebaut wären. Seine neue Devise lautete darum auch nicht Tendenzwende, hinter der er den reaktionären Rückgriff auf der liberalen Modernität vorausliegende, altkonservative Positionen vermutete, sondern schlicht Themenwechsel. So ging es beispielsweise in seinem Büchlein über »Die neue Freiheit« von 1975 um den Wech-

sel von der die Industriegesellschaft bestimmenden Idee der Expansion zum Gedanken der Melioration, der Verbesserung. Dies war Dahrendorfs eigene Version des zeitgenössischen intellektuellen Trends zur Betonung der Lebensqualität, wie er es übrigens immer verstand, was für seine Originalität spricht, den aktuellen geistigen Tendenzen neue Etiketten zu geben.

In seinem 1979 erschienenen Text, den er lapidar »Lebenschancen« betitelte, weil nach seiner Auffassung das Problem der Freiheit in einer veränderten Welt als das Problem der Erweiterung von Lebenschancen von immer mehr Menschen gesehen werden muß, war sein zunächst eher vorsichtiges Urteil über die historische Legitimität der neuen sozialen Bewegungen, die den etablierten Parteien der Industriegesellschaft so schwer zu schaffen machten, schon deutlich genug. Er gab sich überzeugt, daß die »Parteien des Konsensus die Vorboten des Wandels nur um den Preis ihres eigenen Verderbens ignorieren können« (S. 159) – was sich die Parteien der sozial-liberalen Koalition so zu Herzen nahmen, daß ihnen darob die Mehrheit der Wähler davonlief! Indem er ziemlich unverhohlen den Kräften des Zweifels am sozialdemokratischen Konsensus sekundierte, weil sie die Zeichen einer neuen Zeit, wenn auch vielleicht noch unklar und unscharf, erkannt hatten, erwies er sich unter veränderten Umständen als Exponent des neuen, diesmal fortschrittsskeptischen und modernitätskritischen Bewußtseins, dem er nun die Tür in die Zukunft offenhalten wollte.

Dahrendorf war – und das gibt seinem Liberalismus die Offenheit nach vorn – auch angesichts sich verkomplizierender gesellschaftlicher und politischer Verhältnisse nie kleinmütig und verzagt. Immer sah er für den Liberalismus eine Chance für die Zukunft; immer suchte er in den Krisen, die er rings um sich wahrnahm, nach neuen Chancen, eine abständig und schlecht gewordene Sache zum Guten zu wenden. Nicht von ungefähr trägt sein jüngstes Buch (1983), das, eingebettet in den Rahmen einer weitläufigen Zeitdiagnose, von der »Zukunft des Liberalismus« handelt, den Titel: »Die

Chancen der Krise«. Er gab die Welt, deren Entwicklungstendenzen er mit Hilfe seiner umfassenden und weltläufigen Beobachtungsgabe erhellen und erklären wollte, nie verloren, und erst recht nicht zweifelte er an der Kraft des Liberalismus, wie er ihn verstand, dieser von Inflation, Arbeitslosigkeit, Unregierbarkeit, Umweltzerstörung und nuklearer Kriegsgefahr bedrohten Welt ein Stück »dezidierter Vernunft« entgegenzustellen. Seine sich den wechselnden Zeitströmungen klug anpassenden Analysen und Empfehlungen, die mal die Demokratisierung, mal das gleiche Recht auf Bildung, mal die Emanzipation aus den Verkrustungen der etablierten Politik (so 1968), mal die Notwendigkeit der Bindungen in der Freiheit (Dahrendorf nennt sie verfremdend Ligaturen – so 1979) in den Vordergrund stellen und so dem jeweiligen Zeitgeist Reverenz erweisen, münden stets in das Bekenntnis zu einem neuen Liberalismus: »Die neue Freiheit bedeutet, daß wir unsere Haltungen ändern müssen, um die Turbulenz vor uns in einer Weise zu überstehen, die menschliche Lebenschancen erweitert.« (Die neue Freiheit, Frankfurt 1980, S. 160)
Ohne die optimistische Grundüberzeugung, daß es immer auch möglich ist, der Freiheit neue Dimensionen in einer sich stetig verändernden Welt zu erschließen, wäre Dahrendorf vielleicht einer jener Bußprediger und zornigen Männer, die das intellektuelle Klima der Bundesrepublik seit dem äußeren Zusammenbruch der Studentenrevolte und den Enttäuschungen über den Machtwechsel so sehr auf Moll gestimmt haben. Aber obgleich er das Repertoire der Düsternis, der Krise und der Zeitenwende vollendet beherrscht, schöpft er aus der Beschreibung und Analyse der vor sich gehenden epochalen Änderungen immer schon neue Hoffnung und entwickelt Perspektiven für neue Chancen der Freiheit. Sind die alten Chancen vertan, die Dinge festgezurrt oder in Routine erstarrt, so erstehen aus neuer Bewegung doch immer wieder neue Chancen und Möglichkeiten.

In seinen letzten Büchern zeichnet er zunächst düstere Aussichten für die Zukunft der Welt und sagt der gewohnten und früher so erfolgreichen Politik des sozialdemokratischen Konsensus zu wiederholten Malen das Ende voraus, um dann, nach einem summarischen Rundgang durch die neuen Weltprobleme, die Fahne des Liberalismus in den Wind einer neuen Hoffnung und Perspektive zu hängen. Bezeichnend für dieses Vorgehen ist der letzte Absatz des Eingangskapitels seines neuen Buches über »Die Chancen der Krise«: »Das sind düstere Aussichten, nicht nur für Liberale. Was tun? Es ist dumm, nach Australien oder auf die Jungferninseln zu emigrieren in der Hoffnung, daß die Dämonen der Zeit einen dort vergessen. Es ist feige, sich jammernd und wehklagend in eine neue Emigration zurückzuziehen. Es ist unwürdig, falschen Propheten nachzulaufen oder abgelegte Gewohnheiten wieder aus der Mottenkiste zu holen. Wir müssen vielmehr wieder ganz von vorne anfangen mit unserem Nachdenken darüber, was denn Freiheit morgen bedeutet und wie wir sie gewinnen können. Dabei ist nichts gegeben, nichts selbstverständlich, sondern alles neu zu begründen... Denn die Welt von morgen wird mit Sicherheit anders sein als die von gestern.« (S. 15)

In allen seinen politischen Verlautbarungen und auch in seinen »Anläufen zur politischen und sozialen Theorie« geriert sich Ralf Dahrendorf als der Analytiker und Prophet einer Zeitenwende. Er läßt das Alte hinter sich, das – und weil es – nichts mehr bewegt; er zeichnet in Umrissen Konturen des Neuen und öffnet am Ende dem Liberalismus immer eine Gasse, durch welche die bedrohte Freiheit sich in das Morgen rettet, das anders sein wird als das Gestern und Heute. Ralf Dahrendorf ist der liberale Intellektuelle auf Vorposten, der seinen Zeitgenossen in wechselnden Situationen doch stets das in etwa gleiche Bild einer von Erstarrungen, Verharzungen, Versäulungen befallenen Gesellschaft vermittelt und der sie unablässig loseisen, auflösen und in Bewegung halten will, damit sie den Weg der Freiheit in die Zukunft nicht verfehlt.

Besieht man jedoch einmal genauer, was Dahrendorf in der

Substanz anzubieten hat, so ist die Sache weniger ergiebig, als sie sich ausnimmt. Da finden sich viele Steine aus den Geröllhalden des hektischen Zeitgesprächs, aber wenig Brot. Da ist z. B. das geschickte Operieren mit der Idee der Wohlfahrt, die an die Stelle des materiellen Wohlstands treten soll, oder die Ersetzung der bisherigen Arbeitsgesellschaft durch die Tätigkeitsgesellschaft, oder der Umbau des Sozialstaats zu einer sozial bewußten Gesellschaft, aber es handelt sich im wesentlichen um Formeln, allenfalls um mögliche Leitlinien für eine andere Politik, nicht um mehr. Wahrscheinlich geht es nicht viel anders zu machen, wenn man die Konturen des Neuen skizzieren will, doch fällt immer wieder auf, wie gut Dahrendorf dabei im Trend des Zeitgeistes liegt, d. h. jener intellektuellen Szenerie, die sich oberhalb der Erfahrungen und Probleme des praktischen Alltags etabliert und von dort auf die Institutionen einwirken möchte. Der Zeitgeist ist nicht deckungsgleich mit dem wirklichen Geist der Zeit, der die Menschen in ihren sozialen Situationen bestimmt und anleitet; er wird von den Intellektuellen und ihren Medien hervorgebracht, was nicht heißt, daß er von der realen Entwicklung völlig losgelöst wäre. Die von Dahrendorf gelieferte Themenmischung ist geschickt destillierter, Extreme und Ideologien meidender Zeitgeist, der schließlich unter dem Gesichtspunkt behandelt wird, was die geschilderten Phänomene und Probleme für die Zukunft der Freiheit bedeuten. Doch Dahrendorf irrt sich, wenn er meint, es sei heutzutage alles im Fluß, nichts mehr sei selbstverständlich, und alles müsse neu begründet werden. Dies ist bestenfalls eine halbe Wahrheit. Er leistet mit solchen Formulierungen dem in der Tat vorherrschenden Gefühl der Desorientierung und der Ratlosigkeit nur Vorschub, ja, er macht sich trotz seiner unbeugsamen Hoffnungen auf die Chancen des Liberalismus selbst zum profilierten Exponenten des beängstigenden Zeitgefühls, daß auf nichts mehr in dieser Welt Verlaß sei: nicht auf die Parteien, nicht auf die politischen Rezepte, mit denen sie hantieren, nicht auf die Institutionen, in denen wir uns organisieren und regieren.

Dahrendorf ist ein Denker der Bewegung, nicht der Substanz und Kontinuität, sofern man von seinem Bekenntnis zum Liberalismus absieht, das inhaltlich aber auch changiert. Wandelt sich der Zeitgeist, so ist er immer schon da, und Bewegung ist es ja auch, die er immer von neuem in die vermeintlich erstarrten Verhältnisse hineintragen möchte. Dank seines ausgeprägten Spürsinns für Wandel und Veränderung hat er die Nase immer vorn und kann darum zum herausragenden öffentlichen Interpreten des Wandels werden. Dreht sich der Wind des Wandels, so hat er ihn frühzeitig gewittert und sucht inmitten des Neuen sogleich nach den Möglichkeiten, die Lebenschancen zu erweitern. Das Muster bleibt sich immer gleich, die Inhalte sind variabel.

Bewegliche Denker wie Dahrendorf sind wichtig und mehr als nur anregend, weil sie auf sich abzeichnende Veränderungen schnell zu reagieren vermögen und sich nicht dogmatisch festlaufen, aber der Preis dieser Beweglichkeit ist nicht gering, denn es besteht die Gefahr, daß die Perspektiven aus dem Lot geraten, daß die Proportionen verrutschen; marginale Veränderungen, neu auftretende Verhaltensweisen und Einstellungen werden vielleicht vorschnell für die Bewegung des Ganzen genommen, und das Ganze soll sich ihnen anpassen, um die Zukunft nicht zu verpassen. Wie aber, wenn es nicht so ist und läuft, wie angenommen? Wie aber, wenn man zu großes verbales Geschütz aufgefahren hat? Wie aber, wenn man das jeweils Neue allzu groß, das Alte allzu klein macht?

Dahrendorf ist dank seiner analytischen Fähigkeiten und schriftstellerischen wie rhetorischen Qualitäten ein beeindruckender intellektueller Propagator und Verstärker der jeweils aktuell werdenden Trends des Zeitgeistes, ein mit einem Megaphon ausgestatteter Sozial-Seismograph. Seinen großen Erfolg und sein internationales Ansehen verdankt er neben den genannten Qualitäten eben dieser herausragenden Eigenschaft, eine wohltönende Trompete des sich wandelnden Zeitgeistes zu sein, stets offen für die Zukunft einer offenen Gesellschaft. Hatte er noch in den sechziger Jahren mit allem Engagement für das volle Erwachen Deutschlands zur Modernität geworben, so wünschte er sich ein Dutzend Jahre später bereits die Heraufkunft einer neuen Epoche, die auf die dank deutscher Gründlichkeit leider überzogene Periode der Modernität folgen sollte. Mit einem Anflug von Romantik skizzierte Dahrendorf die Vision einer Gesellschaft, »in der tausend Blumen frei sind zu blühen, zu welken oder selbst zu sterben, so daß sich Muster und Kräfte bilden, aus denen eine Gesellschaft gestaltet werden kann, die modern ist und ihre Widersprüche überwunden hat.« (In: Glaser, Hrsg., op.cit., S. 54)

So schnell ändern sich heutzutage anscheinend die Zeiten und mit ihnen das, was die Intellektuellen, die ihnen beweglich auf der Spur sind, über sie zu sagen wissen! Ändern sie sich wirklich so schnell und so grundlegend? Zweifel sind angebracht.

IV
Die Tendenzwende

1. Klimawechsel

Amerika als Vorreiter neuer Orientierungen

Seit den sechziger Jahren bemächtigte sich der großen westlichen Industrienationen das Bewußtsein wachsender Unsicherheiten und Gefahren. Es formierte sich am ausgeprägtesten in Amerika, bevor es Europa erreichte. In den Vereinigten Staaten hatten das sich endlos hinziehende, demütigende Drama des Vietnamkrieges und das moralische Debakel des Watergate-Skandals der amerikanischen Nation zu der bitteren Erkenntnis verholfen, daß der *amerikanische Traum*, die freieste, dynamischste, mächtigste, fortschrittlichste und großherzigste Gesellschaft dieser Erde zu sein, eben doch nur ein Traum war und der sehr viel banaleren und nüchterneren Wirklichkeit nicht standhielt. Nun konnte keine Rede mehr davon sein, das »amerikanische Jahrhundert« für die Welt einzuläuten, wie der bekannte Verleger Henry L. Luce dies zu Zeiten der Präsidentschaft Eisenhowers, der letzten unbeschwerten Ära amerikanischen Selbstbewußtseins, getan hatte. Das außenpolitische und militärische Debakel von Vietnam und das innenpolitische und moralische von Watergate hatten auch in den mit den Vereinigten Staaten verbündeten Ländern des Westens, so auch in der Bundesrepublik, die seit dem Wirtschaftswunder als das amerikanischste Land Europas galt, das seit 1946 gewachsene Vertrauen in die Klugheit der amerikanischen Politik, in die staatsmännische Qualität ihrer Führung und in die moralische Qualität der amerikanischen Demokratie angeschlagen. Von daher datiert eine gewisse deutsche Skepsis gegenüber der Führungsmacht des Westens, ein kritischer Vorbehalt, der von der Studentenbewegung schrill artikuliert, von vielen Intellektuellen zunehmend sekundiert und von der politischen Linken in Deutschland immer stärker rezipiert wurde, bis er sich unter der konservativen Präsidentschaft Ronald Reagans zu einem auch politisch bedeutsamen antiamerikanischen Komplex verdichtete. Dieser Anti-Amerikanismus richtet sich freilich nicht gegen das amerikanische Volk, sondern nur gegen gewisse Züge seiner Zivilisation und insbesondere gegen die neue, militärisch betonte Politik der USA gegenüber dem kommunistischen Ostblock, die als ideologisch, überheblich und friedensgefährdend eingeschätzt wird.

Amerika war jedoch stets das Land, in dem alle geistig-kulturellen und psychisch-sozialen Entwicklungen, die auch in der Bundesrepublik eine Rolle spielen sollten, gewissermaßen vorexerziert worden waren. Es hatte seine radikale Studentenbewegung, bevor sie in Deutschland voll zur Wirkung kam, es hatte seine Alternativen in Gestalt von Landkommunen und Blumenkindern, bevor dieses Wort sich fest in der Sprache der deutschen Politik einbürgerte; es hatte seine neokonservative Geistesbewegung, die sich als die geistige Wegbereiterin des triumphalen Wahlsiegs von Präsident Reagan ausgibt, bevor die geistige Tendenzwende in der Bundesrepublik die politischen Wirkungen zeitigte, die der Wahlsieg Helmut Kohls im Frühjahr 1983 schlagartig offenbart hat. Die Selbstzweifel an der Fähigkeit der hochentwickelten Industriegesellschaft, die Herausforderungen der Zukunft zu bestehen, waren in der öffentlichen Diskussion zwischen den amerikanischen *Liberals* und den *Neo-Conservatives* ein Standardthema, bevor sie auch in der Bundesrepublik gegenüber dem zuversichtlichen Fortschrittsoptimismus der Adenauer-Ära die Oberhand gewannen. Die Kon-

turen einer neuen postindustriellen Gesellschaft wurden von amerikanischen Soziologen gezeichnet, bevor das Thema auf die Tagesordnung der deutschen Soziologie und Publizistik kam und von dort jetzt nicht mehr wegzudenken ist. Amerikanische Soziologen waren es, die als erste vergleichende empirische Untersuchungen über die politischen Kulturen der westlichen Demokratien und über den Wertwandel der Industriegesellschaft vorgelegt haben, die die These von einer bemerkenswerten Veränderung der Bewußtseinsinhalte und Einstellungen konkret belegen. In der romantischen amerikanischen Literatur der sechziger Jahre, die in einer Fehleinschätzung der Realitäten einen Aufbruch Amerikas zu neuen Ufern vor sich sah und einzuleiten hoffte (*The Greening of America*), waren bereits viele der Thesen und Themen zu finden, die heute zum festen Bestand unserer ökologischen Literatur zählen: die Verurteilung des Zentralismus und der Technokratie, die Verwerfung des rein ökonomischen, auf Kosten und Nutzen abgestellten Denkens, die Infragestellung des Materialismus, Rationalismus und Bürokratismus der modernen Welt etc. Die amerikanische Expertenstudie »Global 2000« wurde unter Deutschlands zivilisationskritischen Minderheiten zu einem Bestseller.
Amerika nahm in seinen diversen sozialen Bewegungen, in seiner psychologischen und soziologischen Literatur, in seinen zivilisations- und gesellschaftskritischen Traktaten vieles von dem vorweg, was dann auch bei uns die literarische und politische Öffentlichkeit mehr und mehr zu beschäftigen begann. Im Unterschied zu Deutschland, so scheint es, hatten die verschiedenen Wellen des Unbehagens an der Modernität in den USA jedoch nie die Kraft, kulturell dominant zu werden. Der weitläufige amerikanische Weltanschauungs- und Interessenpluralismus samt seinen starken ethnischen Komponenten verschluckt und verdaut derartige Auflehnungen gegen die herrschenden Trends der Zivilisation offenbar leichter, als es in Deutschland der Fall ist, wo die Auswirkungen geistiger und emotionaler Veränderungen eher auf die Politik durchschlagen als in der Weite und

Verästelung der im Grund doch relativ einheitlichen amerikanischen Zivilisation. Diese These widerspricht zwar der Selbsteinschätzung der deutschen Meinungsmacher, die es gewohnt sind, ihre Ohnmacht zu beklagen, aber wer die Geschichte der letzten fünfzehn Jahre in der Bundesrepublik verfolgt, wird immer wieder darauf stoßen, in wie hohem Maße die Intellektuellen an den Auseinandersetzungen über die Zukunft der deutschen Politik mitgewirkt und das Klima wie die Inhalte der Argumentation mitbestimmt haben.

Der Klimawechsel in der Bundesrepublik

Die hinter uns liegenden fünfzehn Jahre sind durch einen tiefgreifenden *Klimawechsel* bestimmt, in dem sowohl im kulturellen Austausch mit den amerikanischen Krisenerfahrungen wie auch in unmittelbarer Reaktion auf die Entwicklungstendenzen in der Bundesrepublik selbst ein neues Bewußtsein der akuten Gefährdung der westlichen Zivilisation sich ausbildete, das dementsprechend kritisch und pessimistisch war. Die Entfaltung und Gegenkritik dieses Bewußtseins einer Zeitenwende, einer Zäsur in der einst so erfolgversprechenden Entwicklung der wissenschaftlich-technischen Zivilisation, vollzog sich in fünf Etappen mit unterschiedlichen Akzentuierungen der Problematik:

1. Die *erste* Etappe, die den Prozeß der Erschütterung gewohnter Normalitäten einleitete, war die Studentenrevolte. Sie hatte befreiende wie destruktive Wirkungen, und ihr Scheitern als politisch-autonome Kraft setzte wiederum einen Prozeß der Ernüchterung und des Rückzugs von utopischen Erwartungen in Gang, der schon darum nicht ausbleiben konnte, weil diese Utopien durch keinerlei Realitätssinn gebremst und korrigiert worden waren. In dieser ersten Etappe des Umbruchs lag der Schwerpunkt auf dem Versuch, die etablierten politischen Autoritäten als Statthalter einer undemokratischen und

technokratisch gelenkten Herrschaft zu entlarven und zu demontieren. Die Entlarvung gelang bis zu einem gewissen Grade, die Demontage jedoch nicht.

2. Die *zweite* Etappe war der Versuch der sozial-liberalen Koalition, die Bundesrepublik durch eine Politik der inneren Reformen und durch die Bereinigung des noch ungeklärten Verhältnisses zu Osteuropa für die sozialen und politischen Aufgaben der Zukunft tüchtig zu machen. Die Ostpolitik wurde ein Erfolg, die Politik der inneren Reformen krankte daran, daß sie zwischen die entgegengesetzten Pole der Forderungen nach einer Totalrevision der demokratischen Industriegesellschaft und der mühsamen Durchsetzung systemimmanenter, jedoch nicht aufeinander abgestimmter Reformen geriet, die am Ende kaum jemanden zufriedenstellten.
3. Dieser Abschnitt der geistig-politischen Entwicklung, der von 1969 bis etwa 1973 dauerte, wurde dann bereits überlagert von einer *dritten* Etappe, in der, ausgelöst durch den ersten Bericht an den Club of Rome und durch den ersten Ölpreisschock von 1973, die Zukunft der Industriegesellschaft nicht mehr nur, wie die Studenten geglaubt hatten, durch ihre kapitalistische Wirtschaftsorganisation und ihre technokratische Pervertierung, sondern durch den unausweichlichen Mangel an Ressourcen und fehlenden Expansionsmöglichkeiten bedroht erschien. Nun begann, verstärkt durch die buntscheckige Bürgerinitiativ-Bewegung, die Stunde der Ökologen im Gewande der Kassandra. Sie verlagerten den Akzent der Systemkritik von der politischen auf die wirtschaftlichen und zivilisatorischen Aspekte, was freilich die Politik insgesamt einschloß. Die deutliche Verschlechterung der weltwirtschaftlichen Situation tat ein übriges, dem um sich greifenden Krisenbewußtsein zusätzliche Nahrung zu geben.
4. Die *vierte* Etappe, die etwa von 1975 bis 1980 anzusetzen ist, war durch zwei einander entgegengesetzte geistig-politische Tendenzen geprägt. Als Antwort auf die »Kultur-

revolution«, d. h. auf die ideologischen und politischen Maßlosigkeiten und Übersteigerungen der Studentenrevolte und auf gewisse Auswüchse der Reformpolitik, insbesondere auf dem Gebiet des Bildungswesens, formierte sich eine intellektuelle Gegenbewegung aus Konservativen und Liberalen, die eine geistige und letztendlich auch politische *Tendenzwende* in Gang setzen wollten. Sie provozierte naturgemäß den Widerstand derer, die den geistigen und politischen Umbruch herbeigeführt oder mit ihm sympathisiert hatten und die auch einige der eher fragwürdigen Ergebnisse des geistigen und politischen Wechsels der späten sechziger Jahre als unverzichtbare Errungenschaften verteidigten.

5. Obwohl man bei einem oberflächlichen Blick auf die künstlerische und zeitkritische Literatur dieser und auch der darauffolgenden Jahre nicht gerade den Eindruck gewinnen kann, als sei die konservative Tendenzwende erfolgreich gewesen, zeigte sich doch in der Reaktion des Volkes auf die Zeitereignisse eine durch vielerlei Faktoren bewirkte allmähliche Verwandlung des Stimmungsbildes. Sie wurde im Politischen offenkundig durch das schier unaufhaltsame Vorrücken der konservativen CDU/CSU in den Bundesländern und Gemeinden und schließlich durch den triumphalen Wahlsieg der neuen bürgerlichen Parteienkoalition am 6. März 1983. In dieser *fünften* Etappe der Entwicklung, die etwa die letzten drei Jahre umfaßt, hatte sich der Zeitgeist gewissermaßen gespalten. Auf der einen Seite wirkte er in einer radikal zivilisations- und demokratiekritischen Ausprägung fort in der Ökologie- und Friedensbewegung, die auch in Teilen der alten sozial-liberalen Koalition zu finden war. Auf der anderen Seite gewannen mehr und mehr diejenigen Tendenzen an Gewicht, die im Angesicht einer sich verstärkenden wirtschaftlichen Unsicherheit und kulturellen Desorientierung auf die bewährten Denk- und Verhaltensmuster zurückgreifen wollten, die den demokratischen Konsensus der bundesdeutschen Gesellschaft bis

weit in die sechziger Jahre hinein geprägt hatten. Die radikale Richtung sah die Gefahr in der gedankenlosen Fortsetzung einer Politik, welche nach ihrer Auffassung zwangsläufig die Sicherheit und Qualität des Lebens bedrohen und beeinträchtigen mußte. Sie warb deshalb pathetisch für die »Umkehr zum Leben«, wie nicht von ungefähr das Motto des Deutschen Evangelischen Kirchentages 1983 unter seinem Präsidenten Erhard Eppler lautete. Die andere, politisch am Ende von den Bürgern eindeutig favorisierte, mehr konservative Richtung hegte die Befürchtung, durch ein Eingehen auf die radikalen Forderungen der anderen Seite die Situation nur zu verschlimmern. Sie trat deshalb für die politische Unterstützung der Kräfte ein, die den 1969 eingeleiteten geistigen und politischen Wechsel teilweise für falsch und in seiner Auswirkung auf die Gesellschaft für verhängnisvoll hielten. Deutschland, so hieß es im Frühjahr 1983 auf den Wahlplakaten der CDU/CSU, sollte nun endlich wieder in Ordnung gebracht werden. Die Sozialisten hätten es durch ihre Politik ruiniert. Die Mehrheit billigte diese propagandistisch verkürzte Fassung eines komplexen Problems und bestätigte so die konservative Tendenzwende, die sich schon lange vorbereitet hatte.

Angesichts der konservativen Grundwelle, die die Mehrzahl der Bürger der Bundesrepublik in den letzten Jahren erfaßt hat, könnten die heftigen Debatten und Auseinandersetzungen, die während der ganzen siebziger Jahre über die Probleme der demokratischen Industriegesellschaft und ihre Zukunft geführt worden sind, wie das eine starke Unruhe nur vortäuschende Wellengekräusel an der Oberfläche erscheinen, indes die tiefen Schichten, die Strukturen und Einstellungen davon kaum berührt wurden. Doch diese Sicht greift zu kurz, denn die geistigen Auseinandersetzungen, die allenthalben das Gefühl äußerster Bedrohung und Gefährdung unserer modernen Lebensform vermittelten, waren ja keine abstrakten Wortgefechte, sondern sie nahmen und nehmen in der Regel ihren Ausgang von konkreten Vorgän-

gen auf der wirtschaftlichen, sozialen und politischen Ebene. Dennoch spricht einiges dafür, daß die im geistigen Leben unserer Zeit zu beobachtende Aufgeregtheit und Krisenstimmung weniger einer bedächtigen und abgewogenen Analyse der realen Verhältnisse und der Gefahrenelemente in unserer Entwicklung als einem gewissen, den Deutschen anscheinend naheliegenden Hang zur willkürlichen Forcierung, zur Übersteigerung und Dramatisierung zu danken war. Krisenrhetorik und tatsächliche Krise des Systems der demokratischen Industriegesellschaft der Bundesrepublik stehen vielfach in keinem der wirklichen Lage angemessenen Zusammenhang. Dies wird durch das Urteil ausländischer Beobachter der Bundesrepublik bestätigt, die sich immer wieder darüber wundern, wie stark kritische Selbsteinschätzung der Lage und objektive Krisensituation in Deutschland oft auseinanderklaffen, vor allem wenn man die realen deutschen Verhältnisse mit denen anderer westlicher Industrienationen vergleicht. Darum wird, was Johannes Gross einmal treffend »die Misere der öffentlichen Gefühle« genannt hat, selbst zu einem politisch relevanten Faktor. Das Krisenbewußtsein ist selbst ein maßgebliches Element der Krise, nicht seine notwendige Folge. Der französische Deutschlandkenner Joseph Rovan urteilt in seinem jüngsten Buch über »L'Allemagne du Changement« (Paris 1983): »Das deutsche Volk ist heute unbezweifelbar eines der unruhigsten der Welt, eines, das am stärksten zur Beunruhigung und zu irrationalen Reaktionen neigt, in denen Angst sich entzündet und die Menschen in ihren Sog zieht.« (S. 288)
In der geistig-politischen Auseinandersetzung unserer Tage geht es um die Zukunft der demokratischen Industriegesellschaft unter Rahmenbedingungen, die sich gegenüber der günstigen Ära der fünfziger und sechziger Jahre verändert haben. Der Streit geht um die Frage, ob wir ganz neu ansetzen müssen oder an Bewährtes anknüpfen können; ob wir eine neue Politik brauchen, wie sie die sozialen Bewegungen auf vielen Gebieten der Politik gebieterisch verlangen, oder ob wir mit den Zielsetzungen und Mitteln der alten Politik

noch halbwegs erfolgreich sein können. Die Tendenzwende der letzten Jahre ist eine Reaktion auf die Forderung nach einer ganz neuen Politik. In ihr fließen konservative Interessen und Wertorientierungen, wie sie sich in der Bundesrepublik in der Ära Adenauer besonders in der Wirtschaft und im Umkreis der CDU/CSU herausgebildet haben, mit einem neuen Interesse an der Erhaltung einer auch von Sozialdemokraten und Gewerkschaften verantwortlich mitgetragenen, reformfähigen repräsentativen Demokratie zusammen. Die Tendenzwende wehrt sich gegen die alternativen Zumutungen der Protestbewegungen und deren negative Auswirkungen auf den Grundkonsensus und die Stabilität der Republik. Die Grenzen zwischen dem alten Konservatismus und dem sogenannten Neokonservatismus der Tendenzwende sind nicht genau zu markieren, auch nicht innerhalb des Parteiensystems. Ich will gleichwohl den Versuch machen, diese Positionen zu verdeutlichen.

2. Vom technokratischen zum Neokonservatismus

Konservatives Denken litt in der Bundesrepublik stets unter seiner historisch nachweisbaren Komplizenschaft mit dem Nationalsozialismus. Zwar haben genuin konservative Denker den deutschen Faschismus als eine totalitäre Massenbewegung verurteilt und auch die nivellierenden, die alten Traditionen mißbrauchenden Züge der nationalsozialistischen Diktatur abgelehnt, aber es ist keine Frage, daß die radikalkonservative Geistesbewegung der zwanziger Jahre dem deutschen Faschismus geistig den Weg bereitet hat, und es ist ebenso unbestritten, daß der politische Konservatismus in Gestalt der Deutschnationalen Volkspartei und verwandter Gruppen und Personen der Diktatur Hitlers das Tor zur Macht geöffnet hat.

Konservatives Gedankengut mußte sich demnach in der

Bundesrepublik stets auf den Vorwurf gefaßt machen, es sei profaschistisch oder zumindest antidemokratisch. Es war jedoch nicht nur durch seine Nähe zum Nationalsozialismus diskreditiert; es waren ihm auch einige der wichtigsten traditionellen Bezugspunkte zerschlagen worden:

1. Die deutsche Nation war geteilt und offenbar kein brauchbares politisches Organisationsprinzip für die Zukunft mehr.
2. Die traditionelle konservative Skepsis gegenüber Vernunft, Rationalismus und Aufklärung schien unangebracht nach den Erfahrungen mit der unverünftigen Raserei und der Willkür eines diktatorischen Herrschaftssystems sowie nach einer geistesgeschichtlichen Entwicklung, die Georg Lukács als »die Zerstörung der Vernunft« bezeichnet hatte. Man mußte sich deshalb mit der Aufklärung und dem Liberalismus arrangieren.
3. Es lag wenig Sinn darin, von der Bewahrung historischer, sozialer und politischer Strukturen zu sprechen zu einem Zeitpunkt, in dem es zunächst darum ging, nach dem Zusammenbruch des totalitären Systems überhaupt wieder tragfähige Strukturen aufbauen zu können. Alles Reden von natürlichen Ordnungen, organischem Wachstum usw. mußte in der Nachkriegszeit völlig deplaciert erscheinen, so daß für traditionelle konservative Gesichtspunkte kein Ansatzpunkt mehr gegeben war. Dies spiegelte sich auch in der Entwicklung der parteipolitischen Systeme wider.

Es läßt sich nämlich zeigen, daß die Christlich-Demokratische Union erst dann zu einer mehr konservativen, das Bestehende verteidigenden Orientierung gefunden hat, als die Strukturen einer neuen liberalen und demokratischen Staats-, Gesellschafts- und Wirtschaftsordnung in der Bundesrepublik voll entwickelt waren, also mit der und nach der durch Adenauer erreichten Stabilisierung der bundesrepublikanischen Verhältnisse. Noch heute zeigt die starke Fixierung dieser Partei auf Konrad Adenauer ihr konservatives Interesse an der Bewahrung dessen, was er für die Bundesrepublik geschaffen hat, sowohl in wirtschaftlicher wie in außenpolitischer Hinsicht. Wenn es gemeinhin als konservativ gilt, einen politischen und sozialen Zustand zu sichern und gegen diejenigen Gruppen und Ideen zu verteidigen, die auf eine Änderung dieses Zustands aus sind, dann ist die CDU seit den späten fünfziger Jahren zu einer konservativen Partei geworden. Es ist dies jedoch ein neuer Konservatismus in der deutschen Politik, nämlich einer, der sich mit der Idee der parlamentarischen Demokratie, mit der liberalen und sozialen Marktwirtschaft, mit der Einbindung Westdeutschlands in das westliche Europa und den freiheitlichen Westen identifiziert, alles Inhalte, die mit den traditionellen konservativen Positionen des 19. Jahrhunderts nicht mehr viel zu tun haben.

Der technokratische Konservatismus

Der traditionelle, an der Idee des Obrigkeitsstaates orientierte, sich an der Idylle vorindustrieller Sozialverhältnisse erwärmende Konservatismus hätte in der Industriegesellschaft der Bundesrepublik kaum eine Chance gehabt. Deshalb ist es bezeichnend für die maßgeblichen, als konservativ eingestuften Denker und Theoretiker, daß sie den traditionellen Vorbehalt der alten Konservativen gegenüber Parlamentarismus, Industrialismus und Kapitalismus weitgehend aufgegeben haben zugunsten einer positiven Identifikation mit der demokratisch und kapitalistisch organisierten Industriegesellschaft. Ob man es noch konservativ nennen will, wenn man sich zur Ratio der modernen Industriegesellschaft und der Repräsentativverfassung bekennt, ist eine Frage der politischen Bewertung. Richtig ist jedenfalls, daß eine Reihe von einflußreichen Denkern wie Arnold Gehlen, Helmut Schelsky und Ernst Forsthoff den traditionellen konservativen Zivilisationspessimismus gegenüber der Industriegesellschaft nicht fortsetzten, sondern sich im Gegenteil zu Verteidigern der arbeitsteiligen Industriegesellschaft und der in ihr notwendig gewordenen Formen repräsentativer und technokratischer Herrschaft machten.

Wesentlich für die konservativ-technokratische Auffassung von Politik ist die Orientierung an technischen Sachgesetzlichkeiten, über deren Beachtung und Befolgung allein geschulte Experten entscheiden können, während das Urteil der demokratischen Volksmassen und ihrer Organisationen leicht in die Irre führen könne. Deshalb seien alle Versuche abzuwehren, einer verstärkten oder gar ständigen Partizipation des Volkes an den komplizierten, technisch bedingten politischen Entscheidungsprozessen einer komplexen Gesellschaft den Weg zu ebnen; es sei durchaus sinnvoll, daß man die Rolle des Bürgers in der demokratischen Industriegesellschaft auf die Zustimmung oder Ablehnung der zur Ausübung der Herrschaft im Staat befähigten technischen Eliten reduziere. Dazu hat M. Greiffenhagen in seinem Buch »Der neue Konservatismus der siebziger Jahre« (Hamburg 1974, S. 17) kritisch vermerkt: »Die Herrschaft einer Elite von Experten über die ungebildete Masse würde jenes Modell politischer Herrschaft wieder in den Blick rücken, dem der Konservative in Deutschland stets den Vorzug gab: das Modell des aufgeklärten wohlfahrtsstaatlichen Absolutismus.« Dennoch sind traditioneller und technokratischer Konservatismus nicht identisch.

Im modernen konservativen Denken haben die Funktionsfähigkeit der Wirtschaft, die Sicherung ihrer Effizienz und die Abwehr von sozialen und partizipatorischen Ansprüchen, die ihre Leistungsfähigkeit beeinträchtigen könnten, einen hohen Stellenwert. Das Maß an möglicher Freiheit wird vorgegeben durch die Ordnungsimperative, die im wirtschaftlichen System bestimmend sein müssen. Arnold Gehlen hat die moderne sozialstaatliche Industriegesellschaft beschrieben als eine »Produktions- und Wohlstandsunion, in der die Steigerung der wirtschaftlichen Leistung einerseits, die Garantie von Wohlstand und ziviler Sicherheit andererseits die beherrschenden Imperative ausmachen.«

Der moderne deutsche Konservative ist also überzeugt, daß die auf dem Leistungsprinzip beruhende demokratische Industriegesellschaft eine herrschende Realität ist, hinter die man nicht mehr zurückgehen kann; deshalb legt er sein konservatives Interesse ganz in die Bewahrung dieser Industriegesellschaft und verteidigt sie gegen alle Zumutungen einer strukturellen Veränderung im Sinne von mehr Demokratisierung, Mitbestimmung und leistungsmindernden Sozialverpflichtungen.

Der Neokonservatismus

Kennzeichnend für den Geist des bundesdeutschen Konservatismus, der sich, von Ausnahmen abgesehen, mit dem »Staat der Industriegesellschaft« arrangiert hatte (dies der Titel von Forsthoffs konservativer Standortbestimmung), war sein Bemühen, so viel an »autoritärem«, gesellschaftsunabhängigem Staat zu bewahren wie nur möglich, die sozialen und vor allem ökonomischen Institutionen gegen die Veränderungszumutungen sowohl kollektivistischer Programme wie eines emanzipatorischen Individualismus oder hedonistischen Narzißmus in Schutz zu nehmen, das Prinzip der wirtschaftlichen Leistungsfähigkeit dem Grundsatz sozialer Gerechtigkeit und Gleichheit voranzustellen und das Wesen der Demokratie nicht so sehr in einer systematischen Ausdehnung der materialen Freiheitsrechte auf immer mehr Bürger, sondern eher in der Ausrichtung auf das Prinzip der Gewaltenteilung zu sehen. In dem allerdings schnell versandeten Versuch des von konservativen Intellektuellen beratenen Bundeskanzlers Ludwig Erhard, eine »formierte Gesellschaft« zu schaffen, die den unkontrollierten gesellschaftlichen Pluralismus im Interesse des staatlicherseits bestimmten Gemeinwohls disziplinieren und sich wieder stärker auf ihre nationalen Traditionen besinnen würde, kann man noch am ehesten die Spuren einer bewußt konservativ orientierten Politik in der Bundesrepublik erkennen. Sie wurde jedoch in einem historischen Moment skizziert, in dem die geistige und politische Bewegung der deutschen Gesellschaft in die entgegengesetzte Richtung drängte. Mit der Studentenrevolte und der sozialliberalen Koalition standen nun innerhalb eines kurzen Zeitraums neue Themen auf der Tagesordnung der deutschen Politik, die den konservativen Abwehrbewegungen gegen mehr soziale Gleichheit und gegen die gesellschaftliche Durchdringung des Staates konträr waren: mehr Demokratie, mehr Gleichheit, mehr Mitbestimmung, all dies verbunden mit einem Kampf gegen etablierte Autoritäten, gegen technokratische Entscheidungsprozesse, gegen sogenannte Sachzwänge, gegen jede institutionelle Verfestigung des politischen und sozialen Prozesses. Gegenüber dieser machtvoll hereinbrechenden progressiven Welle geriet der Konservatismus zunächst völlig in die Defensive. Zwar fand er sich durch die nun einsetzende Entwicklung in seinen Besorgnissen mehr bestätigt als je zuvor, aber er verdankt seine Wiederbelebung und Rückkehr in die deutsche Politik nicht so sehr der Kraft und Qualität seiner eigenen Argumente als vielmehr zwei Entwicklungen, die sich unabhängig von ihm vollzogen:

1. den über eine sinnvolle und auch notwendige Korrektur demokratischer Defizite in den Strukturen und der politischen Kultur der Bundesrepublik zum Teil weit hinausschießenden Veränderungsbestrebungen der linken Erneuerungsbewegung,
2. der Unterstützung durch eine neu sich bildende intellektuelle Gruppe von Liberalen und Sozialdemokraten, die sich, vor allem im Universitätsbereich, gegen die von der neuen Linken ausgehenden kulturrevolutionären Bestrebungen zur Wehr setzte. Die neue Linke nannte sie Neokonservative, und diese Etikettierung ist hängengeblieben, doch dieser sogenannte Neokonservatismus war inhaltlich nicht identisch mit dem technokratischen Konservatismus, auch wenn sich hie und da Berührungspunkte ergaben. Die konservative Tendenzwende in der

Mitte der siebziger Jahre ist wesentlich das Ergebnis einer Reaktion ehemals Nichtkonservativer auf die in ihren Augen exzessiv und demokratiegefährdend erscheinenden ideologischen Positionen der seit der Studentenrevolte enorm erstarkten intellektuellen Linken und der ihr folgenden diversen Protestbewegungen. Es handelt sich also nicht so sehr um eine genuin konservative Gegenbewegung als vielmehr um ein typisches Reaktionsphänomen, das ein verlorengegangenes, Stabilität und Konsensus verbürgendes Gleichgewicht wiederzugewinnen trachtet.

Während der siebziger Jahre wurde die intellektuelle Linke, die bis dahin auf den Gang der politischen Entwicklung keinen besonderen Einfluß gehabt hatte, zum ersten Mal zu einem mächtigen, die Entwicklung in Richtung auf »Demokratisierung« vorantreibenden Faktor der deutschen Politik. Mit einem Mal schien es, als sollte die versäumte geistige Erneuerung doch noch nachgeholt werden können, und viele Linksintellektuelle, die bis dahin eher mürrisch abseits gestanden hatten, reihten sich nun in die progressive demokratische Bewegung ein, die zu einer besseren Republik und zu einer Überwindung der in der Ära Adenauer entstandenen restaurativen Verhältnisse führen sollte. Doch im Zuge dieses Prozesses, der der rasch anwachsenden linken Intelligenz zeitweilig eine beherrschende Rolle im deutschen Geistes- und Kulturleben bescherte, ging man über die relativ gemäßigten sozialdemokratischen Positionen, die man ursprünglich im Kampf gegen die Restauration vertreten hatte, an vielen Stellen weit hinaus. Damals bildete sich in der Bundesrepublik zum ersten Mal eine quantitativ ins Gewicht fallende aktive Gruppe von Intellektuellen, die sich – oft in Wiederanknüpfung an Theorien der Weimarer Zeit (Lukács, Korsch, Bloch und andere) – marxistische und neomarxistische Positionen zu eigen machte, während der Glaube an den Marxismus in den ersten zwanzig Jahren des anti-totalitären Konsensus der Republik die seltene Ausnahme gewesen war. Dieses Eindringen des Marxismus in das politische

Denken der deutschen Intelligenz hat den antitotalitären Konsensus spürbar gelockert, so daß es zu immer stärkeren geistigen und politischen Polarisierungen kam, die bis heute nachwirken.

Im Zuge dieser Radikalisierung eines Teils der linken und ehemals liberalen Intelligenz hat sich ein anderer Teil der liberalen Intelligenz gegen diese Tendenz gestellt und sich um eine Tendenzwende bemüht.

Ähnlich wie in den Vereinigten Staaten, wo sich der Neokonservatismus ebenfalls zum großen Teil aus dem Lager von ehemals liberalen Intellektuellen rekrutierte, hat sich auch in Deutschland Mitte der siebziger Jahre diese neue intellektuelle Richtung bemerkbar gemacht, deren Ziel es war, die bestehende repräsentative demokratische Verfassungsform gegenüber den radikalen Zumutungen der Demokratietheoretiker neuen Stils sowie der Systemüberwinder marxistisch-sozialistischer Observanz zu verteidigen. Zwischen diesen aus dem liberalen Lager stammenden Neokonservativen und der zeitweilig starken linken Intelligenz kam es in den siebziger Jahren zu harten Auseinandersetzungen über die »Verteidigung der Republik«, die im Zeichen der »Tendenzwende« geführt wurden.

Hermann Lübbe, ein ehemaliger Sozialdemokrat, der unstreitig zu den führenden geistigen Repräsentanten des sogenannten Neokonservatismus und zu den Militanten der Tendenzwende zu rechnen ist, hat in einem Artikel über »Konservatismus in Deutschland« (Schweizer Monatshefte, Dez. 1981) die ihm wichtig erscheinenden Merkmale dieser geistigen Reaktionsbewegung charakterisiert. Ich zitiere ihn mit leichten Verkürzungen:

»1. Die gemeinten Konservativen sind ihrer politischen Herkunft nach auffällig oft Liberale oder auch Sozialdemokraten.

2. Ihr sogenanntes konservatives Profil ist im Regelfall erst in ihrer Reaktion auf die zunächst primär akademische Kulturrevolution der späten sechziger Jahre sichtbar geworden.

3. Die Neokonservativen haben in Erinnerung gebracht, daß die Demokratie in ein totalitäres System umschlägt, wenn man über die politischen Institutionen hinaus nun auch die ganze Gesellschaft demokratisieren will.
4. Die Neokonservativen haben in Erinnerung gebracht, daß die liberale politische Ordnung von Voraussetzungen lebt, die durch diese Ordnung selbst nicht garantiert werden können. Dazu gehören Bürgertugend und öffentliche Moral.
5. Die sogenannten Neokonservativen vertreten die Meinung, daß die Gewährleistung der Bürgerfreiheit gegenüber dem Unterschied von Marktwirtschaft einerseits und politisch kontrollierter Verwaltungswirtschaft andererseits nicht indifferent ist, daß vielmehr umgekehrt mit der Freiheit des Marktes auch entscheidende Bürgerfreiheiten in Verfall geraten.
6. Die sogenannten Neokonservativen sind daher ohne Sympathie für intellektuelle Marxismus-Sympathie. Sie halten auch Anti-Kommunismus in bürgerrechtssichernder Absicht nicht für primitiv, vielmehr für eine der Bedingungen der Selbsterhaltung liberaler Systeme.
7. Die sogenannten Neokonservativen teilen den Glauben totalitärer Ideologien nicht, es gäbe eine Einsicht in Geschichtsgesetze, die uns ermöglichte, die Menschheit der Zukunft bereits jetzt als entsprechend privilegierte Partei politisch zu organisieren. Demgegenüber halten die Neokonservativen an der Tradition der Aufklärung fest, die uns nahelegt, unseren politischen Absichten und Zwecken immer nur solche Annahmen über die Wirklichkeit zugrunde zu legen, die der Approbation durch den common sense sowie durch den methodisch restringierten Sachverstand fähig sind.«

In einem im Herbst 1982 auf einem von der SPD veranstalteten Forum über Neokonservatismus (vgl. Die Neue Gesellschaft, Nov. 1982) gehaltenen Vortrag hat der linke Sozialphilosoph Jürgen Habermas die These vertreten, der deutsche Neokonservatismus unterscheide sich von dem aus liberalen Quellen gespeisten amerikanischen Neokonservatismus durch seine Rückbindung an Positionen des Jungkonservatismus der zwanziger Jahre. Die deutschen Neokonservativen hätten »ihre Identifikation mit der gesellschaftlichen Moderne nicht in Begriffen einer unzweideutig liberalen Theorie vollzogen – die dann enttäuscht worden wäre« –, sondern sich mit der Moderne nur halbherzig ausgesöhnt. Sie hätten zwar den zivilisatorischen Fortschritt und die Industriegesellschaft als organisierten Ausdruck dieses Fortschrittes akzeptiert, nicht jedoch die ebenfalls dazugehörige kulturelle Moderne, die Habermas im Gedanken der Emanzipation zentriert glaubt. Habermas sieht also den deutschen Neokonservatismus, zumindest in seiner philosophischen Ausprägung, noch immer in den Spuren eines deutschen konservativen Denkens, wie es durch die Gehlen- und Carl-Schmitt-Schule repräsentiert wird, und er macht ihm darum auch den Vorwurf, nichts wirklich Neues zu bieten und »auf ausgetretenen Pfaden« zu wandeln. Mag sein, daß sich derartige Spuren eines Konservatismus, der dem liberalen, auf der politischen Theorie der Aufklärung beruhenden Weltbild der modernen freiheitlichen Demokratie nach wie vor mißtraut, auch bei Neokonservativen wie Rohrmoser oder Spaemann entdecken lassen, doch der Impuls zur Tendenzwende kam gerade nicht aus der bewußten Wiederanknüpfung an solche konservativen Positionen, sondern aus dem Interesse an der Bewahrung des in der Aufklärung geborenen »Projekts der Moderne« vor den mit einem wohlverstandenen Geist der Aufklärung nicht mehr zu vereinbarenden Grenzüberschreitungen und Extremismen, wie sie sich in den linken Attacken und Protesten gegen das System der liberalen Demokratie immer wieder manifestiert haben. Dies erklärt auch, warum die sogenannten Neokonservativen eine wesentliche Ursache für die Legitimitätsschwäche der gegenwärtigen Demokratie in den geistigen und ideologischen Veränderungen der vergangenen Jahre sehen, die ein entschiedenes Abrücken vom liberaldemokratischen Konsensus

der Gründer- und Aufschwungära zur Folge hatten. Deshalb setzen sie sich vorzugsweise mit denen kritisch auseinander, die für diese intellektuellen Wandlungsprozesse eine Mitverantwortung tragen. Die große Rolle, die dabei die Kritische Theorie der Frankfurter Schule gespielt hat, erklärt übrigens auch, warum Denker wie Jürgen Habermas so sehr in den Mittelpunkt dieses kritischen Interesses gerückt sind. Der These einer durch Intellektuelle mitverursachten Abkehr vom liberaldemokratischen Konsensus stellt Habermas die Behauptung entgegen, die Neokonservativen vertauschten Ursache und Wirkung: »An die Stelle der ökonomischen und administrativen Imperative, der sogenannten Sachzwänge, die immer weitere Lebensbereiche monetarisieren und bürokratisieren, immer weitere Beziehungen in Waren und in Objekte der Verwaltung verwandeln – an die Stelle dieser wirklichen Krisenherde der Gesellschaft rücken sie das Gespenst einer subversiv überbordenden Kultur.«
Damit wird die Frage einer möglichen intellektuellen Urheberschaft für die Legitimationsschwächen der Demokratie in der gegenwärtigen Phase ihrer Entwicklung schlicht zurückgewiesen. Die Schuld an den schlechten Verhältnissen wird einseitig der gesellschaftlichen Entwicklung zugeschoben, als deren unbefangener und illusionsloser Diagnostiker man sich präsentiert. Doch so gewiß es ist, daß es die besondere Aufgabe der Intellektuellen ist, eine vorhandene oder sich abzeichnende Krise zu analysieren und auch zu artikulieren, so kann dies doch nur in dem Bewußtsein geschehen, daß es letztendlich in allem Wandel von Strukturen und Rahmenbedingungen um die Realisierung und Bewahrung von Werten geht. Richard Löwenthal spricht in diesem Zusammenhang von »der schöpferischen Neuinterpretation unserer grundlegenden Werte«. Sein Appell an die Intellektuellen gipfelt in der Aufforderung, in der westlichen Kulturkrise ihre geistige Verantwortung wahrzunehmen. Sie möchten zu der Erkenntnis gelangen, »daß die grundlegenden Werte des Westens der Erhaltung durch Erneuerung wert sind und sich bewußt in den Dienst dieser Aufgabe stellen« (Gesellschafts-

wandel und Kulturkrise, Frankfurt/M. 1979, S. 36). Ein solcher Appell wäre überflüssig, wenn die Intellektuellen nur geistige Boten des Seins wären und wenn nicht die Gefahr bestünde, daß sie diese Werte bewußt schwächen, anstatt zu kräftigen.

Tendenzschwankungen bei der Linken

Die neue Linke, deren Anspruch, die in der Tradition der Aufklärung stehenden Werte allein und unverfälscht zu repräsentieren, von der dem Liberalismus verpflichteten neokonservativen Richtung als Usurpation empfunden wird, hat in den 1979 erschienenen, von Jürgen Habermas herausgegebenen »Stichworten zur geistigen Situation der Zeit« im übrigen selbst zu erkennen gegeben, daß sie sich nach ihrem Siegeszug durch die deutsche Geisteswelt nun in einem Zustand der Ermüdung und Defensive befindet. Zwar erhebt die intellektuelle Linke nach wie vor den Anspruch, die besten deutschen Traditionen der Aufklärung, des Humanismus und des bürgerlich-radikalen Denkens zu repräsentieren, aber sie ist nachdenklicher geworden. Sie ist heute aufgeschlossener als früher für die Ambivalenz von Reformen und gesellschaftlichen Fortschritten in Richtung auf Demokratisierung und Gleichheit. Sie hält sich zwar fälschlicherweise noch immer für den Gralshüter der demokratischen Republik, aber sie rückt von den griffigen Formeln ab, mit denen sie aus der angeblich autoritären Demokratie der sechziger Jahre eine wahre Demokratie zu machen hoffte. Sie verlegt sich nun mehr und mehr auf Kulturkritik und öffnet ihre und unsere Augen für die in der Modernität selbst liegenden Widersprüche, deren Projekt sie zu Ende zu führen hoffte. Freilich behält sie das »System« kritisch im Auge, aber in Einzelpunkten, so etwa in der Entdeckung der Schutzbedürftigkeit der »nicht-regenerierbaren Bestände unserer natürlichen Umwelt und (der) symbolischen Strukturen unserer Lebenswelt« (Habermas), sind sogar Übergänge zu eher konservativen Positionen erkennbar.

Diese innerhalb der Linken selbst vor sich gehende gewisse Tendenzwende müßte es im Prinzip möglich machen, die aus dem geistigen und politischen Kampf der vergangenen Jahre erwachsene Kluft zwischen liberal-konservativen und radikal-demokratischen Positionen wieder zu verkleinern. Gerade die neue ökologische Problematik, die sowohl von traditionell konservativer wie von linker Seite besonders intensiv aufgegriffen worden ist, macht deutlich, daß die in der Politik noch immer übliche Entgegensetzung von fortschrittlich und konservativ bei der Identifizierung und Bewältigung vieler Probleme, mit denen wir es zu tun haben, nicht mehr weiterhilft.

So wäre nach dem hinter uns liegenden heftigen Zusammenprall zwischen der in der ersten Hälfte der siebziger Jahre das geistige Leben dominierenden Neuen Linken und der auf sie folgenden geistigen Bewegung einer neokonservativen Tendenzwende vielleicht eine gewisse Chance gegeben, sich von den verschiedenen geistig-politischen Positionen her einander wieder zu nähern, um im freien und offenen Dialog nach Antworten auf die Herausforderungen der Gegenwart und Zukunft zu suchen. Ziel dieses Dialogs müßte es sein, einen neuen Konsensus zu entwickeln. Dieser Konsensus ergibt sich nicht aus der simplen Rückkehr zu alten Werten und Tugenden, sondern allein aus der lebendigen schöpferischen Anwendung der unverzichtbaren Werte der westlichen Zivilisation auf eine im Wandel begriffene dynamische Gesellschaft. »Unser demokratischer Grundkonsensus, der ein Produkt nicht einer langen Geschichte, sondern der Erfahrungen *einer* prägenden Folge von Katastrophen und Wiederaufstieg ist, kann nicht durch bloße Beharrung bewahrt werden – er muß immer wieder von neuen Generationen gegenüber neuen Problemen erneuert werden, wenn er dauern soll.« (Richard Löwenthal, in: Das Parlament, Nr. 32/33, 1982)

Golo Mann hat in einem Fernsehgespräch in knappen Worten angedeutet, worin für Konservative wie für Progressive jetzt die Hauptaufgabe gesehen werden muß: »Jeder denkende Mensch weiß, daß wir uns inmitten einer Gesellschaft, einer Menschenwelt befinden, die einem ungeheuer raschen, intensiven und gefährlichen Wandel unterworfen ist. Der Konservative – aber das scheint mir für den sogenannten Progressiven ebenso zu gelten – kann nur wünschen, diesen Wandel in möglichen Grenzen unter Kontrolle zu bringen. Er kann die Wissenschaft und deren Fortschritte nicht aufhalten. Aber die möglichen Produkte der Wissenschaft, also Technik und Produktion unter jene Kontrolle bringen, die verhindert, daß die Menschheit Schaden nimmt.«

Die Zeit wäre also reif für eine gemeinsame Wende linker wie konservativer Intellektueller zu einem neuen Konsensus für die Industriegesellschaft Bundesrepublik in den achtziger Jahren, aber der Weg ist beschwerlich und von Fallen gesäumt.

3. Die deutsche Literatur in der Tendenzwende

Die Literatur ist unstreitig das empfindsamste, auf Veränderungen allgemeiner Rahmenbedingungen und Stimmungslagen am sensibelsten reagierende Organ der Öffentlichkeit. Sie nimmt die Situation des Menschen oder besser: die Situationen von Menschen in der Zeit am unmittelbarsten wahr, ja, sie ist dank des Spürsinns und der hochentwickelten Fähigkeit der Schriftsteller, psychologische und soziale Wandlungsprozesse seismographisch, d. h. in individuell sich artikulierender Stellvertretung für das Allgemeine zu erfassen und ins Wort zu setzen, den philosophisch, soziologisch oder psychologisch argumentierenden Interpreten der geistigen, emotionalen und materialen Zeittendenzen vielfach voraus, jedenfalls was die Umsetzung persönlicher Erfahrungen und Empfindungen in unmittelbar erlebte, konkrete und persönlich nachvollziehbare Daseinssituationen angeht. Literatur spricht in der Regel nicht in essayistischer Manier über die Probleme des Menschseins im Erfahrungshorizont der Gegenwart, sie bringt sie unmittelbar zu lebendiger Anschauung, vermittelt ihnen durch den künstlerischen Umgang mit der Sprache eine greifbare Gegenwärtigkeit und Bildhaftigkeit, die dem philosophischen oder soziologischen Diskurs ermangelt. Stärker noch als die Wissenschaft und Publizistik, die an diesem Diskurs sich regelmäßig beteiligen, ist Literatur, ja die Kunst überhaupt, das Ergebnis eines rein individuellen Schöpfungsprozesses, ja, sie ist um so bedeutsamer, je unverwechselbarer, je individualistischer, je künstlerischer sie die Zeiterfahrung in ihre Sprache verwandelt. Darum ist gerade Literatur ein besonders wichtiger, wenn auch keineswegs einheitlich sich darstellender Ausdruck sich wandelnder menschlicher Realitäten, Erfahrungen und Empfindungen. In ihr spricht sich die zeitgenössische Empfindung einer Zeitenwende oder, je nach individuellem Temperament, einer im Daseinsgrund wurzelnden Kontinuität von Lebenssituationen am unmittelbarsten aus. Es wäre deshalb in der Tat seltsam, wenn sowohl die politische Aufbruchsstimmung der zweiten Hälfte der sechziger Jahre wie die in der Mitte der siebziger Jahre einsetzende konservative Tendenzwende nicht ihren Widerhall auch in der Literatur gefunden hätten. Auch die deutsche Literatur hatte ihre Tendenzwenden.

Man hat die letzte Tagung der Gruppe 47 im Oktober 1967 im idyllischen Gasthaus Pulvermühle in der Fränkischen Schweiz als das Ende der Geschichte der deutschen Nachkriegsliteratur bezeichnet. Damals kam es zu einer etwas albern wirkenden Konfrontation zwischen einer lautstarken Gruppe von anti-autoritären Studenten, welche die dort versammelten Schriftsteller als »Dichter!« verhöhnte und sie zu einem stärkeren Engagement für die von ihnen vertretene Sache aufforderte. Der unbotmäßige Appell blieb gleichwohl nicht ohne Wirkung. »Viele Schriftsteller, die meist ohnehin befürchteten, in eine Sackgasse geraten zu sein, und die mehr oder weniger verzweifelt nach neuen Wegen und Möglichkeiten Ausschau hielten, nahmen sich nun den beschwörenden Appell der oppositionellen Studenten und ihrer Gesinnungsgenossen zu Herzen: Während die einen vom Selbstzweifel angenagt und durch Sprechchöre verschüchtert die herkömmliche Imponier- mit einer neu eingeübten Demutsgeste vertauschen wollten (so Hans Magnus Enzensberger), gingen die anderen prompt und forsch auf die Suche nach einer Barrikade... Auf jeden Fall zeugte das Tempo, in dem sich manche von ihnen umfunktionieren ließen, von einer Krise, an der sie offenbar schon vorher gelitten hatten. Nur so ist es zu verstehen, daß sich viele Literaten ohne Reue und Hemmungen einer politischen Bewegung anschlossen, deren Verhältnis zur Kunst und Literatur eher ironisch und oft geringschätzig war, die aber Schriftsteller, zumal namhafte, gern in ihren Reihen sah.« (Marcel Reich-Ranicki, in: MERKUR, H. 2, 1979, S. 170f.)

Der politische Aufbruch durch die studentische Protestbewegung ist von den Schriftstellern selbst nicht nennenswert vorbereitet oder beeinflußt worden, es sei denn, man hält die literarische Vorbereitung einer gegen die materialistischen und restaurativen Tendenzen in der Bundesrepublik sich richtenden Kritik, wie sie etwa in den frühen Romanen Martin Walsers oder den frühen Gedichten und Essays Hans Magnus Enzensbergers artikuliert wurde, für einen wichtigen Schrittmacherdienst. Dafür spricht, daß gerade diese beiden Autoren es waren, die sich unter den namhaften Schriftstellern am stärksten von der durch die Studentenbewegung in Gang gesetzten revolutionären Welle erfassen und mittragen ließen, bis sie sich, als der die Geister vernebelnde Pulverdampf wieder verraucht war, davon befreiten und zu der Einsicht zurückfanden, es sei für den Schriftsteller und Künstler besser, »im Namen des Individuums zu sprechen« (Reich-Ranicki), als die Literatur zum Vehikel für die politische Mobilisierung des Individuums zu gebrauchen. Die Radikalisierung und Politisierung der deutschen Gegenwartsliteratur in der Phase der gegen die bürgerliche Demokratie

und ihre technokratische Zivilisation gerichteten Studentenrevolte war jedenfalls kein genuin literarisches Phänomen, sondern ein politisches, durch welches die sich damit identifizierende deutsche Literatur epigonal und künstlerisch ziemlich uninteressant wurde. Nichts bezeugt mehr die zeitweilige Verwirrung jenes Teils der deutschen Literatur, der sich von der Studentenrevolte in Bann schlagen und für ihre unausgegorenen politischen Vorstellungen in Dienst nehmen ließ, als jene großspurige Ankündigung des »Todes der Literatur«, in der Enzensbergers »Kursbuch«, das damals zum führenden Organ der (links)intellektuellen Szene vorgerückt war, sich so ausnehmend gefiel. Doch hatte dieser Politisierungsprozeß, in dessen Gefolge sich unter der wohlwollenden Schirmherrschaft des Bundeskanzlers Willy Brandt dann auch eine zeitweilige Versöhnung zwischen Literatur und Politik, zwischen Geist und Macht in der Bundesrepublik anbahnte, keine sonderlich schöpferischen Auswirkungen auf die Literatur selbst. Man sollte nicht meinen, so urteilt der Literaturkritiker Reich-Ranicki, »die Ende der sechziger Jahre kühn angekündigten Versuche der raschen und radikalen Politisierung der Literatur seien ganz ohne Folgen geblieben. Aber dieser Prozeß hat nicht die Politik verändert, sondern die deutsche Literatur ruiniert«.
Was immer die Literaten, die sich in den Dienst dieser politischen Revolte stellten, für Vorstellungen über die ihr an die Seite tretende literarische Revolte haben mochten, es ist nicht viel daraus geworden, was über den Tag und die Stunde hinausreicht. So waren die siebziger Jahre, sehen wir einmal von den Schriftstellern ab, die ohnehin weitermachten wie bisher (Handke, Lenz, die Wohmann u. a.) und die sich nicht einreden ließen, eine ganz neue Art von Literatur schaffen zu müssen, im großen und ganzen Jahre des Rückzugs. Man nahm zunehmend Abstand von einem geistigen und politischen Abenteuer, das für die Schriftsteller eher unproduktiv und enttäuschend gewesen war. Die nun einsetzende sogenannte Tendenzwende war jedoch nicht so sehr die Rückkehr der Schriftsteller zu konservativen Werten und

Formen, sondern ihre Loslösung aus der Unterordnung unter politische und ideologische Imperative; sie war die Wiederbesinnung auf das, was der Literatur eigentümlich ist und ihr zukommt. Peter Schneider, der an sich selbst erfahren hat, »daß man nicht zu gleicher Zeit eine politische und eine literarische Revolte anzetteln kann«, hat diese Rückorientierung nach der »lauten und spektakulären Phase des Aufbruchs« sogar für einen Fortschritt gehalten: »Hier handelt es sich nicht so sehr um eine Wende, auch nicht um eine Umkehr, sondern um eine Korrektur des politischen Hurraoptimismus.« (In: H. Glaser, Hrsg., Fluchtpunkt Jahrhundertwende, Bonn 1979, S. 303)
Sein Bruder Michael Schneider legt die Tendenzwende der linken Schriftsteller und Intellektuellen, die er für ein Zeichen geistig-sinnlicher Armut hält, mehr ihrer notorischen Unfähigkeit zur Last, die sinnlichen und ästhetischen Elemente im Marxismus in den notwendigen politischen Aufbruch einzubringen. Die linke Intellektuellenbewegung sei ihrem ganzen Wesen nach eine »reine apollinische Kopfgeburt« gewesen und habe darum einen »kulturellen Kahlschlag« produziert, doch die bei diesem einseitigen Konflikt verdrängten Gefühle seien nach den sinnlosen Erfahrungen im Reich ideologischen Denkens und nach den enttäuschten utopischen Erwartungen mit um so größerer Macht zurückgekehrt: »Hatten sie fünf Jahre nichts anderes gelten lassen als die rigorose Logik des ›Kapitals‹, so projizierten sie nun ihren Ekel vor der eigenen Rigorosität auf den Theoretiker des ›Kapitals‹, d. h. auf den Marxismus. Und natürlich entdeckten sie im selben Moment ihre alte Liebe zum Schönen, zur Kunst und zum sinnlichen Leben wieder. Die blauen MEGA-Bände wanderten wieder in den Keller... statt dessen las man jetzt Plenzdorfs ›Die neuen Leiden des jungen W.‹, Handkes ›Die Stunde der wahren Empfindung‹ oder Karin Strucks ›Klassenliebe‹. Und hatte fünf Jahre lang das einzige Glück darin bestanden, dem Klassenfeind eine Niederlage beizubringen, so bestand das einzige Glück jetzt wieder im Glück des Einzigen.« (Den Kopf verkehrt aufge-

setzt oder Die melancholische Linke, Neuwied 1981, S. 155)

Die gängigen Stichworte, unter denen die Tendenzwende in der Literatur in den sie beflissen flankierenden Feuilletons abgehandelt wurde, hießen *Neue Innerlichkeit* und *Neue Subjektivität* oder schlicht *Rückzug aus der Politik ins Private*. Doch diese Formeln verdecken, daß es sich um ein Phänomen mit verschiedenen Aspekten handelte. Ein Teil der deutschen Literatur hatte den politischen Aufbruch in eine andere Republik ohnehin nicht mitgemacht, und für einige der bekanntesten, auch politisch engagierten Schriftsteller wie Günter Grass und Siegfried Lenz stand eine Abkehr von ihren ausgewogenen Überzeugungen über das stets prekäre Verhältnis von Literatur und Politik ohnehin nicht zur Diskussion, so daß sie einer Tendenzwende nicht bedurften. Walter Jens, dem man ebenfalls nicht gut nachsagen kann, eine Tendenzwende zum Konservativen vollzogen zu haben – für ihn gilt eher das Gegenteil –, faßte die Situation der deutschen Literatur 1976 mit folgenden Worten zusammen: »Die Phase der Illusion ist vorbei: die Jahre, in denen nicht wenige glaubten, Literatur sei als Produktivkraft ein politischer Faktor und könne, statt den langen Weg übers Bewußtsein zu gehen, sich schnurstracks im Sein etablieren. Die Belehrung, daß sich mit Voluntarismus am Ende weder Politik noch Literatur machen läßt, jedenfalls keine gute, war schmerzhaft und nützlich.« (Republikanische Reden, Frankfurt/M. 1979, S. 69)

Doch neben dieser Tendenzwende in Gestalt einer Rückbesinnung auf die wahren und möglichen Aufgaben der Literatur, die im Überschwang der Politisierung bei nicht wenigen deutschen Literaten der jungen und mittleren Generation aus dem Gesichtskreis geraten waren, gab es im literarischen Leben der siebziger Jahre, das nach dem kundigen Urteil Reich-Ranickis überhaupt nicht auf einen einheitlichen Nenner gebracht werden kann, auch deutliche Bewegungen in Richtung auf eine mehr konservativ empfindende, ja geradezu neoromantische Literatur. Peter Handke, der schon auf dem Höhepunkt der Revolte verkündet hatte, daß ihn allein *seine* Wirklichkeit, die Wirklichkeit seiner Empfindungen und Erfahrungen interessiere, ging von der provozierenden »Publikumsbeschimpfung« Buch um Buch den Weg einer »Langsamen Heimkehr« nach innen, zum eigenen Ich, von dem er in typisch romantisierender Manier meinte, es vermöchte die ganze Welt zu umfassen und den Menschen ganz in sich zu enthalten. Zahlreiche Autoren der mittleren Generation, wie z. B. Christoph Meckel im lesenswerten »Suchbild – Bericht über meinen Vater«, drängten in die autobiographische Mitteilung und suchten in einer oft schonungslosen Enthüllung des eigenen und des verwandten Ich zu ergründen, wie und wo sie mit ihren Erfahrungen und Empfindungen in dieser Welt standen, und wie sie sich zu ihr verhielten.

Die neue literarische Tendenz, das Ich wieder in den Mittelpunkt zu rücken und das Private zum Angelpunkt der Welterfahrung zu machen, stand in krassem Gegensatz zu den gestanzten Formeln und Patentrezepten einer ideologischen oder soziologischen Welterklärung, mit denen man in der Phase der Politisierung operiert hatte. Sie konnte sich entweder völlig politikfrei äußern wie insbesondere bei Peter Handke, oder sie konnte sich auch in einem larmoyant ausgebreiteten Leiden des Ichs an den Verhältnissen zeigen, wie es für nicht wenige deutsche Schriftsteller charakteristisch wurde, die in der Achtundsechziger-Bewegung anpolitisiert worden waren und nun mit ihrem unsicher gewordenen Ich ins reine zu kommen suchten. Diese Kombination brachte, vor allem in der Dichtung, jene Mißlaunigkeit und Miesepetrigkeit hervor, hie und da auch eine veritable Endzeitstimmung, wie sie ganz allgemein für die intellektuelle Generation der Achtundsechziger typisch waren und bis heute in unserer Literatur wie im Geistesleben eine Rolle spielen. Michael Schneider spricht von einer »epidemisch um sich greifenden Bewußtseinsverdüsterung und Willenslähmung«, die sowohl von innen wie von außen gekommen wäre. Sie habe dazu geführt, daß die zu einer neuen Politik aufgebrochene Generation der Achtundsechziger ihr kollektives Versagen nach außen projiziert habe: »Auf den ›übermächtigen Staat‹ und dessen Repressionen, auf die wieder auftrumpfenden Alt- und Ex-Nazis im Lande, auf die Gulag-Kommunisten und andere linke Belzebuben.« (op.cit., S. 58) Die Literatur der siebziger Jahre und die Resolutionen der literarischen Verbände bieten Beispiele in Hülle und Fülle.

Die Tendenzwende in der deutschen Literatur ist ein unübersehbares Faktum, aber sie ist kein einheitlicher, sondern ein höchst vielschichtiger, z. T. widersprüchlicher Vorgang, weshalb auch die deutsche Literatur der Gegenwart ohne ein klar identifizierbares Profil ist. Gewiß, Literatur ist in einer freien Gesellschaft nie ein Einheitsbrei, denn sie ist immer das Werk von Einzelgängern, und sie bezieht ihre besten neuen Impulse meist von Außenseitern, aber es gibt doch oft genug charakteristische Dominanten und generationsspezifische Stile und Profile. Prägungen von der Art, wie sie die Gruppe 47 der deutschen Nachkriegsliteratur der fünfziger und sechziger Jahre vermittelt hat, sind heute jedoch nur schwer auszumachen. Weder ist die Politik von der Literatur völlig abgemeldet worden, wie sich derzeit an den intensiven Bemühungen einiger Schriftsteller und ihrer Verbände zeigt, die Friedensbewegung in beiden Teilen Deutschlands nicht allein zu lassen, noch hat die neoromantische Welle, die über den von Ernüchterung ausgelösten Rückzug auf das Ich hinaus am deutlichsten eine neokonservative Tendenzwende in unserer Literatur anzeigt, so viel an Kraft gewonnen, daß man in ihr schon das Profil einer neuen deutschen Gegenwartsliteratur zu sehen vermöchte. Es ist darum vielleicht nicht überraschend, daß seit einiger Zeit ein Schriftsteller und Dramatiker hoch im Kurs steht, in dem die romantisierenden und nostalgischen Tendenzen des Zeitgeistes mit einer außergewöhnlichen, in den Jahren davor erworbenen intellektuellen Fähigkeit zur kritischen Beobachtung und Diagnose seiner Umwelt zusammengehen und der zudem, was ihn erst zu einer bedeutenden literarischen Figur macht, einen ungewöhnlichen Sinn für das Ästhetische und die Sprache besitzt: Botho Strauß. Vielleicht ist er am ehesten, ungeachtet seiner unnachahmlichen Individualität, repräsentativ für den Teil seiner Generation, der ohne Scheuklappen, mit wachen Augen für die neuen Beschädigungen des Menschen, auf unsere wirren Zeitläufte zu blicken vermag.

4. Literarische Profile der Tendenzwende

Wenn die Tendenzwende in der Literatur sich weniger in einer breiten Strömung als in individueller Brechung bei den Schriftstellern selbst in ihren verschiedenartigen Facetten zeigt, dann empfiehlt es sich, sie an ausgewählten Autoren zu exemplifizieren und zu verdeutlichen. Ich beschränke mich bei den folgenden intellektuellen Porträts deutscher Schriftsteller auf drei Beispiele, die das Thema freilich nicht ausschöpfen können: Hans Magnus Enzensberger, Dieter Lattmann und Botho Strauß.

- Enzensberger, dieses hochtalentierte Chamäleon der deutschen Literatur, hat die verschiedenen Phasen der deutschen Literaturgeschichte von der Gruppe 47 bis zur Gegenwart exemplarisch durchlaufen und ist trotz seiner vehementen Politisierung seinem zuweilen irritierenden Genius nicht untreu geworden.
- Dieter Lattmann ist das Ausnahmebeispiel eines linken Literaten, der es eine Zeitlang mit der gewöhnlichen Politik versuchte und daran scheiterte.
- Botho Strauß schließlich ist dank seiner intelligenten Sensibilität die bisher kreativste und interessanteste Verkörperung einer Tendenzwende in der deutschen Literatur der Gegenwart.

Hans Magnus Enzensberger – Kapriolen eines Aufklärers

Der Dichter und Essayist Hans Magnus Enzensberger, 1929 geboren, kam schon früh zu dichterischem Ruhm und literarischen Ehren. Mit 33 Jahren erhielt er den Georg-Büchner-Preis, und wohlwollende Kritiker rückten ihn in die Nähe von Heinrich Heine und Bert Brecht. Er hatte sich in den fünfziger Jahren mit Gedichten und Essays in die deutsche Literatur eingeführt, in denen in einer völlig neuen Tonart und mit unnachsichtiger Schärfe den miefig-muffigen restaurativen Verhältnissen der Adenauer-Ära die Leviten gelesen wurden. Im Hintergrund seiner kritischen und arroganten Abrechnung mit den bundesrepublikanischen Gemeinplätzen schimmerte hie und da bereits ein neuer Glaube an die Macht der Utopie, an den Sinn und die Fälligkeit einer Revolution durch, worin die Stimmungslage der Studentenrevolte anklang und vorweggenommen war. Zwar wußte Enzensberger noch 1964 in seiner Büchner-Gedächtnisrede, daß Revolution in der Bundesrepublik kein Thema sei, und er widersprach sogar dem Glaubenssatz der deutschen Linksintellektuellen, daß wir es in der Bundesrepublik mit einer Restauration zu tun hätten – doch wenige Jahre später las man's total anders: Da behauptete Enzensberger in der gleichen Entschiedenheit und Schärfe, mit der er noch wenige Jahre zuvor geleugnet hatte, daß das politische System der Bundesrepublik auf Repression beruhe, dieses System sei irreparabel geworden, es müsse revolutioniert werden. Er wurde zum intellektuellen Agitator der Studentenrevolte, der alle politischen und theoretischen Gemeinplätze dieser kulturrevolutionären Bewegung in die glänzende Hülle seiner Sprachkunst einpackte, wodurch sie natürlich nicht richtiger, sondern nur verführerischer wurden: Er interpretierte die konkrete Verfassung der Bundesrepublik als einen sündhaften Abfall von ihren im Grundgesetz niedergelegten Prinzipien und behauptete die Existenz einer unüberbrückbaren Kluft zwischen Verfassung und Verfassungswirklichkeit; er forderte die bewußte Verletzung der Spielregeln der

Demokratie und rechtfertigte die Anwendung von Gegengewalt gegen die illegitime, nicht beim Volk verankerte Gewalt des Staatsapparates; er setzte der angeblich bloß formalen Demokratie der Bundesrepublik den Gedanken einer materialen Demokratie entgegen, die auf einer neuen, die reale Gleichheit aller Staatsbürger ermöglichenden ökonomischen Grundlage zu schaffen wäre; er erging sich in aberwitzigen utopischen Vorstellungen über den baldigen Aufbau einer Räterepublik in West-Berlin, kurz: er machte sich eine Zeitlang zum eloquenten Fürsprecher all jener – von einem liberalen Standpunkt aus – undemokratischen, in Denkkategorien totalitärer Bewegungen zurückfallenden politischen Gemeinplätze, mit denen die Studentenbewegung schwanger ging und die teilweise bis heute in den diversen Protestbewegungen fortwirken. Hier wurde ein Schriftsteller zum literarischen Bannerträger einer politischen Bewegung, die ihn faszinierte, weil sie erstarrte und dumpfe Verhältnisse, die ihm persönlich widerlich waren und sein ästhetisches Empfinden verletzten, in Bewegung zu bringen verhieß und die reale Hoffnung auf eine konkrete Utopie von einer besseren Welt in sich zu tragen schien.

Doch Enzensberger wäre nicht Enzensberger, wenn er der Faszination des Umsturzes ganz und gar erlegen wäre. Seine scharfe Beobachtungsgabe und sein im Geiste der Aufklärung geschulter kritischer Verstand blieben nicht lange immun gegenüber den dialektischen Umschlägen, die der revolutionäre Prozeß, sei es innerhalb der Studentenbewegung, sei es in Fidel Castros Kuba, wohin er sich 1969 aufmachte, im Gefolge hatte. So löste er sich nach und nach, ohne sich festlegen zu lassen, von den emphatisch verkündeten Positionen der sechziger Jahre, setzte seine politische Phantasie dem Test politischer Erfahrung aus und kam dabei zu Schlußfolgerungen, die ihn heute als einen Autor erscheinen lassen, der an sich selbst eine bemerkenswerte Tendenzwende vollzogen hat. Zwar behauptet Enzensberger heute, er sei sich in all den Jahren gleich geblieben, ihn hätten immer dieselben Obsessionen beschäftigt, und überhaupt hasse er es,

definiert und festgenagelt zu werden (vgl. Ulrich Greiner, Der Risiko-Spieler, in: DIE ZEIT, 25.2.1983), aber diese Kontinuität gilt allenfalls für seine künstlerische Sensibilität und für seine bewegliche Art, die Dinge zu sehen, nicht für die Inhalte seiner das Politische berührenden Werke. Im »Untergang der Titanic« schildert er in einem langen und schönen Gedicht den Untergang einer politischen Hoffnung, das Umschlagen der Euphorie in die Enttäuschung und Ernüchterung: »Damals dachten wir alle: Morgen wird es besser sein, und wenn nicht morgen, dann übermorgen... Alles wird anders sein. Ein wunderbares Gefühl... Ich erinnere mich, kaum zu glauben, keine zehn Jahre ist das jetzt her, an die sonderbar leichten Tage der Euphorie.« Und den Weggenossen von einst schrieb er ins »Kursbuch« (Nr. 52, 1978), das er selbst anfangs zum intellektuellen Wasserträger der Revolte gemacht hatte, sie sollten endlich zugeben, »was jeder Passant längst verstanden hat: daß es keinen Weltgeist gibt; daß wir die Gesetze der Geschichte nicht kennen;... daß die gesellschaftliche wie die natürliche Evolution kein Subjekt kennt und daß sie deshalb unvorhersehbar ist; daß wir mithin, wenn wir politisch handeln, nie das erreichen, was wir uns vorgesetzt haben, sondern etwas ganz anderes, das wir uns nicht einmal vorzustellen vermögen, und daß die Krise aller positiven Utopien hierin ihren Grund hat.«
In seinen bisher letzten essayistischen Texten, die er 1982 unter dem witzig-anspruchslosen Titel »Politische Brosamen« herausgebracht hat, könnte man sogar Ansätze einer konservativen Tendenzwende bei Enzensberger entdecken, denn in ihnen erschließt er nebst vielen anderen alt-neuen Einsichten die positiven Seiten der Normalität des Lebens und Tuns der kleinen Leute. Er sieht in ihnen, allen Unkenrufen der unsere intellektuelle Aufmerksamkeit fesselnden Außenseiter zum Trotz, eine defensive, haltende Kraft, der man mit Weltanschauungen und Ideologien nicht beikommen könne: »Die Angst vor der Zukunft ist nicht ihre Stärke. Sofern die Gattung fähig ist zu überleben, wird sie ihre Fortdauer vermutlich nicht irgendwelchen Außenseitern

verdanken, sondern ganz gewöhnlichen Leuten.« (S. 224) Enzensberger als Laudator der schweigenden Mehrheit!
Aber man täusche sich nicht. Für konservative Ganzheitsphilosophien und Tugendkataloge läßt sich dieser blitzgescheite Formulierungskünstler nicht vereinnahmen. Es scheint mir wichtig und der positiven Hervorhebung wert, daß er nach seinen manchmal verwirrenden Kapriolen der Vergangenheit, die sich durch den Rekurs auf ästhetische Kategorien wie Sprachkunst, Esprit und Scharfsinn in ihrer höchst problematischen politischen Relevanz nicht exkulpieren lassen, zu einer neuen Wertschätzung des Common sense und der Normalität gefunden hat. Enzensberger warnt in seinem programmatischen Essay über das »Ende der Konsequenz«, der seine jüngste Publikation eröffnet, vor dem *konsequenten Denken*, wie es uns eingebleut wird und sich in der Denkstruktur der modernen Ideologien und der neuen sozialen Bewegungen, die konsequent bis zum Weltuntergang denken, offenbart. »Vielleicht sollten wir es einmal mit folgender Maxime versuchen: Die gute Sache, jede gute Sache, wird falsch, sobald wir sie zu Ende denken.« (S. 19) Enzensberger legt nicht mehr gesteigerten Wert darauf, die Fragen des Menschseins abschließend zu klären. Der aufgeklärte Skeptiker, der er ist, mißtraut Ideologien nicht weniger als denen, die vom Ende der Ideologien reden; er verachtet das demokratische Gerede mit seinen Wucherungen, Platitüden und Prätentionen, das »Waten im Püree«, und weiß doch, daß wir uns damit abfinden und es geduldig über uns ergehen lassen müssen, weil es zu den Unkosten der demokratischen Zivilisation gehört, welche die einzige Zivilisation ist, die wir haben. Und er setzt nicht von ungefähr auf den Eigensinn in der Geschichte und damit auf etwas, was tief in ihm selbst steckt und ihn befähigt, wider den Stachel zu löcken, ohne sich dabei voll zu verausgaben.
Enzensbergers Tendenzwenden und Kapriolen sprechen nicht gerade für intellektuelle Stetigkeit und Verläßlichkeit und lassen ihn als ein flackerndes Licht kritischen Zeitgeistes erscheinen, doch mir scheint, daß seine inzwischen gewon-

nene Fähigkeit, die Widersprüche der Welt nicht nur zu sehen, sondern auch gelassener zu ertragen, ein gerade für die Zukunft notwendiges und humanes Korrektiv gegenüber den linearen Kategorien des Fortschrittsdenkens und seiner spiegelbildlichen Widersacher ist. »An den Leuten scheitert eben alles.« Diese Botschaft raunt er ins Ohr der zeitgenössischen Utopisten und Pessimisten, und er weiß, wovon er spricht.

Dieter Lattmann – kein Geist für die Macht

Der Schriftsteller Dieter Lattmann, Jahrgang 1926, hat sich in den sechziger Jahren nicht geringe Verdienste um die Gründung des deutschen Schriftstellerverbandes erworben, den er dann im Vorgriff auf eine der Linken vorschwebende Mediengewerkschaft in die Gewerkschaft Druck und Papier einbrachte. Über die Verbandspolitik kam er in die richtige Politik. Er wurde 1972 als Abgeordneter der SPD in Bayern in den Deutschen Bundestag gewählt und gehörte ihm für zwei Wahlperioden an. 1980 gab Dieter Lattmann seinen mehrjährigen Flirt mit der organisierten Politik ermattet und ernüchtert wieder auf. Die in seiner Person symbolisierte Versöhnung von Geist und Macht, zu der er sein Scherflein hatte beitragen wollen, hatte nicht recht funktioniert. Lattmann stand, wie aus seinen in zwei Büchern niedergelegten Impressionen und Reflexionen hervorgeht, immer von neuem vor der Wahl, sich der Maschinerie des politischen Tagesgeschäfts und seiner die Person zerstörenden Hektik zu unterwerfen oder den Gesinnungen und Verhaltensweisen eines linken deutschen Schriftstellers und Intellektuellen treu zu bleiben, ohne den für einen Parteipolitiker gleich welcher Couleur notwendigen Anpassungsprozeß an die Usancen der Politik zu vollziehen. Er versuchte beidem, so gut er es konnte, gerecht zu werden, um am Ende festzustellen, daß die Politik auf die Dauer seine Sache nicht ist und

daß er sich in seiner Haut wohler fühlt, wenn er wieder vorrangig seinen schriftstellerischen Neigungen nachgehen kann.
Lattmann ist kein Beispiel für eine Tendenzwende eines Schriftstellers – und schon gar nicht für eine Wende zu mehr konservativen Auffassungen –, sofern man nicht den Einstieg in die reguläre Politik und den ein knappes Jahrzehnt später vollzogenen Ausstieg aus der Politik als eine solche betrachtet, doch seine Erfahrungen mit der Politik scheinen mir typisch zu sein für ein Dilemma, das gerade in Deutschland eine lange Tradition hat und dem eine Tendenzwende zu wünschen wäre: für das gespannte und schiefe Verhältnis zwischen Geist und Macht.
Nach dieser Tradition, die sich auf die Ideen der Aufklärung und des freien Republikanismus beruft und für die in den Zeiten des kaiserlichen Obrigkeitsstaates und der Weimarer Republik der Schriftsteller Heinrich Mann exemplarisch stand – in der Bundesrepublik hat jetzt Walter Jens diese Rolle übernommen –, ist es die Aufgabe der Vertreter des Geistes, den man als Anwalt der Humanität, der Freiheit und der Demokratie versteht, den Repräsentanten und Inhabern der politischen Macht die geistigen und moralischen Leitlinien des politischen Handelns vorzugeben und auf ihre Einhaltung zu dringen. Im besten Fall kommt es zwischen Geist und Macht zu einer stets auf schwankendem Grund stehenden Versöhnung der beiden »Reiche«, wie z. B. in den Anfangsjahren der Ära Willy Brandt, im Regelfalle jedoch zu einem eher gespannten, kritischen Verhältnis, das sich aus der Verschiedenartigkeit der beiden Sphären, ihrer jeweiligen Spielregeln und gesellschaftlichen Aufgaben ergibt. Die Sache hat ihre gute, wenn auch nicht spannungsfreie Ordnung, wenn die Schriftsteller und Intellektuellen ihre geistige Verantwortung, die es ihnen auferlegt, kritisch und der Wahrheit verpflichtet zu sein, nicht im falschen Geiste der Anmaßung gebrauchen, wie sie die unter ihnen geläufige Höhereinschätzung des Geistes im Vergleich zur Macht leicht nahelegt, und wenn umgekehrt die Politiker

bereit sind, sich der intellektuellen Kritik zu stellen und sie nicht einfach für einen ihre Kreise störenden und darum ärgerlichen Störfaktor zu halten, dem sie am liebsten einen Maulkorb verpassen möchten, wenn sie das könnten. Die Versuchung dazu ist nicht gering, und man ist ihr des öfteren erlegen.

Dieter Lattmann hatte die seltene Chance, vor dem Hintergrund seiner bisherigen Erfahrung als Schriftsteller nun auch das ganz andere Medium, die Macht, von innen her kennenzulernen. Liest man seine Berichte über seine Bonner Erfahrungen, vor allem seine nach seinem Auszug aus dem Bundestag veröffentlichten Aufzeichnungen mit dem aufschlußreichen Titel »Die lieblose Republik«, so kann man sich jedoch des Eindrucks nicht erwehren, daß er diese große Chance, einem literarischen Publikum die Eigentümlichkeiten und Probleme des politischen Prozesses in einer parlamentarischen Demokratie zu erklären und zu verdeutlichen, nur unbefriedigend genutzt und wenig dazugelernt hat. Da ist der alte Jammer darüber, daß wir keine richtige Demokratie wären, das alte Unverständnis des angeblich freien Mandats in einer Parteidemokratie, dem es nicht eingehen will, daß es die primäre Aufgabe einer Regierungsfraktion ist, die von ihr gestellte Regierung zu stützen; da ist die alte Klage über das Mißverhältnis zwischen Macht und Geist, die am Ende dazu führt, daß dieser Schriftsteller sich des Zipfelchens seiner Macht freiwillig begibt, um hernach wieder in bewährter Manier über die Ohnmacht des Geistes gegenüber der Macht klagen zu können; da ist schließlich der alte Konflikt zwischen individueller Gesinnung und politisch geforderter Anpassung, der Lattmann zu den bekannten Formeln Zuflucht nehmen läßt, daß man sich »im Räderwerk des politischen Getriebes« zwangsläufig »schmutzige Hände« hole, und dergleichen mehr aus dem verstaubten Waffenarsenal des Geistes gegen die Macht.

Anstatt das in der Geist-gegen-Macht-Thematik enthaltene Vorurteil zugunsten des Geistes aufgrund seiner politischen Erfahrungen kritisch zu reflektieren, unterstützt Lattmann es gerade und enthüllt damit unfreiwillig, daß sein Geist die Politik und die in ihr herrschenden Gesetzlichkeiten und Mechanismen nicht wirklich von innen heraus verstanden hat, was gleichwohl nicht heißt, daß er sie unkritisch gutheißen müßte. So hat er leider die Chance vertan, beiden Seiten in diesem Spannungsverhältnis einigermaßen gerecht zu werden und auf diesem Wege zu einem für beide hilfreichen Verständigungsprozeß beizutragen. Er perpetuiert unnötigerweise den falschen Konflikt zwischen Macht und Geist, weil er die traditionelle Position des Geistes allzu konsequent beibehält. Am Ende kann Lattmann eben nichts anderes als eine »schier unüberbrückbare Kluft« zwischen Schriftstellern und Politikern in der Bundesrepublik konstatieren. Das sagte der literarische Sozialdemokrat im Wahljahr 1980. Was kann er da heute, 1983, überhaupt noch drauflegen?

In seinem ersten Bericht über »Die Einsamkeit des Politikers« war Lattmann nicht ohne ein gewisses Verständnis für die Eigenheiten des politischen und parlamentarischen Betriebs, auch wenn er ihm gefühlsmäßig fremd blieb, aber als er beschlossen hatte, von der parlamentarischen Bühne abzutreten, ließ er seinen unpolitischen, eher ästhetisch motivierten Vorbehalten gegenüber dem »politischen Getriebe« wieder freien Lauf und fühlte sich im Dunstkreis der neuen Bewegungen heimischer als in dem einengenden Pferch konventioneller Parteipolitik.

Dieter Lattmanns Erfahrungen mit der Politik sind einerseits eine Bestätigung dafür, daß es dem unabhängigen und freien Geist stets schwerfallen wird, sich mit den Spielregeln und Gepflogenheiten der gewöhnlichen Politik abzufinden und zu arrangieren, andererseits bezeugen sie auch, daß die Politik es ihrerseits nicht recht vermag, mit unabhängigen Geistern gut zurechtzukommen. Lattmann hat diesen Konflikt für sich selbst nicht befriedigend zu lösen vermocht und sich am Ende wieder auf eine gegen die Politik moralisierende Position zurückgezogen. Sein Rückzug ist der Ausdruck eines individuellen Scheiterns der erstrebten Verbindung von

Geist und Macht, aber dessen Ursachen liegen ebensosehr in den besonderen Ansprüchen des Geistes wie in den besonderen Umständen des Machtgebrauchs. Lattmanns Erfahrungen bestätigen, daß die übliche Konfrontation von Geist und Macht dem Problem des Politischen nicht wirklich gerecht wird.

Dieter Lattmann hätte durch sein zeitweiliges Mitarbeiten in der organisierten Parteipolitik daran mithelfen können, in dem falsch konzipierten und gleichwohl immer wieder neu aufgewärmten Konflikt zwischen Geist und Macht eine Tendenzwende herbeizuführen. Seine Haltung ist typisch für einen gewichtigen Teil der sich öffentlich engagierenden Schriftsteller in der Bundesrepublik. Kein geringerer als Günter Grass, der sich seinen mühsamen Umgang mit der Politik, die sich nur im Schneckengang fortbewegt, hat sauer werden lassen, hat diese moralistische Attitüde vieler seiner Kollegen schon 1965 in seiner Georg-Büchner-Rede treffend karikiert und verurteilt: »So klopfen sie ihre tollkühnen Sprüche und besingen in windstillen Reservaten jeweils nach Anfrage: Die Freiheit des Geistes, die Unabhängigkeit der Intellektuellen und die Schwierigkeiten beim Schreiben der Wahrheit... Seht, das Gewissen der Nation! Es kannte keine Kompromisse und ließ sich nicht mit dem Mittelmaß ein. Trotz aller Verlockung stieg es nie zum Volk herab, sondern blieb immer hübsch säuberlich unter sich – und lobte den Frieden und verdammte die Atombombe.« (Zit. nach: H. L. Müller, Die literarische Republik, Weinheim 1982, S. 210) Hier wäre es in der Tat allmählich Zeit für eine Wende!

Botho Strauß – der unnachsichtige Physiognomiker dieser Zeit

Der Dramatiker und Erzähler Botho Strauß, 1944 geboren, gilt als eine bemerkenswerte, künstlerisch hochsensible und begabte Neuerscheinung der deutschen Literatur der Gegenwart. Mit seinen Werken: der erzählenden Prosa »Die Widmung« und »Rumor«, mehr noch in seinen erfolgreichen Theaterstücken, insbesondere »Groß und Klein« und zuletzt »Kalldewey Farce«, vor allem aber in seinem 1981 unter dem Titel »Paare, Passanten« erschienenen Band mit kleinen Prosastücken, in denen höchst genaue Beobachtungen zeitgenössischer Verhaltensweisen sich abwechseln mit zumeist knappen, sprachlich ziselierten Reflexionen und gelegentlichen Eruptionen über unser beschädigtes Leben, ist er ein herausragender und singulärer Repräsentant einer Tendenzwende in der deutschen Literatur. Er ist dies freilich auf eine unnachahmliche Art, nicht im Sinne eines Trendsetters oder Vorreiters wie vielleicht Peter Handke, sondern in einer einzigartigen Mischung aus kritischem Bewußtsein und teilweise wütendem Aufbegehren gegen seine einstweilige Faszination durch dieses Bewußtsein und die überall wahrnehmbaren menschlichen Folgen des bloß »kritischen Durchblicks«. Nicht von ungefähr ist keine Bemerkung aus »Paare, Passanten« häufiger zitiert und umfänglicher kommentiert worden als seine zwischen Klammern gesetzte Absage an das dialektische Denken der Kritischen Theorie: »(Ohne Dialektik denken wir auf Anhieb dümmer, aber es muß sein: ohne sie!)« Die linke Kritik witterte darin ein Sakrileg, zumal sie in Strauß' Text vergeblich nach einleuchtenden Erklärungen dafür suchte, wieso man denn ohne Dialektik zunächst dümmer denke, und fragte süffisant, was für einen vernünftigen Sinn es denn haben könne, lieber mit der Dummheit als mit der Dialektik geschlagen zu sein, doch die bürgerlich-liberale bis konservative Literaturkritik, allen voran Joachim Kaiser, sah gerade in dieser Einsicht das Ereignis des Neuen, ja, im Erscheinen dieses Buches ein historisches Datum der deutschen Literatur. Botho Strauß, so Kaiser, greife über das diskursiv-dialektische Denken der Frankfurter Schule weit hinaus, begebe sich aber zugleich zurück in eine Zeit, in der dieses Denken noch nicht selbstverständlich war (SZ, 14.10.1981).

Was macht Botho Strauß zu einem Dichter der Tendenzwende bzw. zu einer literarischen Erscheinung, die weit darüber hinausreicht? Weil es sich bei ihm in der Tat um mehr handelt als nur um eine neokonservative Reaktion auf die, wie J. Kaiser sie nennt, »dogmatisch-barbarischen Übertriebenheiten« der Kulturrevolution mit ihrer Verachtung der klassischen bürgerlichen Literatur und Kunst.

Zum einen handelt es sich um eine Literatur, aus der »das Prinzip Hoffnung«, welches für die Generation der Achtundsechziger so viel bedeutete, auch wenn daraus keine zu Hoffnungen berechtigende schöne Literatur wurde, verbannt ist. Strauß ist in den Worten des linken Schriftstellers Michael Schneider »ein Meister des Schwanengesangs, ein virtuoser Darsteller des Unheimlichen, schwermütiger Chronist jenes namenlosen Entsetzens, von dem immer mehr Zeitgenossen heute ergriffen werden« (Den Kopf verkehrt aufgesetzt, Neuwied 1981, S. 234). Dieser sieht in ihm den Repräsentanten einer Ästhetik, die sich in einer mit Ironie und Schrecken gepaarten Lust an gesellschaftlichen Verfallsprozessen ergötze. Diese Verfallsästhetik sei charakteristisch für die gegenwärtige Phase unserer kulturellen Entwicklung, in der die konservativen Kräfte nicht mehr in der Lage wären, ihre eigenen Werte, seien sie alt- oder neukonservativ, glaubwürdig zu vertreten, während die progressiven Kräfte der Gesellschaft zu schwach und demoralisiert wären, »dem sich ausbreitenden Klima von Verfall und Hoffnungslosigkeit einen wirksamen politischen und kulturellen Widerstand« entgegenzusetzen.

Zum anderen, und dies erklärt den morbiden Reiz seiner eher desolat und hoffnungslos wirkenden Stücke, sind die Figuren, die er auf die Bühne stellt, die Beobachtungen, die er macht und in seiner ebenso sicheren wie unkonventionellen Sprache festhält, aus der Erfahrung im Umgang mit eben jener Generation geboren, die auszog, »das moderne Deutschland« zu bauen und den »Muff von tausend Jahren« hinwegzublasen. Nicht der deutsche Spießer im plüschigen Wohnzimmer und in seinen von unserer Literatur oft verhöhnten Inkarnationen als biederer Politiker oder als smarter Geschäftsmann oder als Lieschen Müller steht im Brennpunkt seiner Beobachtungen und geht durch seine offenen Bühnenräume, sondern Menschen mit dem »kalten und ausgezehrten Vokabular des kritischen Durchblicks«, jene »unzähligen verzweifelten Identitätssucher, die darum ringen, zu sich selbst zu kommen«, oder die nach »immer mehr Aufklärung dürstenden« modernen Ehepaare, denen die »permanente Diskussion« am liebsten ist, »um sich vor Glück, Unglück und anderen Unbegreiflichkeiten zu schützen«. Der Text fährt fort: »Gute moderne Zweierbeziehung. Sie gehen lässig und freundlich miteinander um, ohne Übertreibungen, ohne Flamme. Das ›sogenannte Irrationale‹ wird mit eben dieser Floskel angepackt und unter Kontrolle gehalten. Ihre Einstellung zu Beruf und Pflichten ist, soweit eben möglich, lustbetont.« (Paare, Passanten, München 1981, S. 25) Es ist dieser sichere Blick für die Beschädigungen und Verluste, die ein durch den vulgären Geist der Aufklärung hindurchgegangener Mensch erleidet, der Strauß' Beobachtungen der modernsten Zeitgenossen so zeitgerecht, die Figuren seiner Stücke, obwohl sie keine realistischen Abziehbilder sind, so zeitcharakteristisch erscheinen läßt. Im Werk von Botho Strauß zeigt sich »die Physiognomie dieser Zeit« (W. Martin Lüdke).

Botho Strauß ist weniger ein Schriftsteller der Tendenzwende, weil er mit konservativen Werten wie Heimat und Rangordnung umgeht – das tut er in aller Behutsamkeit zwar auch – und im »naßforschen« Gehabe und Getue des aufgeklärten Kulturbetriebs nur ein »freches Durcheinander« sehen mag, sondern weil er die menschlichen Verkümmerungen und Verbiegungen, die auch hinter dem »Projekt der Moderne« lauern, dem seine Figuren sich in der einen oder anderen Weise, die gerade anliegt, verschrieben haben, wie kein anderer erkennt und ins Wort zu setzen bzw. in die Gestalt zu bringen vermag. Wie unglaublich treffend ist zum Beispiel die Beobachtung eines Mädchens, das nach dem abendlichen Trimmen im Fitness-Raum die Treppe hinaufläuft: »Kein Blick, kein Gruß, kein Zögern... nur der eilige Aufstieg eines ebenso biestigen wie duldsamen, eines so geschäftigen wie gleichgültigen, so unberührbaren wie verbrauchsintensiven Narzißmus; dies mit fleischlichem Schmuck versehene Trainingsgerät, dies verkörperte Desinteresse, diese Wiederaufbereitungsanlage einer sterilen Anmut, dies Markenerzeugnis aus unseren Jahrzehnten der Verwöhnung, dieser schicke, allgegenwärtige Typ der sportlich Teilnahmslosen...« (S. 86)

Der unnachsichtige Blick des Botho Strauß auf die Orientierungslosigkeit, die intellektuelle Kraftmeierei, die substanzlose, permanente Diskutiererei samt den dazugehörigen Gebärden und Prätentionen auch bei den angeblich Aufgeklärtesten, Modernsten, Arriviertesten dieser Gesellschaft, das ist es, was ihn zu einem Schriftsteller der Tendenzwende macht. Das ist nicht nur ein wirklich neues, schier unerschöpfliches, wenn auch bedrückendes Thema, sondern immer auch eine Abrechnung mit dem Geist des Aufbruchs und der substanzlosen Modernität, der seit den sechziger Jahren über die Bundesrepublik hinwegging und in Verbindung mit den großen Modernisierungsschüben der wissenschaftlich-technischen Zivilisation die Menschen zu glatt geriebenen, vereinsamten Trümmerstücken der modernen Ära gemacht hat. Sie quatschen schnippisch ordinär oder routiniert hochgeistig herum und harren der Wiederkunft von Kalldewey, obwohl sie wissen, daß er ein Miststück ist...

In den Aufzeichnungen von Botho Strauß zeigt sich nur zaghaft und fast verschämt die Sehnsucht nach einem anderen, weniger beschädigten Leben, denn er weiß, daß dies nicht einfach zu haben ist. So widersteht er der Versuchung der Romantisierung und läßt nur ganz gelegentlich einer gewissen Neigung zum Irrationalismus, die mit einer Abwehr alles Politischen einhergeht, die Zügel schießen. Er verspricht uns nicht, bessere Antworten für ein richtigeres Leben zu besitzen als das, welches er in dieser Zeit so keß und zugleich so erbärmlich vorfindet. Seine Texte, die die Befindlichkeit des modernen Menschen gerade in seinen avantgardistischen Lebensäußerungen zum Thema machen, sind

vielmehr ein Zeichen für die Ausweglosigkeit des Lebens, wie wir es führen. Er schreibt: »Für den Einzelnen gibt es ringsum nur den Abgrund (auch den der aggressiven Selbsttäuschung, daß es anders sei). Es bleibt gar nichts übrig, als auch noch den albernsten Schund des Gesellschaftlichen mitzutragen... Und doch: wie möchte man sich immer mehr von diesen Menschen der Stunde, den ganz und gar Heutigen, unterscheiden. Wie wenig könnte es befriedigen, nur und ausschließlich der Typ von heute zu sein... Die Leidenschaft, das Leben selbst, braucht Rückgriffe (mehr noch als Antizipation) umd sammelt Kräfte aus Reichen, die vergangen sind, aus geschichtlichem Gedächtnis. Doch woher nehmen?...« (S. 26)
Botho Strauß weiß es nicht, und er kann es nicht wissen, weil es für uns Heutige dieses sichere Wissen anscheinend nicht gibt, wenn man sich nichts vormacht. »Es ist also wohl richtig, daß wir zuletzt zwischen Aufstand und Versenkung, zwischen West und Ost, zwischen Leid und Leere immer schwanken werden und niemals eine eindeutige Wahl treffen können, ohne uns zu beschädigen.« (S. 191)
Botho Strauß, der Dichter in und nach der Tendenzwende, hat keine stärkende Botschaft, aber er hat, was vielleicht mehr ist, ein empfindsames Bewußtsein für das Dilemma des modernen Menschen. Und er sagt uns immerhin, daß es auch nach den ernüchternden Erfahrungen mit den menschlichen Gebrechen im »Projekt der Moderne« darauf ankommt, »durchzukommen, ohne dabei seinen Verstand und seine Selbstachtung zu verlieren«.

V
Von der Utopie in die Enttäuschung

1. Die Dialektik von Euphorie und Enttäuschung

Einige der geistigen und politischen Vorgänge, die für die vergangenen fünfzehn Jahre in der Bundesrepublik besonders bezeichnend waren, lassen sich am besten deuten, wenn man die psychologische Kategorie der Enttäuschung zu Hilfe nimmt und ihr eine politische Dimension zuschreibt. Enttäuschung ist die natürliche Folge übertriebener Hoffnungen und Erwartungen. Je stärker und je unerschütterlicher Erwartungen gehegt werden, desto unausbleiblicher ist die nachfolgende Enttäuschung, wenn die so fest geglaubten Erwartungen sich nicht erfüllen. Folgt man dem Bonmot des großen irischen Schriftstellers George Bernard Shaw, der einmal sagte, das Leben könne sich in doppelter Weise tragisch zeigen, indem es einerseits unsere Wünsche nicht erfülle, andererseits dadurch, daß es sie erfülle, dann ist auch der Erfolg oft nur ein scheinbarer und wird zur Quelle neuer Enttäuschungen. Mit anderen Worten: Auch das Erreichen eines hartnäckig verfolgten Zieles kann sich unter Umständen als enttäuschend herausstellen. Die Erfüllung wird als Enttäuschung erlebt, weil sie nicht das gebracht, was man sich von ihr erwartet hat. Die Sache, für die man eingetreten ist, erweist sich in der Stunde des Erfolgs und erst recht danach als weniger begehrenswert, als man angenommen hatte. So bringt nicht nur, was natürlich ist, das Nichterreichen des angestrebten Zieles Enttäuschung hervor, auch das äußerlich

erreichte Ziel kann aufgrund der dann gemachten Erfahrungen neue Enttäuschung verursachen.
Die Kategorie der Enttäuschung gehört zur Psychologie des Menschen und umschreibt einen Tatbestand, der mit der Natur des Menschen, der in ihm angelegten Möglichkeit des Scheiterns gegeben ist. Doch über das individuelle Problem, daß der Mensch in seinen persönlich gehegten Hoffnungen und Erwartungen enttäuscht werden kann, hinaus, gibt es eine Reihe von Gründen für die Annahme, daß Enttäuschung ein soziales Phänomen ist und daß sie zu einem für die Struktur der modernen kapitalistischen Gesellschaft und ihrer demokratischen Organisation besonders bedeutsamen Faktor geworden ist; die Enttäuschung ist gewissermaßen in das System eingebaut und erzeugt Wirkungen, die für die demokratische Politik und das Engagement des Bürgers in der Politik von weitreichender Bedeutung sein können. Es erscheint mir darum sinnvoll, einige der politischen Entwicklungen der letzten Jahre in einer Perspektive zu untersuchen, die durch das Spannungsfeld von Erwartungen und Enttäuschungen markiert wird. (Einige Hinweise verdanke ich dem neuen Buch des amerikanischen Sozialwissenschaftlers Albert O. Hirschmann, Shifting Involvements, Princeton University Press, 1982.)

Wirtschaftliche Enttäuschungen

Die Kategorie der Enttäuschung vermag sowohl einige Eigentümlichkeiten des wirtschaftlichen Verhaltens in modernen Industriegesellschaften wie auch des öffentlichen, politischen Verhaltens in der heutigen Demokratie zu erklären. Obwohl die Kategorie der Enttäuschung eine, wie ich bereits betonte, universale, mit dem Wesen des Menschseins gegebene Situation umschreibt, gibt es wirtschaftliche und politische Konstellationen, in denen sie besonders stark zur Wirkung kommt. So scheint es erwiesen, daß Zeiten des

Mangels und der Entbehrung enttäuschungsfreiere Zeiten sind als solche, in denen ein gewisser Überfluß herrscht. Zwar weckt die Erfahrung wirtschaftlicher Not natürlich den Wunsch nach besseren Zeiten, aber die Alltagserfahrung selbst sorgt beständig dafür, daß der Wunsch auf ein besseres Leben sich nicht zu einer festen Erwartung verdichtet, an die man glaubt und die man für realistisch hält. Konkrete Daseinserleichterungen werden in einer Zeit des Mangels und der Entbehrung eher als angenehme Überraschung empfunden; darum kann sich das Gefühl der Enttäuschung nicht breitmachen, wenn sie nicht eintreten. Anders verhält es sich in einer Gesellschaft wachsenden Wohlstands, sie ist anscheinend besonders enttäuschungsproduktiv.

Nicht ohne Grund hat man in den Interpretationen über den gegenwärtigen Konflikt zwischen der älteren, noch durch Krieg und Nachkriegszeit geprägten Generation und der jungen, die in ständig zunehmendem materiellem Wohlstand aufgewachsen ist und Zeiten der Not nicht mehr an sich erfahren hat, auf diesen wesentlichen Unterschied in der historischen Lebenserfahrung der Generationen hingewiesen. Man hat die subjektive Unzufriedenheit und Ungehaltenheit der Jugend über die bestehenden, objektiv besseren Verhältnisse damit erklärt, daß sie wirklich schlechte Zeiten nie kennengelernt habe und darum auch nicht recht zu schätzen wüßte, daß es ihr materiell so gut gehe.

Hinzu kommt, daß die kapitalistisch fundierte Industriegesellschaft, zumal in Zeiten stetigen oder gar außergewöhnlichen Wachstums, wie es für die fünfziger und sechziger Jahre typisch war, eine expansive Struktur besitzt, die systematisch die Erwartung auf kontinuierliche Verbesserungen der materiellen Bedürfnisbefriedigung weckt. Sie ist in der paradoxen Lage, bei steigendem allgemeinem Wohlstand zwei verschiedenartige Enttäuschungserfahrungen quasi zwangsläufig zu produzieren:

1. die Enttäuschung über das Ausbleiben des subjektiv erwarteten, durch politische und sonstige Werbung suggerierten Anstiegs der materiellen Lebensqualität,

2. die Enttäuschung über das Ausbleiben der Befriedigung von Bedürfnissen, die von materiellen Leistungen weitgehend unabhängig sind.

Beide Enttäuschungen laufen oft parallel und werden, obwohl sie scheinbar in Widerspruch zueinander stehen, vielfach gleichzeitig empfunden und ausagiert. Die Enttäuschung über die menschliche Unzulänglichkeit rein materieller und quantitativer Formen der Bedürfnisbefriedigung müßte eigentlich eine Situation willkommen heißen, in der das Wirtschaftswachstum auf Null oder gar ins Minus tendiert; in Wirklichkeit werden jedoch die Folgen eines wirtschaftlichen Abschwungs, wie wir sie in den letzten Jahren in sehr gemäßigter Form in der Bundesrepublik kennengelernt haben, nämlich die Reduktion konsumptiver Sozialausgaben und die Drosselung staatlicher Leistungen für nicht-produktive Aufgaben, sofort als eine gravierende Beeinträchtigung der sozialen Lebensqualität empfunden und entsprechend verurteilt. Ob das Wachstum zunimmt oder abnimmt, Enttäuschung ist allemal die Folge. Im Falle der ungehemmten wirtschaftlichen Expansion verbindet sie sich mit einem verständlichen Affekt gegen eine rein materielle Daseinsorientierung, im Falle konjunktureller Schwächung mit einer Kritik an der Notwendigkeit, den Gürtel etwas enger zu schnallen. Entweder gilt der Gürtel als zu weit oder als zu eng; kaum daß jemand im wachstumsorientierten Wohlfahrtsstaat je den Eindruck hätte, er sitze angemessen.

Im übrigen darf man nicht übersehen, daß die moderne Konsumkultur, die durch eine umfassende Werbung ein immer neues Interesse für immer neue Güter und Dienstleistungen zu wecken sucht, Enttäuschungen am laufenden Band produziert. Nicht nur stehen die Versprechungen der modernen Konsumgüterwerbung in einem nur selten zu überbrückenden Mißverhältnis zu der Befriedigung, die ihr Erwerb tatsächlich dem einzelnen zu vermitteln vermag, auch die massenhafte Teilhabe an den Konsumgütern mindert zwangsläufig deren Wert und produziert dadurch Enttäuschungseffekte. Wenn Güter und Leistungen, die bislang einer privilegierten Schicht vorbehalten waren, zu Massenartikeln werden, an denen potentiell alle teilhaben können, verlieren sie notwendigerweise ihren privilegierten Charakter und bringen dem neuen Besitzer nicht unbedingt die erhoffte Befriedigung, sondern eher die Enttäuschung, nur das zu haben, was die meisten anderen auch haben. Solche Effekte haben sich bei der Expansion des Bildungswesens ebenso gezeigt wie bei der oft beklagten nachlassenden Leistungsbereitschaft in der modernen Arbeitswelt, die u. a. damit erklärt werden kann, daß im modernen Sozialstaat der Anreiz, sich durch eigene Leistungen zu profilieren, tendenziell geschwächt wird, weil das darin enthaltene Befriedigungspotential abnimmt.

Dank der außerordentlichen Erfolge der modernen Industriegesellschaft hat eine allmähliche, sich noch immer weiter vollziehende Verlagerung des Schwerpunkts der gesellschaftlichen Betätigung von den Bereichen der Produktion auf den Sektor der Dienstleistungen stattgefunden, für die Soziologen Begriffe wie Dienstklassengesellschaft (Dahrendorf) oder Postindustrielle Gesellschaft (Bell) geprägt haben, die heute in aller Munde sind. Obwohl natürlich auch mit dem Erwerb von Konsumgütern wie Nahrungsmitteln, Kleidung und Wohnung Enttäuschungen verbunden sein können, ist das Enttäuschungspotential bei Dienstleistungen wie z. B. Schulen, Verkehrssystemen, öffentlichen Diensten aller Art ungleich größer als bei direkt konsumierbaren Gütern. Die Entwicklung zur postindustriellen Gesellschaft ist also gerade durch die Umschichtung der Bedürfnisse zugunsten von Leistungen, die über die Befriedigung der elementaren Lebensbedürfnisse hinausgehen, von einem anwachsenden Enttäuschungspotential begleitet. Da letzten Endes der Steuerzahler für all diese Leistungen aufzukommen hat, deren guten Sinn er als einzelner oft nur mehr mit Mühe einsehen kann, wachsen tendenziell der Unmut und die Enttäuschung über einen Staat, der dem Bürger immer mehr aus der Tasche zieht, ohne dem einzelnen überzeugend glaub-

haft machen zu können, daß dieses Geld auch sinnvoll verwendet würde. Auch besteht für den individuellen Bürger kaum eine direkte Einwirkungsmöglichkeit auf die Verwaltung sozialer Leistungen, da die großen Bürokratien ihren eigenen Gesetzen und Gewichten unterworfen sind, gegen die der einzelne so gut wie nichts auszurichten vermag.
So produziert gerade die erfolgreiche Industriegesellschaft, die zur Hebung des allgemeinen Wohlstands führt, aus ihrer eigenen Dynamik heraus einige der Enttäuschungen, die sie eigentlich hatte überflüssig machen wollen. Mehr Wohlstand schafft nicht mehr Zufriedenheit, eher das Gegenteil, und sicherlich auch nicht mehr individuelles und kollektives Glück; mehr noch: Er wirkt sich dahingehend aus, daß die Motive und angewöhnten Verhaltensmuster, denen der Wohlstand sich ursprünglich verdankt, sich aufzulösen beginnen, weil die damit verbundenen Erwartungen zu häufig in Enttäuschung umschlagen.
Damit ergibt sich eine mögliche Verbindung zwischen wirtschaftlicher Unzufriedenheit und politischer Aktivität. Die erlittenen Enttäuschungserfahrungen über die unzureichende Befriedigung der angestrebten Bedürfnisse können zu einem intensiveren öffentlichen Engagement führen mit dem Ziel, das Enttäuschungspotential durch eine Veränderung der Gesellschaft, durch ihre Reform oder gar durch ihre Revolution, grundsätzlich zu verringern, wenn nicht gar überhaupt zu beseitigen. Es sind die wirtschaftlich eher guten Zeiten, in denen sich die psychologischen Veränderungen anbahnen, die dann, beim Eintreten objektiv schlechterer Bedingungen, neue politische Konstellationen hervorbringen können, die einer Politik der Kontinuität massiv entgegenwirken.

Politische Enttäuschungen

Unter den Bedingungen einer Wohlstandsgesellschaft ist das ins System eingebaute Enttäuschungspotential größer als in einer Mangelsituation, und zwar vor allem bei den sozialen Gruppen, die als sogenannte Aufsteiger ihren Lebensstandard deutlich verbessern können. Die Enttäuschung über nicht eingelöste Erwartungen, die durch die Versprechungen wirtschaftlicher Werbung und auch der den Wähler umwerbenden Politik den Konsumenten dauerhaft suggeriert worden sind, setzt sich im Rahmen der Demokratie vielfach um in engagierte Bemühungen um eine Veränderung zugunsten einer Politik, die diesen Teufelskreis durchbrechen könnte. Enttäuschungen über die gesellschaftliche Entwicklung bringen Aktivitäten der Enttäuschten hervor, die darauf gerichtet sind, durch eine Veränderung von Wirtschaft und Gesellschaft eine Entwicklung einzuleiten, in der es Enttäuschungen nicht mehr geben wird, weil die angestrebte neue Ordnung angeblich die Probleme alle gelöst hat, die heute immer wieder Enttäuschungen produzieren. Herbert Marcuses Theorie ist dafür ein gutes Beispiel: Seine Kritik des »eindimensionalen Menschen« traf die von der Entwicklung der industriellen Zivilisation Enttäuschten an einem empfindlichen Nerv. Mit der Utopie einer gerechten und brüderlichen Gesellschaft im Überfluß bot er zugleich einen hoffnungsvollen Ausblick auf eine enttäuschungsfreie humane Gesellschaftsordnung der nahen Zukunft.

Die Vorstellungen über die notwendigen gesellschaftlichen Veränderungen orientieren sich in aller Regel an einem durch die Erfahrung der Enttäuschung plausibel erscheinenden Negativ-Bild der bestehenden Ordnung, der einfach ein Gegenmodell, das man für eine »konkrete Utopie« ausgibt, obwohl viel Konkretes an ihr nicht ist, gegenübergestellt wird. Aus einer Gesellschaft der Ungleichheit und Ungerechtigkeit, als welche die gegenwärtige gesehen wird, soll eine Ordnung der Gleichheit und Gerechtigkeit hervorgehen; aus einer Wirtschaftsordnung der Konkurrenz und

Ausbeutung ein System des friedlichen und harmonischen Miteinanderlebens und der allseitigen Befriedigung der Bedürfnisse. Gerade weil die meisten Veränderungsbemühungen sich an einem utopischen Ziel ausrichten, nämlich dem positiv interpretierten Gegensatz zu einem als besonders negativ eingeschätzten Wesensmerkmal der bestehenden Ordnung, ist wiederum Enttäuschung die fast unausbleibliche Folge eines aktiven, auf Gesellschaftsveränderung gerichteten politischen Engagements. Denn selbst wenn es gelingt, die bestehende Ordnung in Richtung auf die utopische Zielsetzung ein wenig zu verändern, so ist doch das erzielte Ergebnis in aller Regel weit von den durch die Utopie gesetzten Erwartungen entfernt. Die erreichte Veränderung wird darum nicht, wie es eigentlich angemessen wäre, als ein relativer Fortschritt verbucht, sondern eher als ein Scheitern empfunden, das dann die Enttäuschung notwendig nach sich zieht. Das Problem liegt darin, daß in aller Regel der totale Gegensatz zur bestehenden, als schlecht und kritikwürdig empfundenen Situation angestrebt wird, nicht so sehr eine Linderung und Milderung der konstatierten Mißstände. Es ist die immer wieder auftretende Utopie totaler Veränderung, die die politische Enttäuschung hervorruft und den Umschlag in die Resignation oder in eine völlig absurde Strategie, etwa den Terrorismus, zur Folge hat.

Das politische Engagement zugunsten eines Gegenmodells zur bestehenden Gesellschaft rechnet oft zu wenig mit den Widerständen der am Status quo interessierten Machtgruppen, auf die es notwendigerweise stoßen muß. Es sieht in den vielleicht möglichen Kompromissen, die sich erzielen lassen, keine relativen Erfolge, sondern Halbheiten, die nicht viel befriedigender sind als der Zustand, von dem man ausgegangen war. Es orientiert sich nicht – und das ist sein Hauptfehler – an relativen Kategorien, wie sie der Politik einer pluralistischen Gesellschaft angemessen wären, sondern an absoluten Positionen, gegen die das Relative sich bekanntlich nicht leicht behaupten kann.

Eine noch immer starke Denkrichtung vertritt die These,

daß utopisches Denken die Grundlage für jeden politischen Fortschritt wäre; die Utopie einer anderen, besseren Gesellschaft sei die notwendige Voraussetzung für eine teilweise und allmähliche Veränderung der bestehenden Gesellschaft; es bedürfe der Vision einer von den gegenwärtigen Mängeln völlig befreiten Gesellschaft, um wenigstens die schlimmsten dieser Mängel beheben zu können. Utopisches Denken sei deshalb der notwendige geistige Antriebsmotor für jede Reform.

Ich bestreite entschieden, daß es sich so verhält. Zwar läßt sich eine gesellschaftliche Veränderung natürlich nicht mit einer Theorie in die Wege leiten, die den Status quo erhalten will, aber man muß nicht ein totales Gegenbild zum Status quo haben, um positive Veränderungen erst bewirken zu können. Man braucht nicht die Vision oder Utopie einer widerspruchsfreien humanen Gesellschaft, um die bestehende Gesellschaft humaner zu machen. Es besteht umgekehrt die Gefahr, daß die Ausarbeitung der Utopie einer neuen Gesellschaft, sofern sie sich nicht mit vagen, allgemeinen Zielsetzungen wie human, friedlich oder gerecht begnügt, die Verwirklichung gesellschaftlicher Reformen eher erschwert als hilft, sie voranzutreiben. Denn einerseits verstärkt die Proklamation der Utopie den Widerstand derer, die an einer Veränderung nicht interessiert sind, andererseits macht die Orientierung an den utopischen Zielsetzungen die Träger dieses Gedankenguts unfähig, im Rahmen der bestehenden Wirklichkeit nach politisch gangbaren Wegen der Veränderung zu suchen, und legt sie auf abstrakte Zielsetzungen fest, die sich der Wirklichkeit nicht so ohne weiteres abringen lassen. Wer Politik im Banne utopischen Denkens betreibt, muß notwendig die Erfahrung des Scheiterns machen und schwächt die institutionellen Voraussetzungen für eine erfolgreiche Reformpolitik.

Dies war denn auch die Erfahrung, die die deutschen Utopisten in den letzten fünfzehn Jahren immer von neuem gemacht haben: Sie engagierten sich mit der Leidenschaft und Intensität, wie der Glaube an eine für konkret gehaltene Utopie sie zu entbinden vermag, für die durchgreifende, ja revolutionäre Veränderung der Gesellschaft oder bestimmter Aspekte der Gesellschaft, die als besonders gravierend oder gefährlich angesehen wurden, und mußten erkennen, daß sie ihrem Ziel nicht entscheidend näherkamen. Sie standen schließlich vor den Trümmern ihrer Utopie von der herrschaftsfreien, atomfreien oder waffenfreien Gesellschaft. Was sie erreichten – und dies war nicht wenig: nämlich eine gesteigerte öffentliche Aufmerksamkeit für die von ihnen diagnostizierten Mängel und Gefahren der bestehenden Ordnung und Entwicklungstendenzen –, hätte sich mit einem gemäßigteren, dem utopischen und ideologischen Absolutismus abholden kritischen Denken sicherlich auch erreichen lassen, und es wäre, worauf es in unserem Zusammenhang ankommt, nicht mit soviel Enttäuschung verbunden gewesen. Sosehr die Erfahrung der Gemeinsamkeit des politischen Wollens und das Gefühl, Teil einer sozialen Bewegung zu sein, vorübergehend stimulierend sein können, so schnell verbraucht sich der Elan, wenn die angezielten Erfolge, die schlechterdings nicht erreichbar, weil einem utopischen Konzept entlehnt sind, ausbleiben. Die Folge ist Resignation, Rückzug ins Private, Enttäuschung, die jedoch, wegen der utopischen Totalperspektive gerade nicht zu einem besseren Verständnis der Realität führt, sondern entweder zu mürrischer Anpassung oder ins alternative Abseits. Dann kann der enttäuschende Kreislauf von Engagement und Rückzug von neuem beginnen. »Die Wendungen vom privaten und öffentlichen Leben und wieder zurück sind von maßlos überzogenen Erwartungen, von totaler Verbohrtheit und plötzlichen Ausbrüchen begleitet« (Hirschmann, op. cit., S. 102), weshalb ja die Frustration, »der Frust«, zum typischen Erscheinungsbild der rebellischen Generation gehört.

Der »Frust« ist jene Enttäuschung, die ein an utopischen Zielen orientierter politischer Aktionismus fast zwangsläufig hervorbringen muß. Weder die utopische Fixierung auf eine ganz andere, von allen Defiziten und Schwächen gereinigte

Gesellschaft und erst recht nicht der nach dem vergeblichen Engagement einsetzende »Frust« sind indes geeignete Einstellungen zur produktiven und reformierenden sozialen Aktivität, auf die eine lebendige Demokratie in der Tat nicht verzichten kann. Das Wechselbad von demonstrativem öffentlichem Engagement mit bewußt provozierenden Mitteln und nachfolgendem Rückfall in Enttäuschung und Privatismus ist der Gesundheit einer Demokratie nicht bekömmlich. Wichtiger und richtiger wäre es, die politischen Ziele so anzusetzen, daß Enttäuschung nicht die unausbleibliche Folge des Engagements sein muß. Die Entscheidung für das utopische Denken und die damit verbundene Tendenz zur Verabsolutierung bestimmter und zur Ausblendung anderer Prinzipien sind wesentliche Ursachen für jene Hektik und Hysterie, die unser öffentliches Leben kennzeichnen. Seit der Studentenrevolte hat dieses einseitige politische Denken in immer neuen Schüben und unterstützt durch immer neue soziale Bewegungen mit immer neuen Schwerpunktthemen unsere politischen Verhältnisse durcheinandergebracht; ihre im Grunde noch immer vorhandene, von der Mehrheit des Volkes gewünschte Stabilität und Berechenbarkeit sind dadurch über Gebühr verunsichert worden.

2. Die deutsche Bildungsreform – ein Lehrstück

Zielsetzungen und Hindernisse der Bildungsreform

Der für unser Zeitalter typische Wechsel zwischen Engagement und Frustration, zwischen Utopismus und Resignation, zwischen Euphorie und Enttäuschung läßt sich an den jahrelangen Bemühungen um eine Reform des deutschen Bildungswesens – von den Grundschulen bis zu den Universitäten – besonders eindrücklich studieren. Die Bemühungen um eine demokratische Reform des Bildungswesens, das nach der Katastrophe des Dritten Reiches zwar von nationalsozialistischen Inhalten gereinigt, in seiner traditionellen Struktur jedoch weitgehend restauriert worden war, setzten in den sechziger Jahren mit Macht ein, und zwar noch bevor die Studentenrevolte mit ihrem kulturrevolutionären Programm zu einer neuen Antriebskraft für ihre Durchführung wurde. Der Theologe Georg Picht hatte schon 1964 vollmundig, in der inzwischen sattsam bekannten Kassandragebärde, die »deutsche Bildungskatastrophe« ausgerufen, und der Soziologe Ralf Dahrendorf sekundierte die Reformbestrebungen wenig später mit der wuchtigen Proklamation eines »Bürgerrechts auf Bildung«. Zum einen – dies war die äußerliche Zielrichtung der Pichtschen Argumentation – ging es darum, die bildungspolitisch angeblich extrem rückständige Bundesrepublik durch ein drastisch vermehrtes Bildungsangebot, das in erster Linie auf die höheren Bildungseinrichtungen bezogen war, in den Stand zu setzen, ihre gegenwärtigen und künftigen Aufgaben als demokratische Industriegesellschaft zu erfüllen. Die massive Ausweitung des Bildungssystems, insbesondere der höheren Schulen und Universitäten, sei dringlich, anderenfalls drohe der Bundesrepublik der unaufhaltsame Niedergang als maßgebliche Industriemacht der technisch-wissenschaftlichen Zivilisation. Dahrendorf betonte zum andern den legitimen, verfassungsmäßigen Anspruch des Bürgers auf ein Höchstmaß an Bildung, und er drängte die westdeutsche Gesellschaft, dem von ihm proklamierten Bürgerrecht auf Bildung durch die Bereitstellung der notwendigen Studienplätze und die Schaffung eines beweglichen und offenen Bildungssystems mit verbesserten Lebenschancen für den einzelnen wie für die Gesamtheit die notwendige materielle Grundlage zu verschaffen.

Im Verfolg dieser allgemeinen Zielsetzungen ist das deutsche Bildungssystem seit den späten sechziger Jahren in der Tat außerordentlich stark erweitert und auch umstrukturiert worden. Doch geriet die anhebende Reform ziemlich schnell und intensiv unter den ideologischen Druck der gegen die konventionellen Politikformen und herkömmlichen demo-

kratischen Prinzipien gerichteten anti-autoritären Studentenbewegung. Fortan wurde die Reform so einseitig mit den neuen Gesichtspunkten der emanzipatorischen Selbstbestimmung des Menschen und der Demokratisierung aller sozialen Lebensbereiche konfrontiert, daß die ursprünglichen Absichten, nämlich Expansion und Qualitätsverbesserung auf breiter Front und Erweiterung der Lebenschancen für die junge Generation, ihre Evidenz immer mehr zugunsten gesellschaftsverändernder Reformperspektiven verloren.
Die rebellierenden Studenten hatten sich mit aller Entschiedenheit gegen jede »technokratische Reform« gewehrt, die nur dazu führen würde, die vermehrt Auszubildenden den Zwecken und Bedürfnissen der profitorientierten kapitalistischen Gesellschaft dienstbar zu machen und für sie abzurichten. Sie wollten – und mit ihnen zahlreiche Schulreformer – die Bildungseinrichtungen so verändern, daß diese selbst zu einem aktiven Instrument der angestrebten gesamtgesellschaftlichen Veränderung werden könnten oder, falls dies nicht durchzusetzen war, wenigstens in sich die Umstrukturierung der Gesellschaft auf die Vision der Zukunft bis zu einem gewissen Grad vorwegnahmen.
Im Bereich der Schule wurde die Herstellung von effektiver Chancengleichheit als der Mindestvoraussetzung für ein demokratisches Bildungswesen zum allseits proklamierten Ziel. Man glaubte, die Ungleichheit der individuellen Begabung und Leistungsfähigkeit und die sich daraus ergebende Ungleichheit der Chancen in der Gesellschaft durch ein offenes, nicht mehr so streng gegliedertes Schulsystem korrigieren zu können, wofür die Gesamtschule zum kontroversen Symbol wurde. Für das ideologische Konzept der Chancengleichheit erwies sich die Erweiterung des Begabungsbegriffs als hilfreich, die sich damals in der Pädagogik auf breiter Front durchzusetzen begann. Diesem neuen Verständnis zufolge ist Begabung im Menschen nicht statisch, sondern prozessual angelegt. Damit waren zwar nicht bloß die intellektuellen, sondern die gesamten menschlichen Entfaltungsmöglichkeiten gemeint, aber die Bildungsreform versteifte

sich zu einseitig auf die Förderung intellektueller Begabung, deren Kriterien als Hauptmaßstab für die erstrebte Chancengleichheit dienten. Die Idee der Chancengleichheit wurde sozusagen kopflastig und führte zu höchst problematischen Selektionsmechanismen. So hat man z. B. in den zwischen Grundschule und weiterführenden Schulen neu eingerichteten Orientierungsstufen eine Zeitlang allen Ernstes geglaubt, die anzustrebende Chancengleichheit sei dann am ehesten gewährleistet, wenn alle Schüler zur gleichen Zeit das gleiche lernten und dann in ihren Leistungen miteinander verglichen würden. Derartige Bemühungen haben auch die sozialen Normen im Umgang von Lehrern mit Schülern und vor allem der Schüler untereinander erschüttert.
Die neuen Konzepte machten nicht nur neue Lehrinhalte, sondern auch neue organisatorische Strukturen und Unterrichtsformen notwendig. Dabei setzte die Reform auf verschiedenen Ebenen gleichzeitig an: Sie veränderte sowohl die Schulstrukturen wie die Organisationsformen des Unterrichts, und sie reformierte gleichzeitig – und dies oft sehr radikal – die Inhalte des Unterrichts und die Methoden des Lehrens und Lernens. Dies war zuviel auf einmal.
Die Schulreform wurde zur großen Stunde der professionellen Pädagogen und der Pädagogik, einer relativ neuen, theoretisch und methodisch noch ziemlich ungefestigten wissenschaftlichen Disziplin. Die Pädagogik glaubt von sich, gesellschaftliche Führungswissenschaft zu sein, weil der Prozeß der Erziehung bekanntlich von großer gesellschaftlicher und politischer Bedeutung ist; zugleich erhebt sie den Anspruch, eine eigenständige Fachwissenschaft zu sein, welche die Prozesse des Erziehens, des Lehrens und Lernens empirisch untersucht und theoretisch erhellt. Dabei ist sie als junge Wissenschaft ständig darauf bedacht, den etablierten Disziplinen die eigene wissenschaftliche Dignität und Selbständigkeit zu beweisen.
Als soziale Führungswissenschaft war die deutsche Pädagogik ziemlich epigonal; sie stand, wo sie progressiv sein wollte, weitgehend im Banne der in der Studentenrevolte zu

großer öffentlicher Aufmerksamkeit gelangten Ideen einer kritischen Gesellschaftstheorie, die sie mit der bei solchen geistigen Transfers meist unausbleiblichen Verkürzung und Vulgarisierung in neue gesellschaftsverändernde Erziehungsprogramme umsetzte. Die mit Recht höchst umstrittenen Hessischen Rahmenrichtlinien für Gesellschaftskunde und andere derartige Programme dokumentieren den zeitweilig beherrschenden Einfluß dieses Denkens auf die deutsche Pädagogik. Als seriöse Fachwissenschaft glaubte die Pädagogik ihre Wissenschaftlichkeit nicht zuletzt durch die Kultivierung eines eigenen Fachjargons sowie durch die Stilisierung praktischer Erfahrungsgrundsätze zu wissenschaftlichen Theoremen, wie z. B. in der sogenannten Fachdidaktik, unter Beweis stellen zu müssen. Doch sie entfernte sich damit vielfach von der Wirklichkeit, mit der sowohl Schüler wie Lehrer zu tun hatten, und produzierte Fluten von Papier, die meist nur die Eingeweihten interessierten. Die angestrebte Verwissenschaftlichung des Unterrichts, die Durchsetzung ganz neuer Lehrmethoden und moderner Lehrinhalte, wie beispielsweise der umstrittenen Mengenlehre, führten anstatt zur Verbesserung der Schulatmosphäre zur Entfremdung von Schülern und Lehrern und – was schwerer wog – von Eltern und reformierter Schule.
Die außerordentliche Hektik der organisatorischen wie inhaltlichen Reformen schuf vor allem bei den Eltern ein wachsendes Mißtrauen. Sie kannten sich mit der Schule, von der sie ja alle ihre eigenen Erfahrungen besaßen, nun auf einmal nicht mehr recht aus.
Es gehört zu den Erfahrungsgrundsätzen jeder Schulreform, die schließlich von der demokratischen Gesellschaft angenommen werden soll, daß man einschneidende Veränderungen in der schulischen Erziehung der Kinder nicht gegen das Unverständnis und den Widerstand einer großen Zahl von Eltern durchhalten kann. Den Reformern gelang es jedoch vielfach nicht, die in der Elterngeneration zunächst durchaus vorhandene Bereitschaft zu Veränderungen im Bildungssystem, die eine fühlbare Verbesserung der Lebenschancen ih-

rer Kinder versprachen, für ihre Ziele und Absichten zu nutzen. Die neue wissenschaftliche Pädagogik mit ihrem oft verwirrenden und gestelzten Jargon war den Bürgern nur schwer vermittelbar, und die von manchen mit der Reform verbundenen gesellschaftspolitischen Ziele, nämlich Schule zur Agentur und zum Experimentierfeld einer visionären demokratischen Gesellschaft zu machen, waren es noch weit weniger. So kam es in der Reform und durch die Reform zu Polarisierungen: zwischen Eltern und Lehrern, zwischen Lehrern, die auf die Reform eingeschworen waren, und solchen, die ihren Zielen und Methoden eher mißtrauten, mit entsprechenden Ausweitungen auf die Schulbürokratie, und schließlich ergriff der Streit auch die politischen Parteien und Verbände, so daß der ursprünglich sehr breite Konsens der sechziger Jahre zugunsten eines Ausbaus und einer gründlichen Verbesserung des deutschen Bildungssystems in immer neu aufflackernden Kontroversen allmählich zerrieben wurde.

Dabei spielte auch der Umstand eine wichtige Rolle, daß die Eltern, die mit den ständigen Veränderungen in der Schule nicht mehr zurechtkamen, inzwischen gelernt hatten – und gerade durch die allgemeine Demokratisierungswelle jener Jahre dazu ermuntert und ertüchtigt worden waren –, ihre demokratischen Rechte im Interesse ihrer Kinder stärker zu gebrauchen. Sie wehrten sich oft massiv gegen eine unter den neuen politischen und wissenschaftlichen Vorzeichen administrierte Schulreform und brachten so, in Verbindung mit den allgemeinen politischen Tendenzen einer konservativen Umorientierung, die Mitte der siebziger Jahre einsetzte, einiges von der neuen Schulreform zum Scheitern. Diese Widerstandsgesinnung fand ihren Niederschlag im erfolgreichen Volksbegehren gegen die administrative Durchsetzung von Gesamtschulen in Nordrhein-Westfalen und ihren inhaltlichen Ausdruck in den im Juni 1978 veröffentlichten Thesen »Mut zur Erziehung«, in denen die vermeintlichen Irrtümer der Reform angeprangert und durch Gegenthesen zu widerlegen gesucht wurden. Diese Thesen sind seither

zum Programm einer konservativen Tendenzwende in der Schulpolitik geworden.
Zu diesem Zeitpunkt hatte die so ungestüm und euphorisch begonnene Reform des deutschen Bildungswesens allerdings schon längst ihren Elan, ihre Plausibilität und ihre Hoffnung auf eine bessere Zukunft verloren. Mitte der siebziger Jahre war auch unter den progressiven Pädagogen die Klage verbreitet, daß die Schulreform, wenn nicht gescheitert, so doch in eine tiefe Krise geraten sei, daß Reformmüdigkeit und Resignation immer mehr um sich griffen, ja, daß eine Welle der Restauration heraufziehe, die auch die positiven Errungenschaften der deutschen Bildungsreform wieder zu verschlingen drohe.

Eine zwiespältige Bilanz

Die deutsche Bildungsreform hat zweifelsohne tiefgreifende Veränderungen in der Struktur und vor allem in der Ausdehnung des deutschen Bildungswesens – man denke nur an die vielen neuen Universitäten – hervorgebracht: Sie hat die vormals bestehende Ungleichheit der Bildungschancen wesentlich korrigiert; sie hat den Zugang zu höheren Bildungsinstitutionen enorm verbreitert; sie hat durch die Zusammenlegung früher getrennter Schulen ein differenzierteres Bildungsangebot ermöglicht und neue, die Durchlässigkeit des Bildungssystems gewährleistende Schultypen geschaffen; sie hat die Ausbildung der Lehrer aller Schulgattungen stärker auf wissenschaftliche und pädagogische Kriterien ausgerichtet und in den Schulen den Eltern und Schülern mehr Mitbestimmungsmöglichkeiten eröffnet. Sie hat insgesamt zur Folge gehabt, daß die Zahl ihrer Nutznießer, die Vielfalt von Bildung und ihre zeitliche Dauer wesentlich zugenommen haben; sie hat damit die Bildungsinstitutionen selbst zu einem gesellschaftlichen Faktor von großem Eigengewicht innerhalb des gesamten sozialen Systems gemacht.

Doch was die innere Bildungsreform daneben vordringlich erreichen wollte, nämlich die Bildungsprozesse zu humanisieren, die Motivation von Schülern und Studenten zu erhöhen und auch die Lehrer und Professoren zu qualifizierterem und freudigerem Einsatz für ihre Aufgaben zu animieren, das hat sie gerade nicht bewirkt. Die neue Schule hatte nach dem Willen der Reformer eine Stätte zur fröhlichen Einübung einer neuen Freiheit von autoritären Unterrichts- und Organisationszwängen werden sollen, doch die neue Lage schuf neue Zwänge und normative Unsicherheiten. Erziehung und Bildung sollten lustvoll, anregend, partizipatorisch sein und – dank einer verbesserten Didaktik – gleichzeitig qualitativ ein höheres Niveau erreichen können. Statt dessen ist der subjektive Leidensdruck für die Schüler in den reformierten Schulen eher größer geworden, die Orientierungslosigkeit offenkundiger, die Kommunikation zwischen Lehrern und Schülern schwieriger, das Niveau flacher.

Dieses negative Ergebnis der Schulreform ist gewiß nicht allein der Aktivität der Reformpädagogen anzulasten, sondern auch eine Folge des unausbleiblichen Konflikts zwischen den Kultusverwaltungen der Länder und der Schulpraxis selbst. Die Kultusbürokratie ließ den Praktikern nicht die Freiheit, die sie haben zu müssen glaubten, während die Verwaltungen andererseits – oft auch aus rechtlichen Gründen – davon überzeugt waren, daß sie nur durch immer neue Anordnungen und Kontrollen den Reformprozeß in der politisch vertretbaren Weise steuern und vorantreiben könnten. Weil die Reformbestrebungen einen regelrechten Kampf um die deutsche Schule entfacht hatten, an dem auch die Eltern nach Kräften teilnahmen, wuchs die für jede freie pädagogische Betätigung unheilvolle Tendenz zur Verrechtlichung des Schulwesens immens an. Das Gegenteil, nämlich mehr Freiräume zu schaffen, ist von den Reformern intendiert gewesen.

Die Reform des deutschen Bildungswesens ist, wie eingangs erwähnt, durch die geistigen Auswirkungen der Studentenrevolte in Bahnen gelenkt worden, die zu einer bewußten

Herausforderung des ganzen Systems führten, so daß ein allmählicher, das Neue behutsam und kontrolliert in Gang setzender Reformprozeß verhindert wurde. Unter dem Druck der Ideen der Protestgeneration wurde die notwendige Reform vielerorts mit politischen Zielsetzungen utopischen Charakters verbunden, die sie von der allgemeinen Entwicklung der Gesellschaft entfernten und die nichts Geringeres anvisierten als die Veränderung der Gesellschaft auf dem Wege über die Bildungsinstitutionen. Man kann zwar verstehen, daß die Vertreter der Protestgeneration in Ermangelung sonstiger Chancen einer wirksamen Veränderung des politischen und wirtschaftlichen Systems dort anzusetzen versuchten, wo sie selbst die größten Einwirkungsmöglichkeiten besaßen, nämlich in den Bildungsinstitutionen, aber es war eine Illusion zu glauben, gerade hier ließe sich ein langfristig wirksamer Hebel zur Gesellschaftsveränderung anbringen. Zu viele professionelle Erzieher kultivieren das falsche Bewußtsein, von ihrer Aktivität hinge Entscheidendes ab, weil sie die Jugend, der die Zukunft gehöre, auf ihre künftige Rolle in der Gesellschaft vorzubereiten haben; aber dies ist ein Trugschluß. Schule eignet sich nicht als Alternativinstitution zur Gesellschaft. Nicht nur muß die heutige Schule mit den oft weit stärkeren gesamtgesellschaftlichen Erziehungsmächten, der Familie, dem Konformitätsdruck des Gruppenlebens und den Massenmedien konkurrieren, sie muß in sich selber die Spannungen verarbeiten, die das gesellschaftliche Leben und seine Entwicklung bestimmen. Sie kann sich darum von der bestehenden Gesellschaft nicht einfach abkoppeln wollen. Darum muß jeder Versuch, die Gesamtgesellschaft über die Schule verändern zu wollen, scheitern. So ist es ja auch überall dort gekommen, wo man solches versucht hat.

Die Schulreform geriet nicht nur zu schnell in das Schlepptau der von der studentischen Protestgeneration schlagartig rezipierten kritischen Ideen und Theorien, sie ist auch vor Ort vielfach von jungen Lehrern ausprobiert worden, die den Jahren der Studentenrevolte ihr nachhaltigstes politisches Bildungserlebnis verdanken und durch sie geprägt worden waren. Die Lehrer der 68er-Generation hatten zunächst ein ausgeprägtes soziales und politisches Engagement, doch sie waren vielfach ideologiegläubig, dem Utopischen zugeneigt und sendungsbewußt. Deshalb fanden sie meist nicht die Brücke zur realen Welt, zur Wirklichkeitserfahrung der Kinder und Eltern, mit denen sie es zu tun hatten. Sie hatten ihre nationalpädagogische Aufgabe mit einer gewissen Euphorie angepackt, aber sie waren vielfach unfähig, ihren reformerischen Impetus für eine neue Schule den Schülern selbst zu vermitteln und auch die Eltern davon zu überzeugen, daß die neuen Unterrichtsformen und -inhalte den traditionellen tatsächlich überlegen waren. Ähnlich wie die Studenten der Revolte, die eine Zeitlang auszogen, um die Arbeiterschaft davon zu überzeugen, daß sie gefälligst die fällige Revolution zu machen habe, und dabei mit ihrem neusprachlichen Kauderwelsch und erst recht mit ihren revolutionären Absichten bei den Arbeitern auf taube Ohren stießen, so machten auch viele Lehrer der 68er-Generation die ernüchternde Erfahrung, daß sie als Mittler und Vermittler eines neuen Bildungskonzepts sich den Betroffenen – Eltern wie Schülern – nicht ausreichend verständlich machen konnten. So schlug der euphorische Impetus des Neu- und Bessermachenwollens bald in Unzufriedenheit um; man resignierte, ohne wirklich umzulernen, und nutzte fortan die Schule als ein mit Beamtenstatus versehenes Arbeitsfeld, in dem man sich möglichst unauffällig im Sinne des gängigen gesellschaftlichen Hedonismus einrichtete, oder man verstand sich zu einer eher pragmatischen Anpassung an die tatsächlichen Verhältnisse, ohne darum auf die konservative Position einzuschwenken, die von neuem den »Mut zur Erziehung« predigt.

So ist dem so emphatisch begonnenen Aufbruch der 68er-Generation im Bildungswesen die Enttäuschung relativ bald auf dem Fuße gefolgt, und es scheint dieser politischen Generation die Kraft zu fehlen, aus den eigenen Fehlern zu lernen und durch ein reflektierteres Engagement die pädagogi-

sche Dimension wiederzugewinnen, die ihr im Lauf dieser Enttäuschungserfahrung, bei ihrem Fall aus dem Zustand der Euphorie in die Niederungen der Resignation, vielfach abhanden gekommen ist. Günter Grass hat in seinen »Kopfgeburten« die neue deutsche Lehrergeneration in der Gestalt des Ehepaares Harm und Dörte mit vollendeter Treffsicherheit gezeichnet.
Die Dialektik von unangemessener Erwartung und Enttäuschung ist eine plausible psychologische Erklärung für den Rückgang des pädagogischen Engagements und für die in unserem heutigen Bildungssystem so weitverbreitete Stimmung der Lustlosigkeit und Gleichgültigkeit, die dem pädagogischen Auftrag des professionellen Erziehers natürlich ganz entgegengesetzt ist. Aber die Ursache der Enttäuschung liegt weniger in den heutigen Arbeitsbedingungen als in der vorausgegangenen Phase der Ideologisierung der Pädagogik, in der unangemessene, überzogene, zum Teil ganz falsche Erwartungen kultiviert wurden, mit denen man dann an einer sperrigen Wirklichkeit scheiterte, ja zwangsläufig scheitern mußte.

Fehlleistungen der Bildungsreform

Ich will nachfolgend die Fehleinschätzungen der Bildungsreform, die mir besonders gravierend erscheinen, kurz zusammenfassen. Dabei ist anzumerken, daß die kritisierten Positionen, zumal am Beginn des Reformprozesses, fast immer auch eine relative Berechtigung, eine relative Wahrheit für sich beanspruchen können. Es ist erst die Einseitigkeit und Ausschließlichkeit, mit der sie vielfach vertreten wurden, die sie kritikwürdig macht.

1. Der wesentliche Irrtum der Schulreform war die Erwartung, sie könne zum Motor und zum Instrument einer Veränderung der Gesamtgesellschaft werden. Statt dessen ergab sich die Gefahr, das Bildungswesen in einen

unglücklichen Gegensatz zur Gesellschaft zu treiben und damit einen Konflikt zu erzeugen, bei dem das Bildungssystem zum Schaden seiner Autorität, Stabilität und Kontinuität nur verlieren kann.

2. Die Verwissenschaftlichung von Bildung und Erziehung, bis zu einem gewissen Grade unverzichtbar, darf nicht so abstrakt betrieben werden, daß die Wirklichkeit des Lehrens und Lernens und damit auch der Schule als sozialer Organisation fast ganz aus dem Blick gerät. Sie sollte sich der Gefahren bewußt sein, die sich aus einer Anpassung an die schnelle Abfolge modischer Trends ergeben, welche dann in der allgemeinen Pädagogik und der Didaktik als »Wissenschaft« deklariert werden, ohne daß immer eine zureichende Einsicht in die Ursachen wissenschaftlicher Paradigmenwechsel gegeben ist. Eine abstrakte, zwischen Extremen hin und her schwankende pädagogische Wissenschaft kann kein zuverlässiger Maßstab für eine konstruktive Pädagogik sein.

3. Die Erziehung junger Menschen zur Kritikfähigkeit und Mündigkeit, mit anderen Worten: ihre Erziehung zu demokratischen Bürgern, kann nicht gelingen durch ein Verfahren, bei dem die Fähigkeit zur Kritik entwickelt wird, bevor ein verläßliches Wissen dessen vorhanden ist, was gegebenenfalls der Kritik bedarf. Werte und Normen müssen erst einmal bewußt und internalisiert sein, bevor sie ernsthaft kritisierbar werden. Eine grundsätzlich kritische Attitüde führt nur zur Desorientierung und zu falschen Perzeptionen der Wirklichkeit mit entsprechend falschen Frontstellungen.

4. Bildungsprozesse können nicht einseitig am Lustprinzip orientiert sein, anders gesagt: Bildung kann nicht nur Spaß machen. Eine hedonistisch konzipierte Bildung verfehlt ihr Ziel in zweifacher Weise: Sie macht die Betroffenen in der Regel nicht glücklicher und orientierungsfähiger, und sie führt zu einem bedenklichen Qualitätsverfall bei den Bildungsinhalten.

5. Die demokratisch gebotene Bemühung um ein hohes

Maß an Chancengleichheit im Bildungswesen darf nicht verwechselt werden mit einer weitgehenden Gleichheit und Nivellierung der Ergebnisse. Vielmehr ist Chancengleichheit als individuell verschiedenartige Wahrnehmung gleicher Chancen der Ausgangspunkt für gesellschaftliche und leistungsmäßige Differenzierungen, die dem System einer freien Gesellschaft innewohnen.

6. Bildungsinstitutionen sind empfindliche soziale Gebilde, in denen die Mitglieder sich heimisch fühlen wollen und sollen und wo verläßliche normative Orientierungen unentbehrlich sind. Eine Situation beständigen Experimentierens und Veränderns zerstört die sozialintegrative Kraft und Leistungsfähigkeit solcher Institutionen.

Die Reform des deutschen Bildungswesens ist mit dem Scheitern einiger utopischer Reformkonzepte und der konservativen Rückbesinnung auf traditionelle pädagogische Einsichten, die man nicht ungestraft ignorieren kann, noch nicht beendet. Wenn auch eine Stabilisierung der inzwischen geschaffenen neuen Rahmenbedingungen des Bildungswesens unverkennbar ist, so bleibt die überlegte und bedächtige Reform auf der Tagesordnung. Es kann bei der Gestaltung eines Bildungs- und Ausbildungssystems, das den schwierigen Aufgaben der Zukunft einer dynamischen Gesellschaft in einer sich stetig wandelnden Welt gerecht werden soll, nicht eine Bildungspolitik des *roll-back* in die Zeit vor der Reform geben, wie einige forsche konservative Kultusminister heute fälschlicherweise wähnen, vielmehr bedarf es einer engagierten und kontrollierten Bemühung, einen neuen Konsensus zu finden. Dieser Konsensus muß die notwendigen und berechtigten Gründe, die den teilweise fehlgeleiteten Reformprozeß seinerzeit ausgelöst hatten, ebenso in sich aufnehmen wie die Lehren, die heute kritisch aus ihm zu ziehen sind. Was wir brauchen, ist ein Klima spannungsreicher Versöhnung anstatt unversöhnlicher Konfrontation oder lauer Apathie, ein Bildungswesen, das wieder stärker in sich selbst zu ruhen vermag, weil es weiß, wofür es da ist.

VI
Bewegungen zu einer neuen Politik

1. Die Bundesrepublik im Zeitalter der Bewegung

Es ist ein vertrautes Phänomen der jüngeren deutschen Geschichte, erstarrte politische und soziale Verhältnisse durch eine auf ihre Überwindung gerichtete politische *Bewegung* wieder in Bewegung bringen zu wollen. Politische und soziale Bewegungen sind im Gegensatz zu politischen Parteien, die ein feststehendes Programm, eine eingetragene Mitgliedschaft und ein bestimmtes Wählerpotential haben, durch keine klaren Begrenzungen markiert; sie sind in Bewegung, auf dem Marsch, und sie verstehen sich als eine gegen die herrschenden Parteien und ihre Politik gerichtete grundsätzliche Alternative, die der fragmentierten Allgemeinheit des Parteiensystems und des organisierten Pluralismus die Idee einer alternativen und einheitlichen Totalität entgegensetzt. Im Gegensatz zu politischen Parteien halten sich Bewegungen nicht für einen Teil des Ganzen, innerhalb dessen sie ihren spezifischen Beitrag zur politischen Meinungs- und Willensbildung leisten wollen, sondern für das Ganze, das erst noch ganz werden soll. Daher ihre radikale Frontstellung gegen das etablierte Parteien- und Verbändesystem der repräsentativen Demokratie; daher ihre Überzeugung, Träger und Hüter nicht bloß einer Teilwahrheit, sondern der Wahrheit über die Entwicklung der Gesellschaft schlechthin zu sein. »Jede Bewegung enthält in sich ein

Stück der deutschen antirationalistischen, antirechtsstaatlichen und antiindividualistischen Tradition sowie Elemente der die nationale Gemeinschaft suchenden und chiliastischen Traditionen, die sich im Gang der deutschen Geschichte immer wieder gezeigt haben.« (Joseph Rovan, L'Allemagne du Changement, Paris 1983, S. 181) Wer die Geschichte einiger deutscher historischer Bewegungen von der Nationalbewegung über die Jugendbewegung bis zur nationalsozialistischen Massenbewegung kennt, der wird auch in den neuen sozialen Bewegungen der Gegenwart gewisse Anklänge an Traditionen jener Bewegungen entdecken, auch wenn die neuen sozialen Bewegungen selbstverständlich mit ihnen nicht gleichgesetzt werden können. Charakteristisch für die neuen wie die alten Bewegungen ist ihr Anspruch, einer heillos gewordenen Welt eine lebensfähige Alternative entgegenzusetzen, ist ihr Bemühen, sich ins Ganze der Gesellschaft auszudehnen und kraft der Macht und Dynamik einer auf dem Marsch in die Zukunft begriffenen Bewegung die Mechanismen der etablierten Politik außer Kraft zu setzen.

Natürlich wehren sich die Anhänger der Bewegung leidenschaftlich gegen die Unterstellung, sie seien in zeitgemäßer Drapierung eine Wiederkehr jener romantischen, antirationalistischen und antidemokratischen Bewegungen, die Deutschlands Entwicklung zu einer modernen liberalen Demokratie aufgehalten, die erste deutsche Demokratie mitzerstört und der Diktatur des Nationalsozialismus den Weg bereitet haben, aber darauf darf man nicht allzuviel geben, denn niemand, der zu einem nüchternen, historisch informierten Urteil fähig ist, kann übersehen, daß derartige Elemente in den neuen sozialen Bewegungen lebendig sind, auch wenn sie nicht die bestimmenden sein mögen. Selbst ein relativ wohlwollender Analytiker der neuen sozialen Bewegungen gibt dies zu erkennen, wenn er schreibt: »In den neuen sozialen Bewegungen schließen sich sehr unterschiedliche Motive westlicher Zivilisationskritik zu einer heterogenen Bewegung zusammen, die ihr gemeinsames Selbstverständnis aus der Erfahrung der enthumanisierenden und lebenszerstörenden Folgen des industriellen Wachstums, des industriellen Zivilisationsmodells schlechthin, bezieht... Die in diesen Erfahrungen begründeten Zukunftsängste, Entfremdungsgefühle und psychischen Belastungen verschmelzen zu einer Widerstands- und Protestbewegung, die ihre Schwungkraft und Perspektive aus dem antimodernistischen Mythos des ›natürlichen‹, sei es des einfachen und überschaubaren, sei es des spontanen, bedürfnisorientierten Lebens gewinnt.« (Karl-Werner Brand, Neue soziale Bewegungen, Köln 1982, S. 7)

Ein neuer Mythos, ein neues Lebensgefühl, neue Lebensformen, ein neues Sinnverlangen, eine Anschauung der bestehenden Welt und ihrer Entwicklungstendenzen als unheilvoll und selbstzerstörerisch, die durch das spiegelbildliche Verlangen nach einer heilen und natürlichen Welt ergänzt wird – es ist alles da, was wir aus anderen ganzheitlichen Bewegungen der Geschichte kennen. Oft genug erkennen wir es darum nicht, weil wir Deutschen geneigt sind, das Prinzip der Bewegung höher einzuschätzen als eine flexible Stabilität und uns vom Alternativen leichter faszinieren lassen als vom Alten, auch wenn es sich leidlich bewährt hat.

Das Zeitalter der Bewegung in der Politik der Bundesrepublik begann mit der *Studentenbewegung*, die allerdings fast ganz auf die akademisch gebildeten Schichten beschränkt blieb und sich als Bewegung, wenn auch nicht in den Köpfen, bald totlief. Das utopisch-revolutionäre Element war in ihr besonders kräftig, weshalb man sie in einem vielgelesenen Buch »Die Wiedertäufer der Wohlstandsgesellschaft« nannte. Danach kam die sogenannte *Bürgerinitiativbewegung*, eine aus unzähligen lokalen Initiativen und Gruppen zusammenwachsende, durch eine partiell systemkritische Grundhaltung geeinte, relativ lockere Bewegung, aus der dann mit dem Bund der Bürgerinitiativen Umweltschutz als Kerngruppe die *Ökologiebewegung* hervorwuchs, die aus sich heraus die *Alternativbewegung* zeugte, die schließlich zu Beginn der achtziger Jahre durch die massive *Friedensbe-*

wegung ergänzt wurde. Diese drei letztgenannten Bewegungen, die nachfolgend etwas genauer beschrieben werden, sind verschiedene Ausdrucksformen eines vagabundierenden Protestpotentials in der Bundesrepublik, das immer in Bewegung ist, wobei sich je nach Neigung, Ängsten und Interessen andere soziale Gruppen ankristallisieren können. Im Grund handelt es sich bei den verschiedenen Bewegungen um die Ausfächerung einer großen sozialen Bewegung, die die alte Politik durch eine alternative Politik auf den verschiedenen Gebieten ihres Engagements ersetzen will, und zwar unter dem Eindruck einer Zeitenwende, in der das Alte dem Neuen weichen muß, wenn es noch eine Chance für ein humanes Leben in der Zukunft geben soll.

2. Die Ökologiebewegung

Die Ökologiebewegung, die es in fast allen Ländern der westlichen Welt gibt und die es in den Industriegesellschaften des realen Sozialismus gewiß auch gäbe, wenn diese Systeme die freie Äußerung und Repräsentation gesellschaftlicher Interessen gestatteten, ist der politische Ausdruck einer seit Beginn der siebziger Jahre zunehmenden Besorgnis in Teilen der Bevölkerung der westlichen Industriestaaten, daß es für sie, ja, für die Welt und die Menschheit schlechthin, keine lebenswerte Zukunft mehr gibt, wenn die Industriegesellschaften ihre Expansion ungezügelt fortsetzen, weil über kurz oder lang die Umwelt zerstört, die Ressourcen erschöpft, die Erde unbewohnbar gemacht sein werden.
Der Fanfarenstoß, der die Weltöffentlichkeit aufrüttelte und eine wachsende Sensibilisierung der Bevölkerung der westlichen Industriestaaten gegenüber dem Problem der Umweltgefährdung einleitete, war die von dem Amerikaner Meadows erstellte, wissenschaftlich höchst umstrittene erste Studie des Club of Rome mit dem Titel »Die Grenzen des Wachstums«. Seither ist die Literatur und öffentliche Dis-

kussion zu diesem Problem lawinenartig angeschwollen, und das neue Umweltbewußtsein hat fast überall zur Bildung ökologisch orientierter Gruppierungen und Parteien geführt, die für eine neue Politik kämpfen. Einschneidende ökologische Schockerfahrungen – wie die Kenntnis von plötzlichen (wie in Seveso oder bei Öltankerunfällen) oder schleichenden Umweltkatastrophen (wie im Fall des Waldsterbens) – haben neben den alltäglichen Irritationen des Lebens in der industriellen Zivilisation dazu beigetragen, die ökologische Besorgnis und Angst allgemein zu steigern. Das Thema Umweltschutz ist deshalb auch im Bewußtsein der etablierten Politik zu einem Problem und Aufgabenfeld von außerordentlicher Dringlichkeit geworden. Dazu wäre es wahrscheinlich, allein schon kraft der Problemlage, auch ohne die Bewegung der »Grünen« gekommen, aber es ist unbestreitbar, daß die ökologische Bewegung das allgemeine Bewußtsein für diese Fragen geschärft und dadurch die aktuelle Politik unter erheblichen Handlungsdruck gesetzt hat, ohne indes die Ökologiebewegung besänftigen zu können.
Es ist auffallend, daß die ökologische Bewegung in der Bundesrepublik vergleichsweise stärker, aggressiver und lärmender ist als in anderen Industriestaaten des Westens. Dies hat nicht damit zu tun, daß in Deutschland die Umweltzerstörung merklich größer wäre als in anderen Ländern, sondern erklärt sich aus der zunehmenden Konzentration des seit der Studentenrevolte in der Bundesrepublik vorhandenen und gewachsenen Protestpotentials auf ökologische Fragen, vor allem der Atomenergie, zumal gerade die Umweltproblematik geeignet ist, Bürger aller politischen Schattierungen und Altersgruppen anzusprechen und so die Basis für eine alternative Politik etwas zu erweitern. Die Ökologiebewegung in der Bundesrepublik läßt sich nicht so ohne weiteres als eine rein ökologisch orientierte Protestbewegung beschreiben, sondern ist ein Amalgam verschiedener oppositioneller Strömungen gegen die etablierte Politik, in der das ökologische Grün der dominierende Farbton ist, ohne daß darum das Rot sozialistischer Systemveränderer, das Schwarz anarchi-

stischer Spontaneisten oder das kräftige Lila der Feministinnen ganz zum Verschwinden gebracht worden wären. Wahrscheinlich hätten die Grünen, die sich zeitweilig ja auch offiziell die Bunten nannten, den Sprung in einige deutsche Landesparlamente und zuletzt in den Deutschen Bundestag nicht geschafft, wenn sie nichts als grün gewesen wären, und es war bezeichnend für die deutsche Entwicklung, daß auch so prominente Sozialisten wie Rudi Dutschke und später Rudolf Bahro sich in der sozialen Bewegung engagierten, aus der dann die grüne Partei hervorging. Dieses Zusammenfließen verschieden akzentuierter Protesthaltungen zu einer oppositionellen Bewegung erklärt die Besonderheit der deutschen Situation, die relative Stärke und auch das Changieren der Protestbewegung der Grünen, in der je nach Situation ökologische oder friedenspolitische oder basisdemokratische Forderungen im Mittelpunkt stehen. Aus der grundsätzlichen Protesthaltung resultiert auch die das gegenwärtige System der Industriegesellschaft prinzipiell in Frage stellende Grundhaltung, wie sie in der Ideologie der ökologischen Bewegung ihren Ausdruck findet. Sie geht über die Kritik an punktuellen Bedrohungen und Gefährdungen, wie sie für einen Teil von Bürgerinitiativen, die ihr eigenes bürgerliches Interesse wahrnehmen, charakteristisch ist, weit hinaus und zielt auf einen mehr oder weniger radikalen Umbau der Industriegesellschaft, über dessen Realisierung jedoch wenig greifbare Vorstellungen kursieren. Auch wenn es innerhalb der ökologischen Bewegung zu vielen einzelnen Themen wie z. B. dem Energieproblem differenzierte Analysen und Abhilfevorschläge gibt, so folgt die Bewegung doch relativ einheitlich gewissen Grundpositionen, die man als ökologische Ideologie bezeichnen kann.

Ökologische Ideologie

Die ökologische Bewegung geht in ihren programmatischen Schriften von der Überzeugung aus, daß die lineare Weiterentwicklung der Industriegesellschaft und ihre Expansion in die noch nicht industrialisierten Zonen der Erde die Umwelt unweigerlich und unwiederbringlich zerstören, die Ressourcen der Erde in absehbarer Zeit aufzehren und auf diesem Wege die künftigen Lebensmöglichkeiten der Menschheit nicht nur drastisch beschneiden, sondern am Ende zunichte machen werden. Sie betrachtet das Verhältnis des Menschen der Industriegesellschaft zur Natur als zutiefst gestört und verderblich und fordert darum die Beendigung der Herrschaft des Menschen über die Natur, die Umkehr zu einer, wie es formelhaft heißt, »Politik des menschlichen Maßes«, durch die der jetzige Kriegszustand zwischen Mensch und Natur beendet und in einen Frieden mit der Natur zurückverwandelt werden soll. Die Perspektive, welche die ökologischen Ideologen für die vor uns liegende Zukunft der Menschheit entwerfen, falls sie so weitermacht wie bisher, ist beängstigend und grauenvoll. Wir überlassen, so formulierte es der frühere CDU-Abgeordnete Hermann Gruhl, »unseren Kindern den Müll und eine kahle Erde«. Die Politik der westlichen Industriegesellschaften gleiche einer Tragikomödie, die auf einer Bühne aufgeführt werde, die keinen Bezug mehr zur Wirklichkeit habe. Gruhl ist, wie fast alle ökologischen Ideologen, der Auffassung, daß in sehr vielen Fällen »das genaue Gegenteil« dessen richtig sei und geschehen müsse, was wir heute tun.

Daraus ergibt sich folgerichtig der Appell zur Gesinnungsänderung, zum radikalen Kurswechsel, zur Umkehr, zur Wende, zur »Wiedergewinnung des ordnungsstiftenden Maßes im Umgang des Menschen mit der Natur« (P.C. Mayer-Tasch, in: SZ, 26./27.3.1983). Gefordert wird »das Anstreben einer Ordnung, bei der die menschliche Gesellschaft und Wirtschaft in die Naturzusammenhänge harmonisch eingebunden sind« (W.D. u. C. Hasenclever, Grüne Zei-

ten. Politik für eine lebenswerte Zukunft, München 1983, S. 36).
Notwendig ist in jedem Fall ein grundsätzlicher Umbau der Industriegesellschaft, eine durchgreifende Änderung ihrer Produktionsformen und Konsumgewohnheiten, kurz: eine Revolution der bestehenden wirtschaftlichen und sozialen Strukturen und der ihnen korrespondierenden Denk- und Verhaltensformen, sofern wir nicht der ökologischen Katastrophe immer rascher zutreiben wollen. Da es Menschen waren und sind, welche die Industriegesellschaft mit ihren in gewisser Hinsicht durchaus bemerkenswerten Leistungen geschaffen und in Bewegung gehalten haben, müßte es den heute lebenden Menschen angesichts der drohenden Lebensgefahr auch möglich sein, das Steuer herumzuwerfen und die »Umkehr zum Leben« (so das charakteristische Motto des Evangelischen Kirchentages 1983 in Hannover) einzuleiten. Viel Zeit bleibt uns freilich nicht mehr, wenn das Schlimmste abgewendet werden soll. Darum müssen umgehend alle Anstrengungen unternommen werden, die Richtung des fatalen Entwicklungsprozesses umzukehren und die lebensbedrohende industrielle Wachstumsgesellschaft durch eine neue Gesellschaft und eine neue Politik zu ersetzen, die das Überleben der Menschheit nicht nur zu sichern, sondern dieser Menschheit auch eine gesündere, glücklichere, friedlichere, harmonischere Zukunft zu bescheren vermag. Die Rede ist von einem neuen Humanismus, der nicht nur die Ausbeutung der Natur, sondern auch die Ausbeutung des Menschen durch den Menschen überwindet und der die »soziale Harmonie des Menschen bei Einbettung ihrer Existenz in eine brüderlich verstandene Natur« zum Ziel hat (Hasenclever, op.cit., S. 44). Der »ökologische Humanismus« gilt als Leitidee der Bewegung; er soll sowohl »Rettungsanker wie Steuerruder« sein, »welches das in See- und Luftnot geratene Raumschiff Erde vor dem Schiffbruch bewahren und wieder auf einen Wind und Wellen angemessenen Kurs bringen soll« (Mayer-Tasch, ebda.).
Im Unterschied zu den ideologischen Ansätzen der Studen-

tenrevolte, die noch durch den der bürgerlichen Fortschrittsidee verwandten Glauben an die technische wie soziale Perfektionierung der modernen Gesellschaft inspiriert waren, arbeitet die ökologische Ideologie mit der einschüchternden Angst vor der drohenden Katastrophe. Sie gewinnt ihre dramatische Façon durch forcierte Schwarzmalerei und die ständig wiederholte Beschwörung der Katastrophe, die wiederum die Voraussetzung für die energische Forderung nach Umkehr und radikalem Umdenken ist. Um so mehr bleibt es für mich ein Geheimnis, mit welch stupender Leichtigkeit diese Propheten des Unheils in das Gewand des utopischen Heilsbringers zu schlüpfen vermögen, wenn es darum geht, die neue Gesellschaft auszumalen. In ihr ist alles versammelt, was gut und schön ist: Friede, Gerechtigkeit, Harmonie, materielle und seelische Geborgenheit, die Versöhntheit des Menschen mit der Natur und der Natur mit dem Menschen. Robert Jungk, einer der bekanntesten und wirksamsten publizistischen Herolde der Protestbewegung, formulierte die neuen Werte der Bewegung folgendermaßen: »Bescheidenheit, Gerechtigkeit, Naturverbundenheit, Schönheitsliebe, Gefühlsbejahung, Partizipation und Phantasiebefreiung, das sind einige Werte, die in der angeblich ›nur negativen‹ und ›zerstörerischen‹ Bewegung gegen Atomindustrie und Atomstaat als Werte einer menschlicheren Zukunft vertreten werden.« (Der Atomstaat, München 1977, S. 209) Der Kontrast zwischen Katastrophen-Prognose und dem utopischen Glauben an eine bessere und heilere Welt offenbart indes nur den irrationalen, ideologischen Charakter dieses Denkens.
Die ökologische Ideologie mit ihrer Beschwörung der nahenden Katastrophe und die ihr korrespondierende Utopie einer sanften, friedlichen und harmonischen Gesellschaft ist primitiv und falsch. Sie behauptet, was sie nicht beweisen kann, und wünscht sich, was sich nicht erreichen läßt. Recht hat sie lediglich in dem Ausgangspunkt, von dem ihre Entwicklung bestimmt worden ist: in der Wahrnehmung spezifischer, in der jüngsten Entwicklung der Industriegesell-

schaften und der Welt im ganzen erkennbarer ökologischer Probleme und Gefährdungen, auf die in der Tat eine freilich nicht immer leicht zu findende Antwort gesucht werden muß. Aber diese Erkenntnis ist der Ökologiebewegung nicht allein gekommen und ihr auch nicht allein vorbehalten, auch wenn sie einiges dafür getan hat, sie massenwirksam zu verbreiten. Alles weitere ist wissenschaftlich aufgeputzte Prophetie nach dem Muster der im Kulturpessimismus heimischen Verfalls- und Untergangstheorien. Man behauptet, ohne den Beweis dafür antreten zu können, in der Regel mit Hilfe von Extrapolationen, daß ein bestimmtes Gefahrenmoment sich so drastisch verschärfen wird, daß es zum Kollaps des Ökosystems führen muß. Man macht aus dem unbestreitbaren Faktum der »ökologischen Knappheit« (den Terminus verdanke ich dem informativen, leider zu wenig beachteten Buch dieses Titels von dem Münchner Soziologen Walter O. Bühl, Göttingen 1981) eine schwere ökologische »Krise« und erklärt die Krise zum Beginn der drohenden Katastrophe, um mit Hilfe der dadurch erzeugten Angst die Bereitschaft zu politischer Mobilisierung zu wecken, die u.U. gar nicht vorrangig der Wiederherstellung einer ökologischen Balance dient, sondern der Opposition gegen andere Kritikpunkte des modernen Industriesystems und seiner demokratischen Organisation.

Die ökologische Ideologie fände wohl kein so großes Echo, wenn sie nicht von realen Problemlagen ihren Ausgangspunkt nähme, aber ihr Hantieren mit dem Schrecken des Weltuntergangs, ihre Darstellung des ökologischen Problems als eines, das binnen kurzem über Leben oder Tod der Menschheit entscheide, ist eine Irreführung, die mit Wissenschaft wenig, mit irrationaler Prophetie hingegen alles zu tun hat. Richtig ist, daß wir die Zukunft der Menschheit und auch die Zukunft des Ökosystems der Erde nicht sicher wissen können. Richtig ist, daß die Verbreitung eines Gefühls der Angst vor der kommenden Katastrophe kaum der beste Ratgeber sein kann, diese Katastrophe im Ansatz zu verhindern und den erkannten Gefahren mit den gebotenen rationalen Mitteln zu begegnen. Richtig ist schließlich, daß es durchaus nicht im vernünftigen Interesse der Menschen liegt, die erkannten Gefahren bewußt zu mißachten und sich zur Katastrophe auswachsen zu lassen, weshalb sie – wobei sie in neue Einseitigkeiten und Fehler verfallen können – versuchen werden, ihnen zu steuern. Entgegen der Behauptung vieler Ideologen der Bewegung, daß das Notwendige nicht getan werde, ist daran zu erinnern, daß Ökologie inzwischen zu einem Gegenstand der etablierten Politik geworden ist. Der notwendige Prozeß der »ökologischen Reifung« (Bühl) setzt Rationalität voraus, nicht prophetische Hysterie. »Auch leidet es keinen Zweifel, daß die apokalyptische Metaphorik Entlastung vom analytischen Denken verspricht, weil sie dazu neigt, alles in einen Topf zu werfen... Die Tendenz zur vorschnellen Verallgemeinerung beschädigt den Rest von klarem Denkvermögen, der uns geblieben ist. In diesem Sinn führt die Untergangsstimmung tatsächlich nur zur Mystifikation. Selbstverständlich kann der Neue Irrationalismus die realen Probleme keineswegs lösen. Er läßt sie im Gegenteil unlösbar erscheinen.« (H. M. Enzensberger, Kursbuch 52, 1978)

Diese Kritik an dem unter Ökologen so verbreiteten und beliebten Kokettieren mit apokalyptischen Vorstellungen darf nicht als Kritik an der in unserer Gesellschaft ganz allgemein gewachsenen ökologischen Sensibilität mißverstanden werden. Sie ist eine positive Errungenschaft, ja, wie Walter Bühl hervorhebt, eine Tugend (oder wenigstens die Vorstufe dafür), die nicht mehr verlorengehen darf, aber, so fügt er hinzu, »sie muß auch von der Angst und dem Kulturpessimismus befreit werden, in die sie heute noch eingehüllt ist: denn die Angst führt nur zur Regression, zu einer seltsamen restaurativ-progressiven Rückwendung...« (op.cit., S. 312). Die Kultivierung der negativen Utopie des drohenden Weltuntergangs verbreitet indes nicht nur Angst, (bei der man freilich oft nicht recht weiß, ob sie nur eine Pose oder real ist), sie produziert auch Feindbilder, indem sie, wie es bei allen Konflikten üblich ist, die Schuldigen an der Katastro-

phe benennt. Das kann das gesamte Industriesystem sein oder nur der Spätkapitalismus, das moderne Fortschrittsdenken oder der neuzeitliche Rationalismus, die herrschenden Politiker oder die Technokraten auf allen Ebenen des gesellschaftlichen Lebens. Alles, was angeblich den bedrohlichen Zustand unserer gegenwärtigen Welt heraufgeführt hat, wobei die Akzente je nach Einsicht und weltanschaulicher Orientierung verschieden gesetzt werden, wird in den Stand der Anklage versetzt, abgeurteilt und zum Sündenbock erklärt. Dadurch entsteht, wie in allen Konflikten, die von der Vorstellung überschattet werden, es ginge um Sein oder Nichtsein, eine ungute Polarisierung mit der Tendenz zu einer gegenseitigen Verteufelung, die die politischen Voraussetzungen für eine Lösung der erkannten Probleme im Rahmen einer demokratischen Verfassungsordnung sicherlich nicht zu verbessern vermag. Aufgrund ihrer primitiven Ideologie schlägt die für eine ökologisch bewußtere Politik so hilfreiche ökologische Sensibilität leicht in eine ökologische Aggressivität um, für die die Formel vom »ökologischen Bürgerkrieg« (Mayer-Tasch) durchaus typisch ist. Sie ist im übrigen bezeichnend für die Widersprüchlichkeit einer Mentalität, die das anheimelnde Beiwort »sanft« in den Mittelpunkt ihrer positiven Utopie gerückt hat (sanfte Republik, sanfte Technologie, sanfte Gesellschaft).
In der Ausmalung der positiven Utopie einer Gesellschaft, wie sie nach der Wiederherstellung des verlorengegangenen ökologischen Gleichgewichts sich soll entfalten können, macht es sich die ökologische Ideologie in der Tat sehr leicht. Sie trägt einfach zusammen, was der Menschheit im Lauf ihrer beschwerlichen, konfliktreichen und tragischen Geschichte schon immer als wünschenswert erschienen war – Friede, Gerechtigkeit, Freiheit, Humanität, Harmonie, Glück, etc. –, und garniert diesen aus der Geschichte des abendländischen Denkens wohlbekannten Wertekatalog mit dem für alle Ökologen zentralen Gedanken des »Einklangs mit der Natur«. So schmückt sie sich mit den schönsten Werten des abendländischen Humanismus und beschuldigt

die Herrschenden, die solche hehren Worte ja auch im Munde führen, des Verrats an diesen Werten. Die Ökologen sind im Sinne Epplers die echten Wertkonservativen.
Prof. Mayer-Tasch, der ein neues Bündnis zwischen Humanismus und Ökologie stiften möchte, rekurriert auf die dem abendländischen Denken seit der Antike vertraute Idee des rechten, des menschlichen Maßes. »Gerade diese Idee des Maßes ist es«, so sagt er, »die den humanistischen und den ökologischen Gedanken in eine unübersehbare Wesensnähe rückt.« Da ist angesichts der »ordnungssprengenden Maßlosigkeiten«, die wir uns hätten zuschulden kommen lassen, von der »Wiedergewinnung des ordnungsstiftenden Maßes im Umgang des Menschen mit der Natur« die Rede, aber was das rechte Maß sei und wie die Ordnung, die es hervorbringen soll, beschaffen sein müsse (außer natürlich, daß sie wieder im Einklang mit der Natur sein solle, was immer das heißen mag), und wie man angesichts der Komplexität der Systeme dahin gelangen kann, darüber erfahren wir kaum etwas. Immerhin werden von diesem Autor vier Dinge genannt, von denen wir unbedingt Abschied nehmen müssen, wenn wir das menschliche Maß wiederfinden wollen, nämlich

1. von der Überbetonung des Habens gegenüber dem Sein (das populäre Evangelium Erich Fromms und aller Weltreligionen),
2. von der Höherbewertung des Ziels gegenüber dem Weg (die romantische Idee des Unterwegs-Seins),
3. vom Vorrang des Werkzeugs gegenüber dem Wirkenden (der antitechnologische Affekt) und
4. von der Höherschätzung des Verstandes gegenüber dem Gefühl (die Rechtfertigung des Irrationalismus).

Als Lohn für die »Absage an die Folgen des aufklärerischen Fortschrittsdenkens« verspricht der ökologische Humanismus »eine mehr Wärme und Geborgenheit ausstrahlende Gesellschaft« und den »allmählichen Übergang vom individualistischen Gesellschafts- zum universalistischen Gemeinschaftsgedanken«.

Solche Formulierungen machen hellhörig, denn sie sind nichts als ein Wiederaufguß gängiger Thesen der Weimarer kulturellen Opposition gegen die Aufklärung, gegen den modernen Liberalismus und sein wirtschaftliches Pendant, den Kapitalismus. Wie die historische Forschung klar erwiesen hat, spielten derartige Ideen im geistigen und politischen Leben der Weimarer Republik eine maßgebliche Rolle bei der Zerstörung dieser ersten deutschen Demokratie. Ich darf in diesem Zusammenhang auf mein Buch über »Antidemokratisches Denken in der Weimarer Republik« verweisen (jetzt als dtv-Taschenbuch).
Gewiß würden nicht alle ökologischen Ideologen die »kulturrevolutionären Leit- und Zielwerte des ökologischen Humanismus« mit Formeln aus dem Arsenal der »Konservativen Revolution« umschreiben, aber der irrationale, romantische Einschlag der ökologischen Ideologie, die sich bewußt gegen den modernen Rationalismus und die von ihm geschaffene Welt der technisch-wissenschaftlichen Zivilisation richtet, ist unverkennbar.

Ökologische Knappheit

Dagegen gilt grundsätzlich, daß die aufgetretenen ökologischen Probleme nur mit Hilfe einer rationalen Analyse und rationaler Lösungsversuche angegangen werden können, daß sie nicht ohne die moderne Wissenschaft, sondern nur mit ihr, nicht allein mit alternativen Technologien, sondern vor allem durch gegenwärtige Umweltbelastungen mildernde, fortschrittlichere Technologien einigermaßen lösbar sind und daß nicht zuletzt die gewonnene ökologische Sensibilität ihre Kraft darin erweisen muß, die Verhaltensgewohnheiten der Menschen so zu verändern, daß ökologische Korrekturen und Fortschritte politisch möglich sind und nicht an eingefahrenen sozialen Gewohnheiten und Erwartungen oder an kurzsichtigen und partikularen Interessen scheitern. Hier ist nicht zuletzt die Politik gefordert.

Es besteht kein Anlaß, die ökologischen Probleme, mit denen wir es heute zu tun haben, zu verniedlichen, aber es besteht erst recht kein Anlaß, sie ins Apokalyptische zu überhöhen, wie die ökologische Ideologie es treibt; wir müssen nicht umkehren und Front machen gegen den modernen Rationalismus, gegen Wissenschaft und Technik, auf denen die Dynamik und Prosperität der modernen Industriegesellschaft beruhen; vielmehr geht es darum, unsere Zivilisation tüchtig zu machen für den Übergang in eine neue Phase der technisch-zivilisatorischen Entwicklung. »Wir stehen heute nämlich vor der Aufgabe, von einer extensiven Wirtschaftsweise und einer allzu energieaufwendigen und relativ grobschlächtigen Gebrauchstechnik auf der Basis fossiler Brennstoffe zu einer intensiveren Wirtschaftsweise und höherqualifizierten Technologie zu kommen. Dies ist jedoch vor allem ein sozialorganisatorisches Problem, nämlich eines der Wirtschaftsorganisation und politischen Systemstruktur, der systemgerechten Förderung und Anregung des wissenschaftlichen und technologischen Wandels.« (Bühl, S. 5)

Niemand kann ernsthaft behaupten, daß diese Aufgabe leicht zu lösen wäre und daß es dafür einfache und sicher wirkende Rezepte gäbe, wie es durch die den Ökologen so vertraute Redefloskel von der »Umkehr« suggeriert wird. Die Chancen, die uns heute bedrängende ökologische Knappheit zu überwinden, stehen dann am besten, wenn es zu einem dauerhaften Bündnis zwischen ökologischer Sensibilität und theoretischer wie praktischer Vernunft kommt. In diesem Bündnis mögen sich dann auch einige der Anregungen und Überlegungen aus der ökologischen Bewegung als nützlich erweisen und ihre Bewährungsprobe erhalten, aber erst wenn die Bewegung davon abläßt, ihre Ideen als Heilswissen zu verkünden, erst wenn sie der totalitären Versuchung widersteht, vor dem Hintergrund ihrer negativen Utopie der nahenden Katastrophe die positive Utopie einer ökologisch heilen Welt mit unsanften Mitteln ins Werk setzen zu wollen, kann sie ein konstruktiv-kritischer und hilfreicher Partner einer demokratischen Mehrheit sein. Dieser Mehrheit wird man das vitale Interesse an einer lebenswerten Zukunft für sich und ihre Kinder und für die Menschheit insgesamt ebensowenig absprechen können wie jenem Teil der ökologischen Bewegung, der sich zum Sprecher dieses Interesses aufgeworfen und aus der Ökologie eine Ideologie gemacht hat.

3. Die Alternativbewegung

Die Alternativbewegung, die sich Mitte der siebziger Jahre zu entwickeln begann und in dem viel kommentierten Tunix-Kongreß-Spektakel 1978 in West-Berlin einen symbolischen Höhepunkt hatte, ist ein zahlenmäßig begrenzter Teil der ökologischen Bewegung (ohne auf Ökologisches eingeengt zu sein), der sich entschloß, mit einigen der neuen Grundsätze ernst zu machen und ein Leben in bewußtem Gegensatz und in gewollter Abgrenzung von den in der Industriegesellschaft herrschenden Lebens- und Arbeitsformen zu führen. Die Alternativen kritisieren nicht nur die gegenwärtige Gesellschaft, sie suspendieren sie gewissermaßen für sich. Sie sind bemüht, im Rahmen der in einer freien Wohlfahrtsgesellschaft gegebenen Möglichkeiten, ein alternatives, d. h. den traditionellen Mustern entgegengesetztes, selbstgestaltetes Leben zu führen. Sie machen und probieren etwas Alternatives und reden nicht nur darüber.

Ein guter Kenner der Alternativszene, der Berliner Soziologe Joseph Huber, analysiert die echte Alternativbewegung so: »Vor der Inflation des Wortes ›alternativ‹ hatte dieses durchaus eine klare Bedeutung. Es bezog sich auf Arbeit und Leben in kleinen Gruppen, Projekten, wie man bald sagte. Ihre Kraft kam aus utopischen Impulsen. Statt der großen Systemveränderung konzentrierte man sich auf den Alltag hier und heute... Es war eine Bewegung, die besonders auch durch die Kritik der harten und zentralistischen Großtechnologien erwuchs. *Small is beautiful*, Dezentralisierung und Entwicklung sanfter Technologien wurden deshalb zu ihrer Erkennungsmelodie. An der Kernenergie hakte sie sich fest. Politisch folgte eine weitergehende Kritik von Markt und Staat... Man suchte in jeder Hinsicht nach Autonomie: aussteigen, selbermachen, abkoppeln von den großen Versorgungssystemen, etwa durch Strom aus der Windmühle, Gas aus der Bioanlage, Gemüse vom eigenen Acker, Selbstversorgung durch Eigenarbeit, Selbsthilfe im ›kleinen Netz‹ der Gruppen, Einstieg in ein neues Gemeinschaftsleben.« (In: Öko-Politik – aber wie?, hrsg. v. G. Michelsen, Frankfurt 1983, S. 25 f.)

Die Bedeutung der Alternativbewegung liegt nicht in ihrer soziologischen Dimension, die, verglichen mit der breiteren ökologischen Bewegung oder gar mit der Gesamtbevölkerung, fast vernachlässigenswert erscheint, sondern in ihrer symbolischen, auf die übrige Gesellschaft ausstrahlenden Wirkung. Da waren junge Menschen, die mit der gegenwärtigen Industriegesellschaft, so wie sie ist und läuft, nichts zu tun haben wollten, die auf das »Modell Deutschland«, das die damals führende Regierungspartei zur Wahlwerbung benutzte, pfiffen und die schönen Plakate symbolisch durch den Staub zogen; da waren Menschen, die sich partout nicht in die bestehenden Verhältnisse integrieren und einpassen lassen wollten, sondern im Gegenteil beschlossen, da nicht länger mitzumachen, einfach auszusteigen und etwas ganz anderes, etwas Alternatives eben, zu tun. Das schockierte und faszinierte!

Es ist darum kein Wunder, daß dieses Phänomen, das vor allem in West-Berlin von sich reden machte, zu nationaler Besorgnis Anlaß gab, denn die Aussteigermentalität war nichts anderes als die entschiedene Absage an die herrschenden Verhältnisse, ihre Lebens- und Arbeitsstrukturen, ihre Denkweisen und Gesinnungen. Die Politiker fühlten sich betroffen, weil sie offenbar nicht imstande gewesen waren, diesen jungen Menschen einen Platz in der Gesellschaft zu verschaffen, mit dem sie zufrieden gewesen wären und der es ihnen möglich gemacht hätte, sich mit der bestehenden Ver-

fassungsordnung positiv zu identifizieren; die betroffenen Eltern standen erst recht ratlos vor dem Problem, weil sie nicht recht wußten, was sie bei der Erziehung ihrer Kinder, die sich nun so demonstrativ von ihrem Lebensstil lossagten, denn falsch gemacht hätten; die Publizisten stürzten sich neugierig auf diese Vorboten einer ganz anderen Kultur. Es gab eine uferlose Diskussion über die Ursachen des Aussteigertums, in der, von rechts bis links, die bekannten Erklärungsmuster für abweichendes Verhalten bemüht wurden, ohne daß sich ein hinlänglicher Konsensus hätte finden lassen. Tendenziell schrieb das linke Deutungsmuster die Schuld am Aussteigertum der Unfähigkeit der kapitalistischen Gesellschaft zu, durch geeignete strukturelle Reformen und sinnvolle Tätigkeiten die junge Generation in die Verantwortung für die gemeinsame Zukunft einzubinden, während die konservative Interpretation dazu neigt, gerade in der Aufweichung der traditionellen bürgerlichen Werte und in der sozialdemokratischen Tendenz zur Schaffung eines von der individuellen Selbstverantwortung losgelösten, kollektiven Versorgungsstaates die wesentlichen Ursachen für das irritierende Phänomen ausfindig zu machen. Die öffentliche Auseinandersetzung über die Alternativbewegung war zwangsläufig auch mit der wachsenden Besorgnis über das Verhalten der Jugend ganz allgemein und dem spürbarer werdenden Generationenkonflikt verknüpft, denn das Aussteigertum war ja vermutlich nur die extreme Ausprägung einer allgemeinen Tendenz, die der erwünschten Integration der Jugend in das bestehende politische System und das Wertsystem der Industriegesellschaft zuwiderlief.
Die massivste Beschuldigung, die im Zuge dieser Diskussion gegen die Alternativbewegung erhoben wurde, war die des *Parasitismus*. Wenn man das dem rassistischen Vokabular entlehnte und darum unbrauchbare Wort meidet und im einzelnen untersucht, wovon die Alternativbewegung und ihre Projekte tatsächlich lebten, dann ist in der Tat nicht zu bestreiten, daß ein großer Teil der wirtschaftlichen Alternativprojekte aus sich heraus nicht lebensfähig war und indirekt

von der Gesamtgesellschaft mit unterhalten wurde. Die Alternativbewegung lebt gegen die Gesellschaft und doch auch von ihr. Es ist auch schwer vorstellbar, wie es mitten im Industriesystem viel anders hätte sein können. Die Alternativen hatten ja die Macht und Wucht der eingespielten wirtschaftlichen und sozialen Institutionen immer neben oder über sich und konnten bestenfalls die Nischen besetzen, die das etablierte System frei gehalten hatte, und von da aus versuchen, Signale zu setzen. Immerhin haben sie wenigstens den Versuch gemacht, eine Zeitlang im Sinne ihrer utopischen Impulse aktiv zu sein. Sie haben damit unabsichtlich den Beweis dafür geliefert, daß die alternativen Utopien, wie sie auch in der größeren ökologischen Bewegung auf Sympathie stoßen, nicht so lebensfähig und so leicht in die spröde Wirklichkeit des sozialen Lebens übertragbar sind, wie sich das auf dem Papier oder in den Köpfen der alternativ Bewegten ausnimmt.

Joseph Huber vertritt in einem neueren Aufsatz die Auffassung, daß die Alternativbewegung nicht nur ihren Höhepunkt bereits überschritten habe, sondern in absehbarer Zeit auch ganz ausklingen werde. Die Alternativbewegung gehe in umfassenderen gesellschaftlichen Entwicklungen auf, ihre Initiativen und Ideen lebten künftig in anderen Zusammenhängen weiter. Mit dem, was sie eigentlich wollte, nämlich zeigen, daß ein ganz anderes Leben als das den Funktionen und Sachzwängen des Industriekapitalismus unterworfene möglich ist und auch Form gewinnen kann, ist sie gleichwohl gescheitert. Gescheitert ist die Alternativbewegung jedoch nicht allein an der Übermacht der Verhältnisse, die einem ihr entgegengesetzten Ordnungs- und Funktionsprinzip gehorchen, sondern wesentlich auch an sich selbst. Die Projekte litten trotz teilweise indirekter Fremdfinanzierung unter chronischem Geldmangel und schlechter äußerer Ausstattung; als ebenso schwierig erwies sich die versuchte neue Organisation (genauer wäre: Nicht-Organisation) der Arbeit, die alle hierarchischen Abstufungen und jede Fremdbestimmung verpönte und Lust und Laune zu einer Voraussetzung für Arbeitswilligkeit erhob; hinzu kamen die für die Kommunikation unter Menschen, die auf Selbstbestimmung und Selbstfindung großen Wert legen, notorischen Schwierigkeiten gegenseitiger Verständigung und Abstimmung, die nach den Worten Hubers zu einem »gruppendynamischen Dauerstress« führten, und schließlich war es die individuelle Erfahrung vieler in der Alternativbewegung engagierter junger Menschen, daß die neue Arbeits- und Lebensform ihnen nicht das erhoffte Maß an persönlicher Selbstverwirklichung brachte, mit dem sie in ihrer anfänglichen Euphorie gerechnet hatten. Auch hier spielte, wie bei allen durch utopische Konzeptionen in Gang gesetzten sozialen Prozessen, das an anderer Stelle dieses Buches ausführlich behandelte Problem der Dialektik von Euphorie und Enttäuschung eine Rolle. Die Alternativbewegung verdankte sich utopischen Impulsen, aber sie ist auch das Opfer ihres Utopismus geworden.

Wie schwierig die Gruppenprozesse unter Vertretern der Alternativbewegung sind und welche unterschiedlichen ideologischen und utopischen Motivationen dabei zum Tragen kommen können, belegt im übrigen die wechselhafte und konfliktreiche innere Entwicklung des größten alternativen Wirtschaftsprojekts, der Berliner »Tageszeitung«, das gleichwohl auch als ein Beispiel dafür genommen werden kann, daß solche Unternehmungen eine Zeitlang durchaus eine gewisse Stabilität und Dauer erreichen können, wenn sie eine Marktnische zu besetzen verstehen (vgl. den Bericht des SPIEGEL, Nr. 13, 1983), aber sie tun sich auch dann schwerer als vergleichbare bürgerliche Unternehmungen, weil sie prinzipiell »basisdemokratisch« (was in die Nähe von anarchisch geraten kann) arbeiten wollen.

In der Alternativbewegung, dies macht ihre Bedeutung als Zeitsymptom aus, haben Tendenzen, die sich auch in der gesamtgesellschaftlichen Entwicklung erkennen lassen, ihre radikalisierte Zuspitzung erfahren. Die Projekte sind von der Bewegung selbst als eine Art institutionalisierter Dauerprotest gegen die noch herrschende Gesellschaftsordnung und ihre Verkehrsformen konzipiert worden, erwiesen sich aber nur begrenzt als stabilisierungs- oder gar ausbaufähig, doch das hindert nicht, daß alternatives Denken und Fühlen künftig gerade im Rahmen der bestehenden Ordnung wirksam sein wird.

Anhänger der Ökologiebewegung und ihrer Ideologie machten verschiedentlich den Vorschlag, in den alternativen Projekten die experimentellen Vorboten der kommenden Gestalt der Industriegesellschaft zu sehen, und plädierten für mehr öffentliche Förderung und für die öffentliche Anerkennung solcher Experimente, aber mit dem Scheitern oder Ausklingen der Bewegung werden derartige Erwartungen in die Vorbildfunktion alternativer Lebens- und Arbeitsformen wohl nachlassen. Die Alternativbewegung hat unfreiwillig demonstriert, daß auf der Basis ihrer gegen die funktionalen Imperative der arbeitsteiligen Industriegesellschaft sich richtenden alternativen Prinzipien und Konzeptionen die Entwicklung dauerhafter und funktionstüchtiger sozialer und wirtschaftlicher Institutionen nicht oder nur sehr vorübergehend gelingen kann, doch die utopischen Impulse, von denen sie angetrieben wurde, sind deshalb nicht völlig erstorben. Sie sind in sehr viel gemäßigterer Form auch in der sie umgebenden Gesellschaft lebendig. Das Interesse an Selbstbestimmung und ein anarchisches (Miß)Verständnis von Freiheit ist beileibe nicht auf die Kreise der aktiven Alternativbewegung beschränkt. Gleiches gilt für die Einstellung zur Arbeit und zur Arbeitswelt, die sich ganz allgemein von den Prinzipien puritanischer Arbeitsethik weg zu mehr hedonistischen Orientierungen verlagert hat. Auch in der Betonung des Interesses an Selbsterfahrung und persönlicher Kommunikation, an autonomen Reservaten, die von Zentralisierung und Bürokratisierung nicht erfaßt werden, ist die Alternativbewegung nicht isoliert von der übrigen Gesellschaft; sie vertritt diese Positionen nur entschiedener und kompromißloser.

Im übrigen lassen sich die von der Alternativbewegung radikal zugespitzten neuen Wertorientierungen selbst in das ohnehin etwas wacklig gewordene Wertgefüge der etablierten Gruppen der demokratischen Industriegesellschaft einfügen und von ihm vereinnahmen. Der Gedanke der Gemeinschaft z. B. hat eine lange konservative Tradition, die Idee der Selbsthilfe gilt als traditionelles liberales Gedankengut und ist auch ein Kernpunkt des Subsidiaritätsprinzips der katholischen Soziallehre. Natürlich verstehen die Alternativen die ihnen wichtigen neuen Werte nicht im Sinne und erst recht nicht im Gefüge dieser älteren Traditionen, doch jene lassen sich bis zu einem gewissen Grad von diesen Traditionen assimilieren.

Der Vorsitzende des Niedersächsischen Landtags und langjährige CDU-Kultusminister Werner Remmers hat denn auch offen ausgesprochen, daß bei den Grünen »eine im Prinzip strukturelle konservative Grundhaltung zum Tragen« komme, und er macht seiner eigenen Partei sogar den Vorwurf, daß es ihr nicht gelungen sei, »diese neue konservative Grundströmung selber aufzugreifen, programmatisch zu diskutieren und politisch zu gestalten« (in: Jörg R. Mettke, Hrsg., Die Grünen, Hamburg 1982, S. 200). Remmers versteht, ganz wie die Grünen selbst, die konservative Grundströmung in der deutschen Gesellschaft als einen geschichtlichen Wandlungsprozeß, »in dem die bewahrenden Kräfte aufhören, notwendig im Gegensatz zu den fortschrittlichen Kräften zu stehen, weil umgekehrt auch der Inhalt und Richtungssinn des Fortschritts sich wandelt und der Fortschritt gerade darin besteht, die durch den Fortschritt alten Typs verdrängten menschlichen Dimensionen, Erfahrungen, Beziehungen und Erlebnisse wiederzugewinnen und auf eine zukunftsträchtige und hoffnungsvolle Weise zu bewahren.« (S. 201) Daran wird erkenntlich, wie die in der Alternativbewegung entwickelten Grundideen bei Abschleifung ihres protestierenden und provozierenden Gehalts in die übrige Gesellschaft eindringen können und dort im Rahmen des bestehenden Funktionalismus des Industriesystems assimiliert und absorbiert werden. Dann hören sie freilich auf, echt alternativ zu sein.

Wenn man will, kann man auch die Bildung der alternativen Partei der Grünen und ihre jüngste Eingliederung in das System des Parlamentarismus als einen Schritt auf das System zu interpretieren. Mit Parteibildung und parlamentarischer Anbindung hat die Alternativbewegung deutlich gemacht, daß für sie die Phase beendet ist, in der sie aus der Gesellschaft aussteigen, sich in den Nischen des Systems autonom einrichten und von der Entwicklung abkoppeln wollte. Jetzt wird sie versuchen, ohne ihre grundsätzlich kritische Haltung gegenüber dem politischen und wirtschaftlichen System der Industriegesellschaft preiszugeben, im Rahmen ihrer Möglichkeiten auf das System einzuwirken und seine Entwicklung im Sinne ihrer Ziele zu beeinflussen. Es könnte sehr wohl der Fall sein, daß sie sich in diesem Prozeß weiter verschleißt. Auch J. Huber gelangt zu der Feststellung, daß die Alternativen im Begriff sind, »sich dem politischen System ein- oder anzugliedern – sei es als neue Parteien, sei es in Form außerparlamentarischer Basisgruppen und Organisationen« (S. 32).

Die Alternativbewegung wird heute schon vielfach als kritisches Stimulans für den zu bewerkstelligenden Übergang in eine Ära begrüßt, die nicht mehr vom »sozialdemokratischen Konsensus« (Dahrendorf) bestimmt sein wird. Die Maxime der aufgeschlossenen Repräsentanten der bürgerlichen Demokratie gegenüber den Alternativen oder Grünen lautet nämlich: »Die Gesellschaft braucht Erscheinungen wie die Alternativbewegung als ständige Mahnung und Korrektiv. Sie kann und muß sie integrieren, indem sie sie als Teil ihrer selbst betrachtet.« (Claudia Mast, Aufbruch ins Paradies?, Zürich 1980, S. 85)

Man wird abwarten müssen, wie es sich wirklich damit verhält, aber vieles spricht dafür, daß der Prozeß der Vereinnahmung der Alternativen gelingen kann, und zwar um den Preis ihrer Autonomie.

4. Die Friedensbewegung

Entstehung, Ziele und Bedeutung der Friedensbewegung

Die deutsche Friedensbewegung, deren konkretes Hauptziel die Verhinderung der Stationierung neuer Atomwaffen auf dem Territorium der Bundesrepublik und Westeuropas ist und die ganz allgemein für eine Beendigung des Wettrüstens und eine entschiedene Abrüstung zwischen den Großmächten eintritt und als ersten Schritt die einseitige Abrüstung des Westens empfiehlt, steht einerseits in der Kontinuität der antimilitaristischen Strömungen, die es in Deutschland vor allem in den fünfziger Jahren (Kampf gegen die Wiederaufrüstung, Kampf gegen den Atomtod) gegeben hat, andererseits ist sie eine Reaktion auf die massive Aufrüstungspolitik der USA in der Ära Reagan sowie die Folge eines Themenwechsels seitens des vagabundierenden Protestpotentials, das in der Bundesrepublik seit den späten sechziger Jahren vorhanden ist und von wechselnden Schwerpunktthemen bestimmt wird. Dank der Konzentration auf das Thema Frieden, der übrigens nicht nur seitens der Friedensbewegung als besonders bedroht dargestellt wird, und auf Grund der dadurch erzeugten verbreiteten Ängste in der Bevölkerung konnte die Friedensbewegung weit über den Umkreis der traditionellen linken Protestgruppen und der systemkritischen Bürgerinitiativen hinauswachsen und zeitweilig den Umfang einer Volksbewegung erreichen. Dies wurde demonstriert durch die extrem hohe Beteiligung von Bürgern an einigen der großen Friedensdemonstrationen in Bonn, insbesondere der ersten vom 10. Oktober 1981, die an die 300000 Bürger aus allen Teilen der Bundesrepublik auf die Beine brachte. Die Folge war, daß die Vertreter der Regierung und der politischen Parteien, nicht zuletzt aber auch die Regierungen des befreundeten westlichen Auslands und erst recht die NATO in dieser Bewegung eine gefährliche und massenwirksame Herausforderung der hergebrachten westlichen Sicherheitspolitik zu sehen begannen.

Es ist auffallend, daß die Friedensbewegung, die seither mit allen ihren Möglichkeiten gegen die im NATO-Doppelbeschluß von 1979 eventuell vorgesehene Stationierung atomarer Mittelstreckenraketen auf deutschem Boden kämpft, nicht schon während der Vorbereitung und der dann folgenden Verabschiedung dieses Beschlusses wirksam in Erscheinung trat. Der Grund für die erst später erfolgende Konzentration der Protestbewegung auf das Friedensthema und der damit verbundenen massenhaften Erweiterung ihrer unorganisierten Gefolgschaft muß vor allem in der psychologischen Auswirkung der weltpolitischen Entwicklung seit dem Überfall der Sowjetunion auf Afghanistan gesehen werden. Damals bemächtigte sich der ganzen westlichen Welt die Sorge um ein Ende der Ära der Entspannung, die mit den KSZE-Beschlüssen von Helsinki im Jahre 1975 zwar noch formell besiegelt worden war, aber schon damals ihren Höhepunkt überschritten hatte. Die militärische Invasion Afghanistans durch die Sowjetunion ließ die Besorgnis wachsen, das ohnehin schwer auszubalancierende Gleichgewicht zwischen den Supermächten sei dadurch so empfindlich gestört worden, daß der Friede nun viel weniger sicher sei als in der Periode der Entspannung zwischen den Supermächten, von der besonders die Bundesrepublik mit Hilfe und zugunsten ihrer Ostpolitik profitiert hatte.
Für die Entstehung einer außerparlamentarischen, schnell anwachsenden Friedensbewegung in der Bundesrepublik war jedoch die neue Politik der amerikanischen Administration unter dem 1980 zum Präsidenten gewählten konservativen Ronald Reagan eine noch wichtigere Ursache als die durch Afghanistan und die späteren Ereignisse in Polen gewachsene weltpolitische Unsicherheit. Indem die Friedensbewegung in der neuen Politik des amerikanischen Präsidenten, nicht jedoch in der fortgesetzten sowjetischen Aufrüstung während der Entspannungsperiode, die sie eher bagatellisierte, den Hauptgrund für das Ende der Entspannungspolitik sah, erhielt sie auch einen antiamerikanischen Akzent. Ohne die auch die europäischen Regierungen manch-

mal irritierende neue Politik der amerikanischen Regierung, die nicht nur auf eine Wiederherstellung des angeblich verlorenen Gleichgewichts in der strategischen Ausrüstung der beiden Supermächte hinarbeitete, sondern auch eine Art von Überlegenheit über die Sowjetunion im Auge hatte, wäre die Friedensbewegung sicherlich nicht so erfolgreich gewesen, aber sie hat darüber die potentielle sowjetische Bedrohung des Friedens fast ganz aus dem Auge verloren.
Von entscheidender Bedeutung für die wachsende Beunruhigung über die Haltung der Deutschen im Rahmen des NATO-Bündnisses wurde jedoch der Umstand, daß einige der Parolen und Interpretationen der Friedensbewegung auch in die damals führende Regierungspartei, die SPD, Eingang fanden und in den Reihen dieser Partei eine heftige Debatte über die angemessenen Schritte zu einer besseren Sicherung des Friedens entfachten, die auch der Politik der eigenen Regierung Schmidt hart zusetzten. Bundeskanzler Schmidt stellte sich als Regierungschef immer entschieden hinter den sogenannten NATO-Doppelbeschluß, den die Friedensbewegung ganz rückgängig gemacht wissen wollte, doch er betonte unter dem wachsenden öffentlichen Druck, der von der Friedensbewegung ausging, um so mehr den Doppelcharakter des gefaßten NATO-Beschlusses, d. h. die Durchführung ernsthafter Verhandlungen zwischen den Supermächten mit dem Ziel, die vorgesehene Nachrüstung in Europa überflüssig zu machen. Ohne das Eindringen des Gedankenguts der Friedensbewegung, die das vereinbarte Sicherheitskonzept der NATO und die moralische Qualität der amerikanischen Führung im militärischen Bündnis massiv in Frage stellte, in die Reihen der Bonner Regierungsparteien hätte die Friedensbewegung vermutlich nicht die öffentliche Beachtung gefunden, die ihr im Inland und vor allem im Ausland zuteil wurde.
Die beunruhigende Wirkung der Friedensbewegung auf die deutsche Politik und mehr noch auf die zahlreichen Länder, denen ein Orientierungswechsel in der deutschen Außen- und Sicherheitspolitik keineswegs gleichgültig sein kann,

erklärt sich aus ihrer Radikalität und ihrem Charakter als Bewegung. Diese wiederum erklären sich aus den mit der Friedensthematik im Atomzeitalter verbundenen extremen Besorgnissen und Ängsten sowie den nicht völlig zu eliminierenden Unwägbarkeiten, auf denen die Politik der Friedenssicherung durch Abschreckung beruht. Gerade bei diesem Thema konnten das prinzipielle Mißtrauen der Protestbewegung gegenüber der herrschenden Politik und die von ihr auch auf dem Gebiet der Ökologie verfolgte Strategie, die Angst vor der Katastrophe zum Vehikel für eine grundsätzliche Umkehr in der Politik zu machen, voll durchschlagen. Schon bei ihrem Kampf gegen die friedliche Nutzung der Atomenergie hatte die Protestbewegung die Angst vor einer nicht vollständig beherrschten Atomkraft als ihr schlagkräftigstes Argument benutzt; um wieviel leichter mußte es ihr fallen, nun mit der Angst vor der Vernichtung der Menschheit, dem atomaren Holocaust, zu operieren, zumal auch bei angesehenen Persönlichkeiten des Westens, die nicht im Verdacht stehen, die legitimen Sicherheitsinteressen des Bündnisses zu mißachten, tiefgehende Zweifel an der Klugheit und friedenssichernden Wirksamkeit der seit Jahrzehnten betriebenen atomaren Abschreckungspolitik geäußert worden waren. So sagte der nicht ohne Grund im Jahr 1982 mit dem Friedenspreis des Deutschen Buchhandels bedachte amerikanische Diplomat und Historiker George F. Kennan unverblümt, daß er von dem NATO-Nachrüstungsbeschluß als Antwort auf die sowjetische Aufstellung von Mittelstrekkenraketen nichts halte. Kernwaffen seien keine Waffen im herkömmlichen Sinne. Sie seien ein riesiges Mißverständnis – ein Mißverständnis über ihre wahren Zwecke und Einsatzmöglichkeiten. Kennan ging sogar noch weiter: »Diese ganze komplizierte Wissenschaft vom nuklearen Krieg halte ich für morbid, alptraumhaft, hoffnungslos im höchsten Grade. Es würgt mir das Herz, wenn ich sehe, daß Menschen sich zu solchem Denken versteigen. Ich mißtraue auch allen Versuchen, die Probleme durch begrenzte Restriktionen des Einsatzes oder der Stationierung solcher Waffen zu lösen.

Ich sehe keine andere Lösung als die baldige und komplette Ausmusterung dieser und anderer Massenvernichtungswaffen aus den Arsenalen der Nationen.« (DIE ZEIT, 28.8.1981)
In diesen Zusammenhang gehört auch die von Carl Friedrich von Weizsäcker wiederholt geäußerte Besorgnis, daß aus der Spirale des Wettrüstens auf Grund aller menschlichen Erfahrung nicht mehr Sicherheit hervorgehe, sondern das Gegenteil, die unaufhaltsam wachsende Gefahr eines atomaren Vernichtungskrieges.

Was lange verdrängt worden war, weil das Klima der Entspannung die Hoffnungen auf ein dauerhaftes friedliches Nebeneinander der Weltmächte so sehr beflügelt hatte, trat nun mit aller Schärfe wieder in das öffentliche Bewußtsein: Eine Sicherheit, die auf der Abschreckung durch Atomwaffen beruht, ist notwendig prekär, d.h. nicht absolut verläßlich. Funktioniert die gegenseitige Abschreckung nicht mehr, womit man schlimmstenfalls rechnen muß, dann bedeutet dies, zumindest für Europa, auf jeden Fall aber für Deutschland diesseits und jenseits der Elbe, die sichere Vernichtung.

Außerdem schürte die Friedensbewegung Besorgnisse, für die sich in teilweise unbedachten Erklärungen führender amerikanischer Politiker einschließlich des Präsidenten, in Memoranden und Papieren von amerikanischen Expertenstäben immer wieder neue Anhaltspunkte finden ließen: Die Amerikaner wollten durch ihre neue Strategie Europa im Konfliktfall zum Kriegsschauplatz und damit zum Ort der Vernichtung machen, Amerika selbst jedoch vor dem gleichen Schicksal bewahren; die Amerikaner glaubten, ein atomarer Krieg lasse sich führen, ja, unter Umständen sogar gewinnen; die Amerikaner würden durch ihre massive Nachrüstung die Gefahr eines Präventivschlages seitens der Sowjetunion mutwillig heraufbeschwören, und viele andere als sichere Erkenntnisse dargebotene Behauptungen und Unterstellungen, die die Angst und Verunsicherung verstärkten und die Friedensbewegung als die einzige echt um Frieden besorgte Gruppe in der Gesellschaft erscheinen ließen.

Als propagandistisch besonders wirksam hat sich die in der Friedensbewegung sehr populäre These von der *Irrationalität des Wettrüstens* erwiesen. Nachdem ohnehin schon die Möglichkeit bestehe, mittels des sogenannten Overkill mit den vorhandenen atomaren Waffensystemen bereits das Vielfache der Zahl der Menschen zu töten, die heute auf dieser Erde leben, müssen die Bemühungen, den Overkillfaktor durch die weitere Modernisierung von Atomwaffen noch zu steigern, in der Tat als irrsinnig erscheinen, wenn man die komplizierte Mechanik der Abschreckung außer Betracht läßt. Nicht minder erfolgreich war die Friedensbewegung in ihrem Bemühen, die für das Kräfteverhältnis zwischen West und Ost sowohl auf dem Gebiet der konventionellen wie der atomaren Waffen nach wie vor fundamentale Kategorie des *Gleichgewichts* zu demontieren. Ihre Wortführer nehmen die konkreten Schwierigkeiten, die es in der Tat bei den Bemühungen gibt, jeweils festzustellen, ob die für die Sicherung des Friedens und die Wirksamkeit der Abschreckung als notwendig erachtete relative Ausgeglichenheit der Verteidigungskraft der beiden Militärblöcke tatsächlich besteht, zum Anlaß, den gängigen Gedanken des Gleichgewichts überhaupt über Bord zu werfen. Sie sehen gerade im Ringen um das Gleichgewicht die eigentliche Ursache für das maßlose Wettrüsten auf beiden Seiten. Sie denken freilich nicht darüber nach, was für politische und eventuelle kriegerische Folgen eine Situation des tatsächlichen Ungleichgewichts nach sich ziehen könnte.
Wie auch im Bereich der Ökologie macht die Friedensbewegung alle Anstrengungen, das komplexe und scheinbar erdrückende offizielle Expertenwissen in strategischen Fragen durch die Heranziehung eigener Experten zu konterkarieren. Die Inanspruchnahme der Wissenschaft gehört heute zu den Führungsmitteln der Politik. Darum war es für die Friedensbewegung besonders wichtig, mit eigenen Experten, den sogenannten kritischen Friedensforschern, dem von den politisch-militärischen Eliten für ihre Zwecke mobilisierten Sachverstand entgegenzutreten. Die Qualität der Experten

der Friedensbewegung, die sich auf einer Bandbreite bewegen, die von der Scharlatanerie über die suggestive Beschwörung bis zur seriösen wissenschaftlichen Analyse reicht, steht hier nicht zur Diskussion, doch es gehört heute zu den Erfolgsvoraussetzungen einer politischen Protestbewegung, daß sie sich auch auf Experten berufen kann, die, wie die Gegenseite, die Aura der Wissenschaft für sich in Anspruch nehmen. Aufgabe der Experten innerhalb der Bewegung ist es, dem Protest Argumente an die Hand zu geben, die vorhandenen oder geweckten Ängste rational (oft auch nur scheinbar rational) zu begründen und auf diese Weise dem Gefühl des Mißtrauens und dem Willen zum Protest gegen die westliche Sicherheitspolitik eine Art intellektuellen Überbau zu geben. Die Experten der Friedensbewegung rekrutieren sich aus Intellektuellen, welche die für die Protestbewegung charakteristische Haltung des Mißtrauens gegenüber der offiziellen Politik verinnerlicht haben und sich zum Sprecher der Basis machen, von der die Bewegung ihre eigentliche Stoßkraft bezieht. Sie sind die intellektuellen Verstärker des Protests gegen eine Politik, vor der die von der Friedensbewegung erfaßten Menschen tatsächlich, oder kraft der Macht der Suggestion, Angst haben. Erhard Eppler drückt es mit folgenden Worten aus: »Was heute an Friedensbewegung sichtbar wird, ist der verzweifelte und daher sicher nicht immer rationale Versuch, den Frieden, der von oben nicht mehr zu erwarten ist, von der Basis her zu erzwingen.« (Wege aus der Gefahr, S. 79)

Der französische Politikwissenschaftler Pierre Hassner hat die auf die Periode der Entspannung folgende Epoche, in der wir jetzt leben, als eine des heißen Friedens bezeichnet. Er sieht sie durch folgende Merkmale charakterisiert: »Einerseits ist es eine Epoche des Wiederauflebens der Ost-West-Spannung und der Risiken militärischer Auseinandersetzungen sowie auch der wirtschaftlichen Krise; andererseits folgt sie auf eine glückliche Zeit der Entspannung und der Prosperität, der wiederum eine härtere Zeit vorausgegangen war, nämlich jene des Kalten Krieges und des wirtschaftlichen

Wiederaufbaus, und sie vereint gewisse Züge der beiden vorhergegangenen Perioden. Das Resultat ist, daß nie zuvor in entscheidenden Fragen so wenig Konsens bestand.« (Schweizer Monatshefte, Febr. 1982, S. 123)

Die Friedensbewegung macht den Bruch des Konsensus in den entscheidenden Fragen der Verteidigung der westlichen Welt in aller Schärfe deutlich. Sie sieht in der jetzt eingetretenen Verschärfung der Spannungen zwischen Ost und West nicht nur eine unmittelbare Gefahr für den Frieden, sondern auch, und hier berührt sie sich mit den sozialen Interessen der Linken, eine Gefahr für die unverantwortliche Vernachlässigung der inneren Probleme, besonders im sozialen und kulturellen Sektor, die wegen vermehrter Rüstungsausgaben nicht im progressiven Sinne angegangen werden können. Die Vehemenz der Friedensbewegung ist ohne die vorausgegangene Periode der Entspannung, die sie auch um den Preis einseitiger Abrüstung zu konservieren trachtet, in der Tat nicht erklärbar. In der Phase der Entspannung zwischen Ost und West war in weiten Teilen der Öffentlichkeit das Bewußtsein verlorengegangen, daß der Ost-West-Konflikt nach wie vor besteht oder zumindest latent weiterbesteht und daß auch die Phase der Entspannung auf der Fortgeltung der militärischen Verteidigungsbereitschaft des Westens beruhte. Deshalb traten in den siebziger Jahren andere Dinge in den Vordergrund des politischen Interesses, die nun bedroht erscheinen: die Entwicklung der Dritten Welt, der Umweltschutz, innere Reformen und soziale Emanzipationsprozesse: »Man hört jetzt, daß das Fest vorbei ist, daß man auf die Vordringlichkeit der sowjetischen Bedrohung und der Militärbudgets zurückkommen muß und das zu einem Zeitpunkt, in dem die wirtschaftlichen Schwierigkeiten die neuen, auf Überfluß beruhenden Prioritäten ebenfalls in Frage stellen. Das erzeugt ein Gefühl der Verbitterung und der Verweigerung. Man muß verstehen, daß die Umkehrung einer positiven Entwicklung viel schwerer zu ertragen ist als die ihr vorausgegangene Lage. Dazu kommt, daß die Generation der Entspannung sich doppelt geschlagen geben müßte, wenn sie die Rückkehr zu den Werten und Prioritäten ihrer Elterngeneration akzeptierte, die auf einer ihr vollkommen fremden Erfahrung beruhen.« (Hassner, op.cit., S. 124)

Tatsächlich wirken in der Friedensbewegung ganz verschiedene Einstellungen und Faktoren zusammen, weshalb es auch durchaus zutreffend ist, sie als eine in sich differenzierte, heterogene, von verschiedenartigen Motiven geprägte Bewegung vieler Gruppen zu sehen.

Da sind *erstens* die von der Angst vor einem Krieg motivierten Pazifisten religiöser und säkularer Ausrichtung; erstere finden sich vor allem innerhalb der evangelischen Kirche. Sie treten ein für einseitige Abrüstung und rekrutieren sich insbesondere aus den Kriegsdienstverweigerern. Dieser Pazifismus ist unpolitisch: Er hält nichts von Expertenmeinungen, es sei denn, sie stützten die eigenen Absichten; er meint, daß mit konkreten, im Westen zuerst zu vollziehenden Schritten zur Abrüstung der Weg frei würde zu einer Abrüstung im Weltmaßstab, was eine gefährliche Illusion ist; er erwärmt sich für illusionäre Konzepte einer »sozialen Verteidigung«, wie der Berliner Friedensforscher Theodor Ebert sie unverdrossen propagiert. Soziale Verteidigung ist gewaltfreie Verteidigung ohne Waffen, die gleichwohl in der Lage sein soll, den Angreifer wirksam abzuschrecken, da er fürchten müßte, das von ihm eventuell besetzte Land wegen des Zivilwiderstandes der Bevölkerung in Form der sozialen Verteidigung nicht funktionsfähig erhalten zu können, bzw. eine Aufrechterhaltung der Besetzung so aufreibend und teuer würde, daß die Nachteile die Vorteile einer solchen Aggression bei weitem überwiegen müßten. Dieses Konzept ist so wirklichkeitsfremd, daß sich eine eingehende Auseinandersetzung mit ihm m.E. erübrigt, aber es offenbart den teilweise utopischen und illusionären Hang in der Friedensbewegung.

Da sind *zweitens* diejenigen, die wie die gesamte ökologische Bewegung in vermehrten Verteidigungsanstrengungen nicht nur eine Erhöhung des Kriegsrisikos, sondern eine

Vergeudung kostbarer Ressourcen und eine unverantwortliche Verschwendung von Mitteln sehen, die anderswo, etwa im Sozialbereich oder in der hungernden Dritten Welt, viel besser und humaner eingesetzt werden könnten. Sie fürchten die Unterordnung des sozialen Lebens unter militärische Gesichtspunkte; sie sprechen sogar von einer »Militarisierung des Lebens in der Bundesrepublik« (Günter Gaus), wie sie übrigens im Hinblick auf den Ausbau der Kernenergie schon in der Idee des »Atomstaates« angesprochen wurde. Diese Art von Sozialpazifismus motiviert sich aus der Sorge um die Veränderung der Prioritäten staatlicher Ausgabenpolitik zuungunsten der Werte und Zielsetzungen – wie etwa Umweltschutz, vermehrte Bildung, Entwicklungshilfe etc. –, die diesen Gruppen besonders wichtig erscheinen.

Eine *dritte* Gruppe, die in der deutschen Friedensbewegung ziemlich aktiv ist, ist die der unabhängigen Sozialisten, die sowohl gegenüber der kapitalistischen Industriegesellschaft wie gegenüber dem bürokratischen Staatssozialismus der kommunistischen Länder kritisch eingestellt sind und für einen Dritten Weg kämpfen. Für sie ist die Unabhängigkeit und Souveränität der deutschen Politik von den Zwängen der Bündnissysteme ein erstrebenswertes nationales Ziel, die Abkoppelung der BRD von den USA eine langfristig notwendige Bedingung für den Frieden in Deutschland. In diesem Lager besteht ein Interesse an *neutralistischen* Positionen, wie sie in der Friedensbewegung vielfach erkennbar geworden sind, ja sogar die illusorische Hoffnung auf eine Zusammenarbeit der beiden deutschen Staaten für die Sicherung des Friedens, die den Prozeß der nationalen Wiedervereinigung einleiten könnte.

Schließlich bleiben noch als *letzte*, sieht man ab von der großen, nicht organisierten Gruppe der Nuklear-Pazifisten, denen jede atomare Abschreckung zutiefst suspekt ist, die kommunistisch organisierten und von den kommunistischen Parteien der DDR und der Sowjetunion mehr oder weniger abhängigen Gruppen und Organisationen. Sie haben bei der ersten großen Unterschriftenaktion der Friedensbewegung, dem sogenannten Krefelder Appell, eine nicht unwichtige Rolle gespielt, doch ist die oft geäußerte Vermutung, die organisierten Kommunisten beherrschten die deutsche Friedensbewegung, nicht zutreffend. Eine so große und heterogene soziale Bewegung, die aus vielerlei kleinen Gruppen und unzähligen Individuen besteht, die sich um den Frieden sorgen, ist nicht von außen fremdbestimmt; sie läßt sich durch straff organisierte Kommunisten nicht so ohne weiteres beherrschen, allenfalls für deren Zwecke ausnutzen. Faktisch, daran kann kein Zweifel bestehen, decken sich die konkreten politischen Ziele der Friedensbewegung, in erster Linie die Verhinderung der sogenannten Nachrüstung, mit den Interessen der Sowjetunion, was nicht heißt, daß die Friedensbewegung ein Instrument sowjetischer Politik wäre. Ihre eigentliche Bedeutung liegt in ihrer Auswirkung auf die Politik des westlichen Verteidigungsbündnisses.

Die Friedensbewegung ist die bisher letzte und auch massenwirksamste Ausprägung der stets latenten Protestbereitschaft beachtlicher Minderheiten in der Bundesrepublik. Sie hat einen unmittelbaren Einfluß auf die außen- und sicherheitspolitischen Entscheidungen der Bundesregierung und des Parlaments nicht nehmen können; es bestand nur vorübergehend die Besorgnis, daß bei einem Wahlergebnis, das eine mögliche Regierung der SPD von der Tolerierung durch die Grünen abhängig gemacht hätte, ein Einfluß der Friedensbewegung auf die deutsche Sicherheitspolitik gegeben gewesen wäre, doch diese Befürchtung ist durch den überzeugenden Wahlsieg der CDU/CSU in Verbindung mit der F.D.P. hinfällig geworden. Unklar ist noch, in welchem Umfang sich die SPD in der Opposition für die Argumente und Ziele der Friedensbewegung aufgeschlossen zeigt.

Die Friedensbewegung ist Ausdruck eines tiefen Unbehagens vieler Bürger an der Entwicklung der modernen Zivilisation im nuklearen Zeitalter und an den potentiell friedensgefährdenden internationalen Beziehungen in der heutigen Welt. Das massenhafte Engagement für den Frieden nährt sich aus dem diffusen Gefühl der Unsicherheit und Unzufriedenheit, das sich seit spätestens Mitte der siebziger Jahre in der Bundesrepublik stärker ausgebreitet hat und mit der Friedensbewegung endemisch zu werden drohte. Auch hier hat die Bundestagswahl vom 6. März 1983 in etwa Klarheit darüber geschaffen, wo die Mehrheit der deutschen Bevölkerung in ihrer Beurteilung des Friedensproblems steht, doch damit sind die fortwirkenden Besorgnisse aktiver Minderheiten, die sich insgesamt für eine latente Mehrheit halten, erst recht nicht besänftigt worden. Die Friedensbewegung, die sich jetzt zum Widerstand gegen die Stationierung neuer Atomraketen in der Bundesrepublik rüstet, wird noch eine Zeitlang ein kritischer Faktor in der deutschen Politik bleiben, der nicht nur die außen- und sicherheitspolitischen Bindungen und Kontinuitäten der bundesdeutschen Politik plebiszitär unter Druck setzt, sondern auch den inneren Frieden der Republik auf eine ernste Probe stellt.

Die Friedensbewegung in der deutschen Sozialdemokratie

Es hat maßgeblich zur Schwächung des äußeren Erscheinungsbildes der Sozialdemokratischen Partei in den letzten Jahren beigetragen, daß gerade in dieser Partei die Auseinandersetzungen über die Sicherheitspolitik besonders kontrovers geführt wurden. Führende sozialdemokratische Politiker wie Erhard Eppler oder Oskar Lafontaine wagten den offenen innerparteilichen Kampf gegen die Position des sozialdemokratischen Bundeskanzlers und Verteidigungsministers. Die sozialdemokratischen Parteitage der letzten Jahre wurden zu von der Öffentlichkeit mit großer Spannung beobachteten Schauplätzen eines erbitterten Ringens um die richtige Sicherheitspolitik für die Bundesrepublik. Dabei obsiegte zwar stets die Linie des Bundeskanzlers und der hinter ihm stehenden Parteimehrheit, doch war offenkundig, daß die Minderheit sich als Exponent der deutschen Friedensbewegung verstand und den Versuch machte, die

Sozialdemokratische Partei auf die Linie der von der Friedensbewegung entwickelten kritischen Position gegenüber der gültigen NATO-Militärstrategie und insbesondere gegenüber dem NATO-Doppelbeschluß zu bringen. Auch für die Kontroverse innerhalb der SPD war typisch, daß sie seitens der Gegner der Regierungspolitik Helmut Schmidts mit jener Leidenschaftlichkeit und Radikalität bestritten wurde, die man bei allen Protestbewegungen antrifft.
Die Virulenz des Friedensthemas innerhalb der Sozialdemokratischen Partei hat besondere Gründe:

1. In der Sozialdemokratie gab es von ihrer Tradition her stets ein Element des *Pazifismus*, das angesichts einer scheinbar oder tatsächlich vergrößerten Gefahr für den Weltfrieden sich nun wieder stärker bemerkbar machen konnte.
2. Die mit dem Nachrüstungsbeschluß verfolgte Politik sollte für Europa zwar das Gleichgewicht in der gegenseitigen atomaren Abschreckung wiederherstellen, doch wurde sie von sowjetischer Seite als ein Anschlag auf die *Politik der Entspannung* interpretiert, jener Politik, an der die Sozialdemokratie, die so viel zu ihrer Realisierung beigetragen hatte, besonders intensiv festhalten wollte. Es ist das fortwirkende starke Interesse an der Aufrechterhaltung der Entspannung, insbesondere an der Wahrung der verbesserten Beziehungen zwischen den beiden deutschen Staaten, das in der Sozialdemokratie zu wachsenden Zweifeln an der Richtigkeit des NATO-Doppelbeschlusses geführt hat und auch den Bundeskanzler Helmut Schmidt dazu drängte, den Verhandlungsteil des Beschlusses in besonderer Weise zu betonen.

Andere äußerten die feste Überzeugung, die Politik der Amerikaner ziele darauf ab, nur Europa zum atomaren Kriegsschauplatz zu machen, und es sei daher notwendig, im Interesse der Deutschen eine derartige Politik zu vereiteln. Von da aus war es nur mehr ein kurzer Schritt bis zu der These, daß die Deutschen in beiden deutschen Staaten ein gemeinsames Interesse an einer Politik der kontrollierten

Abrüstung entwickeln sollten, ja, daß sie im Angesicht der Bedrohung durch die militärische Entwicklung ein Stück gemeinsamer Identität wiederfinden könnten.

Ein anderer Kritikpunkt innerhalb der Sozialdemokratischen Partei gegenüber den von ihrer Regierung vertretenen Positionen war der Vorwurf, sich zu sehr in den Bannkreis militärtechnischer Argumentationen begeben zu haben. Günter Gaus sprach unter diesem Blickwinkel von der Bundesrepublik als einem »militärischen Staat« (!) (Kursbuch 71, S. 119). Wir seien in diese mißliche Situation gelangt, weil wir die Sandkastenspiele der Experten nicht ernst genug genommen hätten. Man verurteilte in der sozialdemokratischen Minderheit generell die Orientierung an einem mechanischen Gleichgewichtsdenken in bezug auf die Waffensysteme und forderte den Vorrang der Politik gegenüber militärtechnischen Sachzwängen.

Vorrang der Politik bedeutete insbesondere Wahrnehmung und eventuelle Abgrenzung deutscher und europäischer Interessen von den amerikanischen. Viele friedensbewegte SPD-Mitglieder waren überzeugt davon, daß die amerikanischen und die deutschen bzw. europäischen Sicherheitsinteressen keineswegs konform wären und daß man um der Erhaltung der Entspannung willen besonders darauf bedacht sein müßte, auch die sowjetischen Sicherheitsinteressen im Blick zu behalten, um Wege für eine Entschärfung der Konfrontation zwischen den beiden Supermächten zu erkunden und offenzuhalten. In diesem Zusammenhang wurde dann der Gedanke der *Sicherheitspartnerschaft* geprägt, ein Begriff, der von dem Mißverständnis nicht frei war, die Partnerschaft mit der Sowjetunion sei für uns ebenso wichtig wie die Partnerschaft mit den USA, ohne angemessen zu berücksichtigen, daß die Bundesrepublik als Teil des westlichen Bündnisses nicht in gleicher Distanz zu Washington wie Moskau verharren kann, weil sie ein primärer Partner des amerikanischen Sicherheitssystems ist und bleiben muß. Der Gedanke der Sicherheitspartnerschaft, dies ist sein positiver Kern, wie ihn auch Helmut Schmidt vertrat, will die atoma-

ren Supermächte vom Pfad der Freund-Feind-Konfrontation abbringen und deutlich machen, daß beide nur als Partner in dem gemeinsamen Unternehmen der Friedenssicherung im Atomzeitalter eine wirkliche Chance haben, die tödliche Gefahr einer kriegerischen Konfrontation zu bannen. Da man in der gegebenen Situation in erster Linie in gewissen amerikanischen Vorstellungen und Maßnahmen eine Bedrohung der gewünschten Sicherheitspartnerschaft sah, richtete sich der ängstliche Argwohn vieler SPD-Mitglieder mehr gegen die Politik der Vereinigten Staaten als die der Sowjetunion, deren atomare Aufrüstung mit neuen Mittelstreckenraketen als ein nicht weiter zu diskutierendes Datum nahezu kritiklos hingenommen wurde.
Hinzu trat die Besorgnis, daß eine neue Ära des Rüstungswettlaufs die Chancen Europas, sich im Interesse der Fortsetzung der Entspannung von den Supermächten unabhängiger zu machen, drastisch vermindern würde. Egon Bahr schrieb: »Konfrontation führt zweifelsfrei zu einer Zunahme militärischen Denkens, militärischer Prädominanz über politisches Denken. Sie führt damit zu einer Schwächung Europas, zur leichteren Beherrschung der westeuropäischen Länder durch die USA.« (Die neue Gesellschaft, Febr. 1983, S. 107) Egon Bahr und andere in der SPD sehen darum in einer Bewußtmachung der besonderen Situation Europas und seiner Chancen für eine Minderung der Spannung zwischen den Supermächten eine wichtige Aufgabe der künftigen Außen- und Sicherheitspolitik. Sie sind damit einer Konzeption verpflichtet, die der Publizist Peter Bender in seinem jüngsten Buch »Das Ende des ideologischen Zeitalters – Die Europäisierung Europas« (Berlin 1981) in all ihren Einzelheiten ausgebreitet hat. Bender setzt angesichts des erneut aufgebrochenen Dualismus der beiden Supermächte auf die Bewußtwerdung Europas, und zwar eines Europa, das sowohl die europäischen Länder im Bereich der Sowjetunion wie Westeuropa umfaßt. Er sieht die politische Aufgabe der Europäer darin, den gefährlichen Konfrontationsdualismus der beiden Supermächte in seiner Wirksamkeit einzuschränken.

Für ihn ist es wichtig, daß Europa unabhängig genug wird, um sich dem Konflikt der Großmächte entziehen zu können. In dieser Konzeption steckt mehr Wunschdenken als Realanalyse. Gleichwohl hat sie eine gewisse Attraktivität auf Teile der Friedensbewegung, auch auf SPD-Politiker wie Egon Bahr, ausüben können.
Der politisch wichtigste und weittragendste Gedanke Peter Benders ist jedoch seine Überzeugung, daß die Entideologisierung, die in den Staaten des real existierenden Sozialismus um sich gegriffen habe, diese Staaten zu normalen Staaten gemacht habe, die darum auch in ein normales Verhältnis zu den westeuropäischen Staaten treten könnten. Dieses Verhältnis müsse nun nicht mehr länger durch einen unversöhnlichen und unaufhebbaren ideologischen Gegensatz bestimmt sein, für den es keine reale Grundlage mehr gebe, sondern könnte sich frei nach den spezifischen Interessen der jeweiligen Länder, also ideologieunabhängig entwickeln. Bender ebnet damit den nach wie vor existenten, wesentlichen Unterschied zwischen einer kommunistischen Diktatur und einer freiheitlichen Ordnung stark ein, und er sieht auch das Verteidigungsproblem von dem ideologischen Gegensatz zwischen Freiheit und Unfreiheit weitgehend entlastet. Darum kann er in der amerikanischen Politik des Präsidenten Reagan mit ihren an die Zeit des Kalten Krieges erinnernden Tönen nur eine gefährliche Wiederbelebung eines ideologischen Kreuzzugsdenkens sehen, von dem Europa im Interesse der Sicherung der Entspannung sich tunlichst lösen solle. Bender will den Schwerpunkt der Sicherheitspolitik auf die Verstärkung der wirtschaftlichen und kulturellen Zusammenarbeit zwischen Ost und West legen und gibt sich dem riskanten Glauben hin, daß man durch diese Zusammenarbeit ein weitaus höheres Maß an Sicherheit gewinne als durch vermehrte Rüstungsanstrengungen, die vergeblich ein schlechterdings nicht zu definierendes militärisches Gleichgewicht zu stabilisieren suchten. Bender insistiert insbesondere auf den geopolitischen Notwendigkeiten, die für Europa und insbesondere für das geteilte Deutschland eine

andere Sicherheitspolitik notwendig machten, als es den USA heute sinnvoll erscheine. Die Westeuropäer seien es den Amerikanern schuldig, sie von dem Zwang zu befreien, immer und überall den starken Mann zu spielen... »Die Westeuropäer haben in ihrer überwiegenden Mehrzahl erkannt, daß sie mit den Vereinigten Staaten verbündet bleiben, sich aber zwischen Washington und Moskau politisch einrichten müssen. Den Amerikanern erscheint jede Entfernung von Amerika als Annäherung an die Sowjetunion, für die Westeuropäer ist es die Rückkehr zum Normalzustand, wenn sie ebenso Europäer sind wie Demokraten.« (S. 204f.)

Die Brisanz der Benderschen Überlegungen liegt in ihrer Entideologisierung des Ost-West-Problems. Sie ignorieren bewußt den Umstand, daß das westliche Verteidigungsbündnis sich nicht nur als ein militärisches Bündnis gegenüber einem anderen Militärblock begreift, sondern als eine Gemeinschaft von Staaten, die sich, ausgehend von der fundamentalen Idee der Freiheit, zu gemeinsamen Werten bekennt und sich um der Verteidigung dieser Werte und der von ihnen getragenen Regierungs- und Lebensform willen eine militärische Bündnisorganisation gegeben hat.

In der Diskussion solcher Konzeptionen offenbarte sich die auch in Teilen der SPD in den letzten Jahren vor sich gegangene Einstellungsänderung gegenüber dem Kommunismus auf der einen Seite, der westlichen kapitalistischen Demokratie auf der anderen Seite. Für die deutsche Linke war die für die Nachkriegszeit charakteristische Vorbildhaftigkeit der amerikanischen Demokratie seit Vietnam und Watergate dahingeschwunden, und umgekehrt hatten die Prozesse der Entstalinisierung und Entspannung in den Augen vieler Linker in Europa der Sowjetunion den Schrecken genommen, ein die Menschenwürde mißachtendes totalitäres Regime zu sein. Die innere Distanzierung von der amerikanischen Demokratie ging mit einer Abschwächung der negativen Züge der kommunistischen Diktatur einher und begünstigte eine politische Haltung, die nach einem sozialistischen dritten

Weg zwischen westlichem Kapitalismus und östlichem Kommunismus suchte. Es war nur die Konsequenz einer solchen Einstellung, daß man die Sowjetunion in ihrer Politik und Strategie gegenüber dem Westen vielfach als weniger gefährlich und bedrohlich einschätzte als bestimmte Maßnahmen und Absichtserklärungen der Führungsmacht des westlichen Bündnisses. Auf dem Boden dieser Einstellung, die freilich nur selten deutlich artikuliert wurde, wuchsen dann jene Neigungen zum Neutralismus bzw. zum Antiamerikanismus, die in der Debatte über die westliche Sicherheits- und Bündnispolitik vor allem aus amerikanischer und französischer Sicht eine so wichtige und z. T. übertriebene Rolle spielten.

Entscheidend für das gesteigerte kritische Interesse der verbündeten Westmächte an der jüngsten Entwicklung in der Bundesrepublik war somit nicht die Friedensbewegung allein, sondern der Umstand, daß Ideen und Absichten der Friedensbewegung innerhalb der Sozialdemokratischen Partei selbst Fuß gefaßt hatten und, wenn auch im Status einer Minderheit verbleibend, die bewährte Sicherheitspartnerschaft mit den USA in Frage stellten.

Es war dieses Kokettieren mit neuen Perspektiven, es war die als neue politische Verpflichtung der deutschen Sozialdemokratie entdeckte Idee eines *linken Patriotismus*, die bei den westlichen Verbündeten der Bundesrepublik so große Besorgnisse und Verstörungen verursachte. Sie schienen zu befürchten, dieser Trend in der Sozialdemokratie könnte langfristig zu einer Neuorientierung der Bundesrepublik im Atlantischen Bündnis führen, insbesondere im Falle einer politischen Zusammenarbeit von Grünen und Sozialdemokraten in der Regierung. Diese Befürchtungen sind am 6. März zur großen Erleichterung der westlichen Verbündeten, insbesondere der USA und Frankreichs, in sich zusammengefallen, aber die künftige Rolle der Friedensbewegung in der deutschen Politik wird maßgeblich abhängen von der sicherheitspolitischen Position, zu der die SPD sich in der Opposition durchringt.

Die Friedensbewegung in der Evangelischen Kirche

Die deutsche Friedensbewegung hatte von Anfang an in kirchlichen Gruppen, vor allem im Bereich der Evangelischen Kirche Deutschlands, eine wesentliche Stütze. Diese Auseinandersetzung hat die Amtskirche, in deren Rahmen die zahlreichen christlichen Friedensgruppen operieren, vor eine neue Herausforderung gestellt. Sie muß sich bemühen, trotz tiefgehender politischer Meinungsverschiedenheiten über die politische Umsetzung des christlichen Friedensgebots die innere Einheit der Kirche zu wahren und allen Versuchen einer einseitigen Politisierung des kirchlichen Auftrags für die Welt zu wehren. Das Problem des Friedens tangiert die christliche Kirche ja in einer besonderen Weise, weil die Wahrung, Förderung und ständige Erneuerung des Friedens als eine vom Evangelium legitimierte, zentrale sittliche Aufgabe des Menschen in dieser Welt angesehen wird. Die christliche Lehre von der Versöhnung des Menschen durch den Frieden mit Gott legt den Kirchen und den ihnen eingegliederten Gläubigen die Verpflichtung auf, auch nach Wegen des Friedens unter den Menschen zu suchen und im Rahmen der kirchlichen Möglichkeiten einen konstruktiven Beitrag zur Sicherung und Förderung des Friedens in der Welt zu leisten. Die Ende 1981 auf dem Höhepunkt innerkirchlicher Auseinandersetzungen über die Friedensfrage erschienene Denkschrift der Evangelischen Kirche Deutschlands trägt darum auch den Titel »Frieden wahren, fördern und erneuern«.

Von Anfang an war es die Absicht der innerhalb des kirchlichen Raums tätigen Gruppen der Friedensbewegung, die offizielle Kirche zur Kritik und zum Widerstand gegen die Stationierung neuer Atomwaffen auf deutschem Boden zu mobilisieren. Sie wollte die verfaßte Kirche dazu drängen, einseitige Abrüstungsmaßnahmen zu befürworten, und der gegenwärtigen Sicherheitspolitik der NATO und der Bundesregierung überhaupt jede christliche Legitimation absprechen.

Während die Katholische Kirche der Bundesrepublik die auch in ihren Reihen aufkeimende Friedensbewegung ziemlich unter Kontrolle zu halten verstand, indem sie wie eh und je an den Friedenswillen der Mächtigen und ihre Verantwortung für die Erhaltung des Friedens appellierte, ohne sich in irgendeiner Weise darauf festzulegen, mit welchen militärischen Mitteln der Friede am besten gesichert werden könnte – erst das Memorandum der Bischöfe vom April 1983 offenbart eine vorsichtige Annäherung an die Friedensbewegung –, geriet die Evangelische Kirche, in der seit der Studentenbewegung bei vielen Theologen eine Öffnung zu einer »politischen Theologie« bemerkbar ist, ungleich stärker unter Druck. Zuweilen schien es sogar, als sei die Evangelische Kirche in Deutschland ein besonders aktiver Teil der Friedensbewegung, obwohl die Amtskirche selbst nie etwas anderes verlautbart hat als ihre berechtigte Sorge um die Wahrung des Friedens und die Verpflichtung des Christen zu Frieden und Versöhnung. Zu diesem Eindruck hatte nicht zuletzt der Evangelische Kirchentag in Hamburg im Juni 1981 beigetragen, in dem der deutschen Friedensbewegung ihr erster großer Durchbruch in die Öffentlichkeit gelang. Der Deutsche Evangelische Kirchentag ist jedoch nicht identisch mit der verfaßten Kirche; er ist eine von der Amtskirche zwar begrüßte und geförderte, institutionell aber unabhängige Laienorganisation, die auf diesen für alle Interessierten offenen großen Christentreffen zur Sprache bringen will, was die Menschen in der Kirche gerade bewegt und ihnen die Möglichkeit bietet, durch Feier, Spiel, Belehrung, Besinnung und offene Diskussion christliches Leben in dieser Zeit zu vergegenwärtigen. Wenn Kirchentage eine Art von Seismograph für den protestantischen Zeitgeist, für die geistigen und emotionalen aber eben auch politischen Strömungen in der evangelischen Kirche und ihren vielfältigen Gruppen sind, so war der Hamburger Kirchentag zweifellos ein Beweis dafür, daß die Sorge und Angst um den Frieden bei vielen Christen, insbesondere bei den zahlreichen Jugendlichen, die ihm neuerdings das Gepräge eines Jugendfestivals geben, besonders vordringlich war. Obwohl, wie immer bei Kirchentagsveranstaltungen, der Versuch gemacht wurde, alle wichtigen, also auch die offiziellen Standpunkte in der Friedensdebatte zu Gehör kommen zu lassen, war doch die Kritik und Aggressivität eines großen Teils des Kirchentagspublikums gegenüber den Verteidigern der sogenannten Nachrüstung unüberhörbar und darum auch von großem öffentlichem Interesse. Diese Einstellung dominierte auch zwei Jahre später auf dem Kirchentag in Hannover, äußerte sich jedoch nicht mehr so aggressiv und intolerant. Hier wie dort geriet die Amtskirche durch die christlichen Friedensgruppen immer mehr unter Druck, ihre bewußt allgemeingehaltene Friedensbotschaft, die der Politik die Wahl der Mittel zur Sicherung des Friedens aus Kompetenzgründen überließ, politisch zu konkretisieren, und zwar im Sinne einer unmißverständlichen Parteinahme gegen jede zusätzliche Atombewaffnung, ja gegen die Strategie der atomaren Abschreckung überhaupt.

In dieser Situation sah sich die Evangelische Kirche in Deutschland veranlaßt, ihre Kammer für öffentliche Verantwortung, in der sachverständige Theologen und Laien Probleme diskutieren und Empfehlungen erarbeiten, die den Öffentlichkeitsauftrag der Kirche für die Welt betreffen, um die Ausarbeitung einer Friedensdenkschrift zu ersuchen, die Ende 1981 fertiggestellt und der Öffentlichkeit übergeben wurde. In dieser Denkschrift, die sich generell dafür einsetzt, die Sicherung und Erneuerung des Friedens unter den Völkern nicht allein im Rahmen militärischer Überlegungen zu sehen, sondern der jeder militärischen Rüstung vorausliegenden *politischen* Sicherung des Weltfriedens das Wort zu reden, bekräftigte die EKD ihre bereits 1958 in den sogenannten Heidelberger Thesen bezogene Position, derzufolge das Mittel der Atomrüstung als eine christliche Handlungsweise dann noch gerechtfertigt werden kann, wenn sie dem Ziel dient, einen Frieden in Freiheit zu sichern. Zwar beharrt die Kirche auf dem grundsätzlichen Standpunkt, daß es eine Rechtfertigung des Atomkrieges im Sinne der alten

Lehre vom gerechten Krieg nicht geben kann, aber sie hält daran fest, daß auch die Abschreckung mit Atomwaffen zwecks Sicherung des Friedens eine von Christen zu bejahende Möglichkeit darstellt, das Friedensgebot zu erfüllen. Die jüngste Denkschrift bleibt auf der schon am Ausgang der ersten innerkirchlichen Friedensbewegung der fünfziger Jahre formulierten Erkenntnis stehen, daß für den Christen »Friedensdienst mit und ohne Waffen« gleichermaßen möglich ist, ungeachtet der Tatsache, daß für die Kirche prinzipiell das Ziel aufrechterhalten bleiben muß, den Krieg als politisches Mittel überwindbar zu machen. »Die Kirche muß durch ihr öffentliches Wort das Ihre dazu beitragen, der notwendigen Einsicht zum Durchbruch zu verhelfen, daß der Friede Lebensbedingung des technischen Zeitalters und Krieg unter keinen Umständen ethisch zu rechtfertigen ist.« (Friedensdenkschrift, S. 61)
Die engagierten Gruppen der Friedensbewegung innerhalb der Evangelischen Kirche waren mit dem Tenor dieser Denkschrift nicht zufrieden, obwohl sie ihnen das Recht auf ihre harte Kritik an den konkreten militärischen Maßnahmen zur Sicherung des Friedens ausdrücklich zubilligte. Sie sehen es als ihre Aufgabe an, auch die verfaßte Kirche dazu zu veranlassen, die Modernisierung der Abschreckung mit Atomwaffen als mit dem christlichen Friedensgebot nicht vereinbar zu verurteilen und einer solchen Politik die ethische Rechtfertigung zu versagen.
Die Anhänger der Friedensbewegung argumentieren radikal gesinnungsethisch; sie sehen in der Aufrechterhaltung des Friedens ein Ziel von »höchster ethischer Verbindlichkeit« (Wolfgang Huber), in der militärischen Abschreckung durch Atomwaffen jedoch Mittel, die ethisch nicht mehr zu rechtfertigen sind. Sie verurteilen nicht allein den *Einsatz* von atomaren Massenvernichtungswaffen, wie dies auch die offizielle Kirche tut, sondern bereits die *Drohung* mit solchen Waffen, d. h. die Abschreckung. Sie äußern mit Gewißheit die Besorgnis, daß bei einem fortschreitenden Rüstungswettlauf die zuverlässige Kontrolle über den Nicht-

einsatz dieser Mittel nicht garantiert werden kann; sie sehen generell eine Zunahme der Gefahren, die zu einer atomaren Katastrophe führen müssen und plädieren deshalb nicht nur für den Verzicht auf jede Aufstockung der atomaren Drohmittel, sondern auch für eine sofortige oder allmähliche (gradualistische) Beseitigung des atomaren Drohpotentials durch Abrüstung, die im Westen beginnen müßte. Sie sind der theologischen Überzeugung, daß bereits die Strategie nuklearer Abschreckung und nicht erst die dieser Abschrekkung zugrundeliegende Einsatzmöglichkeit von Atomwaffen eine Sünde seien und darum von der Kirche verurteilt werden müßten. Mit der Beibehaltung dieser Art von Waffen verbinde sich, so behaupten sie, die Bereitschaft, »die Schöpfung Gottes in ein Chaos zu verwandeln«. Aus diesem Grund sei die atomare Abschreckung, jenes »Gleichgewicht des Schreckens«, auf dem, nach verbreiteter Auffassung, der Weltfriede zwischen Ost und West bisher beruht hat, entschieden abzulehnen. Dies gelte erst recht für jede Verstärkung oder Modernisierung des Potentials dieser Abschrekkung. Um der Eindeutigkeit des christlichen Friedenszeugnisses willen sei ein klares Nein gegen alle Massenvernichtungswaffen und gegen jede Fortsetzung einer atomaren Rüstungspolitik notwendig und christlich geboten.
Die Vertreter der kirchlichen Friedensbewegung geben sich überzeugt, daß die Sicherung eines gewissen militärischen Gleichgewichts auch im Bereich der atomaren Abschrekkung nicht ein geeignetes Mittel zur Sicherung des Friedens darstelle, sondern eher das Gegenteil bewirke: die Bereitschaft zum atomaren Krieg und damit zur Zerstörung der Schöpfung. Diejenigen christlichen Friedensgruppen, die nicht von vornherein dafür plädieren, *ohne jede Rüstung zu leben* und jede militärische Verteidigung einfach abzuschaffen oder eine Art *sozialer Verteidigung* an ihre Stelle zu setzen, plädieren entschieden dafür, einseitige Abrüstungsschritte zu tun, in der Hoffnung – mehr ist es nicht –, so schließlich zu einer wirksamen Abrüstung beider Seiten zu kommen. Sie verfolgen das allgemeine Ziel, den von Gott

dem Menschen verheißenen religiösen Frieden zum Weltfrieden zu machen.
Die neue Friedensbewegung innerhalb der Kirche hat jedoch ein vorrangiges und konkretes politisches Ziel, das sie mit der Friedensbewegung aus anderen gesellschaftlichen Lagern teilt. Sie will die Aufstellung neuer, modernisierter Atomwaffen auf deutschem und europäischem Boden um jeden Preis verhindern. Soweit sie überhaupt im Rahmen der gegenwärtigen strategischen Diskussion argumentiert, stellt sie den Gedanken des Gleichgewichts in Frage, von dem bekanntlich alle Verhandlungen der Supermächte über eine mögliche Eindämmung der gegenseitigen Gefahr bestimmt sind, und offenbart damit ihren mangelnden Realismus und ihr Mißtrauen gegenüber der westlichen Verteidigungspolitik. Wo sie rein ethisch argumentiert, etwa im Sinne der moralischen Ächtung aller Atomwaffen, ja des Einsatzes von Gewaltmitteln überhaupt, oder in der Berufung auf die Bergpredigt, bleibt sie erst recht unpolitisch.
Die starke Wiederbelebung eines gesinnungsethischen Pazifismus in vielen kirchlichen Gruppen ist ein beunruhigendes Zeichen dafür, daß man nicht in der Lage ist, die Funktion und Wirksamkeit politischer und militärischer Macht für die Sicherung des Friedens angemessen einzuschätzen. Erst recht ist man nicht dazu fähig, die möglichen Folgen einer einseitigen Politik der Abrüstung für die Wahrung der Freiheit abzuschätzen. Die christliche Friedensbewegung will, ausgehend vom Gebot des Friedens und der Versöhnung, die herkömmlichen Mechanismen der Friedenssicherung außer Kraft setzen, denen sie mißtraut, aber sie stellt sich nicht die Frage, was die macht- und sicherheitspolitischen Folgen einer einseitig unternommenen Abrüstung für den Westen wären. Sie sieht nur die jetzt drohende Gefahr – nicht aber die möglichen Gefahren, die aus ihrem gesinnungsethischen Radikalismus erwachsen könnten.
Es ist nicht von ungefähr, daß gerade die Kirchen zum Sammelpunkt vieler Gruppen der Friedensbewegung geworden sind, denn Arbeit für den Frieden gilt als die Erfüllung eines

wichtigen christlichen Gebots. Dies erklärt, warum die Bewegung in den Kirchen besonders lebendig und aktiv ist. Die Kirche selbst hat keine Machtmittel, die sie für die konkrete Wahrung des Friedens einsetzen könnte; sie ist frei von der konkreten Bindung an eine politische Verantwortung für die reale Sicherung des Friedens in dieser Welt. Sie steht unter dem sittlichen Gebot, etwas von dem, was das kommende Reich des Friedens im Himmel den Gläubigen verheißt, in die sperrige Wirklichkeit der Erde einzubringen. Sie bewegt sich in der Friedensdiskussion gewissermaßen zwischen Himmel und Erde und will, da sie auch eine Verantwortung für die Erde und die in ihr lebenden Menschen hat, nicht einfach zulassen, daß die beiden Reiche streng voneinander geschieden werden. So kommt es, daß sie denen nicht massiv wehren will, die sich, unter Absehung von den realen Verhältnissen der Machtpolitik, die Wahrung des Friedens in dieser Welt zur vordringlichsten christlichen Aufgabe gemacht haben, aber auch diejenigen nicht vor den Kopf stoßen darf, die den prekären Mechanismen der Friedenssicherung im Atomzeitalter eher vertrauen als den absolut gesetzten Regeln der christlichen Bergpredigt, auf die sich die Friedensbewegung gern beruft. Die Kirche muß diese Widersprüche in ihrem Schoß ertragen und austragen, aber sie kann als Amtskirche in einer Sache, die politisch so umkämpft ist, nicht selbst Partei ergreifen, wenn sie Kirche für alle bleiben will. Sie darf nicht aus dem Auge verlieren, daß sie eine religiöse Institution in der Welt ist, deren Auftrag es ist, die Gewissen der Menschen zu schärfen, nicht aber selbst darüber zu befinden, was im einzelnen zur Verteidigung des Systems der Freiheit, an dem die Kirche im Westen selbst Anteil hat, notwendigerweise geschehen muß.
Der Münchner evangelische Theologe Wolfhart Pannenberg hat die theologische Problematik, die die Friedensbewegung aufgeworfen hat, in der unangemessenen Übertragung der christlichen Friedensidee auf die Verhältnisse dieser Welt gesehen. Der Friede, den der einzelne im Glauben an Christus als dem Versöhner der Welt empfangen kann, ist eben nicht

der Friede, der die wechselseitigen Verhältnisse der politischen Mächte dieser Welt bestimmt. »Das Bewußtsein des Friedens mit Gott und das Wissen um die Macht der Sünde in der Welt sollten den Christen entlasten davon, Illusionen nachzujagen, als ob man den endgültigen Frieden und die endgültige Sicherheit erreichen könnte, während darüber vielleicht der mögliche Friede des Kompromisses versäumt wird.« (Rhein. Merkur, 4.2.1983)

Die christliche Friedensbewegung operiert einerseits mit der Angst, andererseits mit einer bestimmten theologischen Auslegung des christlichen Friedensgebots. Aus Angst plädiert sie für einseitige Abrüstung, weil sie das Risiko einer Konfrontation fürchtet, die tödlich ausgehen müßte, und sie überhöht diese Angst durch eine fragwürdige Theologie, die zwischen dem von Gott verheißenen Frieden und dem nur unvollkommen und nie endgültig zu erreichenden Zustand des Friedens zwischen den Mächten dieser Welt nicht klar genug unterscheidet. In der protestantischen Friedensbewegung lebt die im deutschen Protestantismus seit 1933 bedeutsame Strömung fort, die im Zeichen der »Königsherrschaft Christi« (Karl Barth) dem Gläubigen eine besondere Verpflichtung für die Durchsetzung von Gottes Anspruch an diese Welt auferlegt, während die klassische lutherische Tradition auf der Lehre von den zwei Reichen basiert, die, verkürzt formuliert, dem Kaiser gibt, was des Kaisers, und Gott, was Gottes ist.

Das teilweise Versagen des deutschen Protestantismus bei der Abwehr des Nationalsozialismus, das im Stuttgarter Schuldbekenntnis von 1945 seinen gravitätischen Ausdruck fand, hat bei vielen Protestanten zu Recht das Gefühl der Verpflichtung entstehen lassen, sich politischen Entwicklungen entgegenstellen zu sollen, die nach ihrem Urteil erneut in Schuld und Untergang hineinführen könnten. Dies gibt dem evangelischen Zweig der Friedensbewegung seinen besonderen, leicht aufgeregten und moralistischen Charakter. Die Friedens-Protestanten wähnen sich im Auftrag Gottes aufgerufen, sich einer Entwicklung entgegenzustemmen, die sie als verderblich diagnostizieren, und sie wollen zugleich durch eine entschiedene, radikale Haltung in der Friedensfrage Wiedergutmachung leisten für die Unterlassungen und Fehleinschätzungen der Kirche vor fünfzig Jahren. Die protestantische Friedensbewegung gewinnt ihre Radikalität aus der Kombination einer fragwürdigen, jedenfalls umstrittenen Diagnose über die bestehende Gefahr mit dem vom Evangelium her begründeten Anspruch, dieser Gefahr entgegentreten zu sollen. Der theologisch begründete Anspruch, mit den Zielsetzungen des Evangeliums in eine Welt hineinwirken zu sollen, die sich diesem Anspruch entzieht, schafft jene eigentümliche Verbindung und Vermischung von politischer und theologischer Argumentation, die für die evangelische Friedensbewegung charakteristisch ist. Es handelt sich um den theologisch begründeten und darum mit allen Zeichen der Unbedingtheit und des radikalen Engagements vollzogenen Versuch der Unterwerfung der Politik unter Maßstäbe, die der Welt des Politischen eher fremd sind. Die Gefahr ist, daß man damit die Sphäre der Machtpolitik, in deren Rahmen sich die gegenwärtigen Auseinandersetzungen um den Frieden notwendig bewegen, ebenso falsch einschätzt wie die theologisch gebotene Welt- und Friedensverantwortung des Christen angesichts dieser Machtlage.

Atomarer Chiliasmus

Wer die in der deutschen Friedensbewegung virulente Mischung aus Katastrophenrhetorik, moralistischer Politikverachtung und politisierender Religiosität kennenlernen möchte, dem sei die jüngst erschienene, weitverbreitete Schrift des bekannten Fernsehjournalisten Franz Alt zum Studium empfohlen (Frieden ist möglich – Die Politik der Bergpredigt, München 1983). Sie enthält auf gut 100 Seiten alles, was für den unruhigen Geist, die Emotionalität, den

Mangel an Wirklichkeitssinn, den Irrationalismus und den religiös verbrämten Utopismus in der heutigen Friedensbewegung charakteristisch ist. Alt ist in dieser gefühlsgeladenen Schrift ein durch und durch Friedensbewegter, auch wenn er erst vor kurzem bekehrt worden ist. So gewiß er erkannt hat, daß wir heute »militärisch das Ende der Schöpfung vorbereiten«, so gewiß hat er auch erkannt, daß es nur ein einziges wirksames Mittel gibt, den nuklearen Holocaust zu verhindern: die Politik der Bergpredigt.
Ohne sich auch nur einen Moment bei der verwickelten und in der heutigen Theologie wieder intensiv diskutierten Frage aufzuhalten, wie die Bergpredigt überhaupt und speziell in ihrer Anwendung auf das politische Leben zu verstehen sei und wie sie sich in einer Welt, die bekanntlich nicht vom Geist der Bergpredigt lebt, wirksam zu Geltung bringen lasse, fordert er unbekümmert »das aktive Tun der Bergpredigt« gemäß der Maxime: »Wenn du Frieden willst, bereite den Frieden vor.«
Daraus folgt für ihn als erstes und Grundlegendes eine »Umkehr der Herzen«, denn wir sind alle »bereits psychisch atomar verseucht«; sodann als nächste Schritte auf dem Friedensweg: »Keine Nachrüstung, keine weiteren Schritte in die alte Richtung, sondern zumindest Rüstungsstop – als erster Schritt in die neue Richtung.« Wir, d. h. die Bundesrepublik und der Westen, müssen mit der Abrüstung anfangen, denn nur wenn einer anfängt, kann es überhaupt ein Ende des Wettrüstens geben: »Nachdem uns die Profis der Politik an den Abgrund geführt haben, bleibt uns Laien gar nichts anderes übrig, als vielstimmig zum gemeinsamen Rückzug zu blasen... Das Ziel des Kampfes gegen Atomrüstung ist nicht die Verurteilung der Politiker, sondern die Rettung der Welt.«
Sie werden gleichwohl verurteilt bzw. beiseite geschoben. Weil nämlich die Politiker und Militärs nach dem Urteil dieser Journalisten drauf und dran sind, »den Untergang der Menschheit und ihres Planeten vorzubereiten«, müßten die Nichtpolitiker jetzt endlich und unverzüglich die Dinge in

die Hand nehmen, um die Gnadenfrist, die uns noch gegeben sei, zu nutzen.
Das Ziel lautet: »Frieden schaffen ohne Waffen«, und als der realistische Weg zu diesem Ziel gilt die Parole: »Frieden schaffen mit immer weniger Waffen.« Zu diesem Ziel gelangen wir freilich nur, wenn wir in die Schule der Bergpredigt gehen, die der Katholik Alt als eine »Schule für menschliche Vernunft« ausgibt. Für die herkömmliche Vernunft und Wissenschaft, deren Vergötzung uns in die jetzige schlimme Lage gebracht hat, in der es um Tod oder Leben, Sein oder Nichtsein gehe, hat er nur noch Verachtung übrig: »Nichts erweist sich als so unvernünftig wie die reine Vernunft. Sie ist weder rein noch vernünftig.«
Mit derartigen Wortspielen, mit denen der Autor sich über die schwierigsten Probleme hinweghilft, weckt er die Zustimmung zu seiner moralisierenden, auf das Herz, nicht auf den Verstand zielenden Gesinnungspolitik. An unseren von einer »zügellos gewordenen Vernunft« irregeleiteten Verstand richtet er den Appell, »wieder bei unseren Emotionen und Intuitionen in die Schule [zu] gehen, um Überlebensphantasie, um Frieden zu lernen.«
Nach seinem Urteil haben sich auch die Ideologien von Sozialismus und Kapitalismus überlebt. Wie könnte es anders sein in einer Situation, in der es »primär um das gemeinsame Überleben« geht? Denn, so Alt, »was ist wichtiger: Öl [seine Chiffre für den Kapitalismus] und Sozialismus oder das Leben?« Wenn man die Frage so stellt, kann die Antwort nicht zweifelhaft sein, aber stellt Alt die richtigen Fragen?
Es ist – die wenigen angeführten Textstellen machen es deutlich – in diesem kleinen Buch alles versammelt, was die deutsche Friedensbewegung im Innersten bewegt und umtreibt: die plakativ ausgebreitete Angst, die Drohung mit der unausweichlichen Katastrophe, das Spiel mit Leben und Tod, die Aufforderung zur Einkehr und Umkehr, die Verurteilung der alten und der Entwurf einer neuen Politik, die der alten diametral entgegengesetzt ist; die Verwerfung der Vernunft und die Anrufung des Gefühls, der Intuition, der

Phantasie; der Glaube an die trotz der unmittelbar drohenden, in den grellsten Farben ausgemalten Gefahr noch mögliche Rettung, und zwar mittels eines neuen Glaubens, der einen neuen Menschen hervorbringt; die Wiederentdeckung eines neuen Mythos, den dieser Autor in der 2000 Jahre alten Bergpredigt Jesu zu finden meint: »Das Heil ist nicht weltlos, und die Welt ist nicht heillos.«

Alts Buch ist die Stimme eines neuen Chiliasmus im Angesicht der atomaren Katastrophe, und der große Erfolg seiner Schrift beweist nur, wie aufnahmebereit das deutsche Publikum für diese Art von politischer Aufrüttelungs- und Erweckungsliteratur ist. Vielleicht hat es sein Gutes, daß unsere Sicherheit und Freiheit, über deren permanente Bedrohung auch durch Gewalt und Krieg wir uns in der Tat keine Illusionen machen dürfen, nicht von einer so naiv-gutgläubigen und zugleich forschen Gesinnungspolitik abhängen, wie sie in diesem für die deutsche Friedensbewegung so charakteristischen Text hervortritt. Doch dies mindert nicht um einen Deut die Last und Verantwortung derjenigen, denen in dieser Welt das schwere Amt der Wahrung, Förderung und ständigen Erneuerung des Friedens anvertraut ist. Die Friedensbewegung – auch wo sie sich dem Irrationalismus öffnet – hämmert ihnen ein, daß die Menschen in Frieden leben wollen und daß Friede in Gerechtigkeit das höchste Ziel der Politik sein und bleiben muß. Sie weist darauf hin, was auch außerhalb der Friedensbewegung mehr und mehr erkannt zu werden beginnt, daß das labile atomare Abschreckungssystem, auf dem Europas Sicherheit bislang beruht hat, auf die Dauer überwunden werden muß, wenn die Menschen ihre Angst vor der nuklearen Katastrophe verlieren und neues Vertrauen in die Zukunft der Menschheit fassen sollen. Der Weg dahin ist gewiß beschwerlich und voller Tücken, aber er ist notwendig.

5. Gesinnungspolitik im Vormarsch

Nach Jahrzehnten einer breiten Zustimmung der Bürger zur gesellschaftlichen Entwicklung, wie sie seit 1950 alle Industriestaaten des Westens, in besonders vorteilhafter Weise aber die Bundesrepublik charakterisierte, ist seit den siebziger Jahren allenthalben ein »Unbehagen an der und in der Politik« spürbar geworden, um den Titel einer berühmten Schrift Sigmund Freuds aus den frühen dreißiger Jahren zu paraphrasieren. Dieses Unbehagen hat momentan seine Speerspitze auf den Nachrüstungsbeschluß der NATO gerichtet, der als friedensgefährdend empfunden wird, aber es bricht auch an vielen anderen Stellen auf, nämlich überall dort, wo die Entwicklungstendenzen des demokratischen Industriesystems als eine Gefährdung sowohl für den Menschen wie für die ihn umgebende Natur empfunden werden. Es wird sichtbar, daß eine große Zahl von Menschen in den auf immer weiteren Fortschritt programmierten Gefilden der technischen Zivilisation nicht wirklich heimisch geworden ist und sich darum zunehmend gegen eine Entwicklung zur Wehr setzt, die nicht vom Menschen selbst und seinen Bedürfnissen, sondern von »Sachzwängen«, die sich seiner Selbstbestimmung entziehen, gelenkt wird. So erleben wir zur Zeit einen Aufstand der Gesinnung gegen den vermeintlichen Sachzwang, einen von starken Emotionen gespeisten Widerstand gegen die angeblich nur scheinbare Rationalität einer Welt, die das Gute und Richtige nicht zu vollbringen vermag, obwohl sie es kennt. Die Gesinnungspolitik ist im Vormarsch.

Mit dem Begriff Gesinnungspolitik läßt sich eine Einstellung charakterisieren, die darauf gerichtet ist, ein bestimmtes moralisches Prinzip, das man in besonderer Weise für verpflichtend hält, um fast jeden Preis zur Wirkung zu bringen. In der gegenwärtigen Situation ist es das Ziel und Prinzip des Friedens, das zum Angelpunkt einer solchen Gesinnungspolitik geworden ist. Zwar bekennen sich, wie wir täglich aus den Nachrichten erfahren, auch die Politiker zu diesem

Prinzip, aber die neue Gesinnungspolitik der Friedensbewegung ist gegenüber den üblichen Friedensbeteuerungen der verantwortlichen Politiker höchst mißtrauisch geworden, weil sie nicht einzusehen bereit ist, daß man um der Erhaltung des Friedens willen immer mehr, immer tödlichere Waffen aufhäufen soll.

Der Gesinnungspolitiker ist ungeduldig und unduldsam, er verlangt die sofortige Umsetzung einer moralischen Maxime in praktische Politik; er will, daß durch politisches Handeln Zeichen, Fanale gesetzt werden, aus denen die vertretene Gesinnung unmittelbar und unbezweifelbar hervorgeht. Er will das von seiner Gesinnung vorgegebene Ziel so direkt wie möglich ansteuern und tritt darum emphatisch für Schritte und Mittel ein, die das von seiner Gesinnung vorgezeichnete Ziel ohne Rücksicht auf andere, konkurrierende Ziele oder Prinzipien zu erreichen versprechen.

Es ist charakteristisch für die Gesinnungspolitik, daß sie ihre jeweiligen Ziele absolut setzt und diejenigen verurteilt, die nicht mit der gleichen Ausschließlichkeit das gleiche Ziel verfolgen. Gesinnungspolitik hat also stets eine gewisse Tendenz zum moralischen Rigorismus. Der Gesinnungspolitiker hat wenig Verständnis dafür, daß die Politik, zumal in pluralistischen demokratischen Systemen, vieles unter einen Hut bringen muß; er sieht in der Rücksichtnahme verantwortlicher Politiker auf andere Interessen und Ziele, die nicht mit denen seiner Gesinnung übereinstimmen, entweder eine typische Charakterschwäche des Politikers oder das Ergebnis jener Sachzwänge, die der Gesinnungspolitiker nicht als zwingend gelten lassen will.

In der in Bewegung geratenen Bundesrepublik ist Gesinnungspolitik in vielen Bereichen des öffentlichen Lebens im Vormarsch. Sie setzt die reguläre, am Ausgleich verschiedenartiger Interessen und Zielsetzungen orientierte demokratische Politik zunehmend unter Druck und trägt so zu einer wachsenden Distanz zwischen dem in Bewegung gekommenen Teil der Öffentlichkeit und den Institutionen des politischen Systems bei.

Der Vormarsch der Gesinnungspolitik bedeutet eine Belastung für das demokratische System dieser Republik. Gesinnungspolitik, die sich je nach Situation auf bestimmte idealistische Zielsetzungen verabsolutierend konzentriert und den herrschenden Politiktrends eine Alternative entgegensetzen will, ist so insgesamt zu einer provozierenden Alternative zur herrschenden Politik geworden. Gesinnungspolitik, mag sie sich auch noch so eindrucksvoll moralisch legitimieren, begünstigt das Freund-Feind-Denken, fördert die Neigung zur Intoleranz und verachtet den Kompromißcharakter, der die Regelung von Konflikten in der Demokratie normalerweise auszeichnet. Das Vordringen solcher Gesinnungspolitik ist somit zu einer schwerwiegenden Herausforderung unseres politischen Systems geworden, das nun unter noch schwieriger gewordenen wirtschaftlichen und weltpolitischen Bedingungen seine Bewährungsprobe zu bestehen haben wird.

6. Die Herausforderung der repräsentativen Demokratie durch die Protestbewegungen

Die repräsentative Demokratie beruht auf der Souveränität des Volkes. Das Volk gilt als Träger aller staatlichen Gewalt, als das Organ, von dem, wie es im Grundgesetz heißt, alle Staatsgewalt ausgeht. Indem jedoch die Staatsgewalt vom Volke ausgeht, bleibt sie nicht bei ihm konzentriert, sondern wird, neben der unmittelbaren Mitwirkung des Volkes bei Wahlen und Abstimmungen, »durch besondere Organe der Gesetzgebung, der vollziehenden Gewalt und der Rechtsprechung ausgeübt« (Art. 20, Grundgesetz). Wir haben es also hinsichtlich der Wahrnehmung der Volkssouveränität mit dem für Vulgärdemokraten irritierenden Phänomen zu tun, daß das Volk seine oberste Herrschaftsbefugnis, eben seine Souveränität, nicht durchgehend in eigene Regie nimmt, sondern sie durch besondere Organe, deren Befugnisse und gegenseitige Zuordnung in einer Verfassung festgelegt sind, wahrnehmen läßt. Solange die Wahrnehmung dieser Staatsgewalt in einer Weise erfolgt, daß alle Mitglieder eines Volkes mit den Ergebnissen der Staatstätigkeit einigermaßen zufrieden sind, wird die faktische Verlagerung der Volkssouveränität auf die Verfassungsorgane nicht als anstößig empfunden. In diesem Fall fühlt sich das Volk, d. h. die Gesamtheit der Bürger, in Übereinstimmung mit den Wenigen, die im Rahmen der Institutionen der demokratischen Verfassung dazu beauftragt sind, den Volkswillen durch die Umsetzung in rechtlich verbindliche Entscheidungen und andere politische Maßnahmen zu realisieren. Die Volkssouveränität wird jedoch dann zum Problem, wenn ein Mißverhältnis entsteht zwischen dem, was die Beauftragten und Repräsentanten des Volkes für das Volk tun, und dem, was das Volk als seinen Willen zu haben meint. Dann kommt die Frage auf, die Bert Brecht einmal so formuliert hat: »Die Staatsgewalt geht vom Volke aus, doch wo geht sie hin?« Sobald eine Kluft entsteht zwischen dem, was die Regierten wollen, und dem, was die Regierenden tun, beginnt der Zweifel an der Demokratie, jedenfalls bei denjenigen, die der Auffassung sind, in der Demokratie müsse es eine Identität von Regierenden und Regierten geben.

Die in der Bundesrepublik Deutschland entstandenen Protestbewegungen sind in hohem Maße durch ein von der demokratischen Identitätstheorie geprägtes politisches Bewußtsein animiert. Es kommt zum Protest und zur Formierung von sozialen Bewegungen, die diesen Protest artikulieren, weil die in solchen Bewegungen sich sammelnden Bürger den Eindruck haben, daß ihre Repräsentanten, die Politiker, die ihnen übertragene Staatsgewalt nicht in dem von ihnen für richtig und notwendig gehaltenen Sinne ausüben und darum dem Volkswillen, so wie sie ihn für sich verstehen, zuwiderhandeln. Weil die Repräsentanten des Volkes ihre Macht nicht so gebrauchen, wie viele Bürger es wünschen und verlangen, protestieren diese gegen die herrschende Politik und formieren sich zu einer möglichst viele Gesinnungsgenossen umfassenden Protestbewegung, um ihren Protest so öffentlichkeitswirksam zum Ausdruck zu bringen, daß die Politik nicht umhin kann, sich mit ihm auseinanderzusetzen und, wenn irgend möglich, positiv auf ihn einzugehen.

So kann man also Protestbewegungen interpretieren als die organisierte Bemühung einer ins Gewicht fallenden Anzahl von Bürgern, sich gegen die Mißachtung des von ihnen vertretenen Teils des Volkswillens durch die Staatsorgane zur Wehr zu setzen. Es ist der Widerstand gegen eine scheinbar mißbräuchliche, weil ihre relevanten Interessen nicht einschließende Ausübung der Volkssouveränität durch die repräsentativen Staatsorgane. Der protestierende Bürger vermag nicht mehr zu erkennen, daß die von ihm den demokratischen Verfassungsorganen übertragene Staatsgewalt in seinem Sinne und gemäß seinem (fiktiven) Auftrag ausgeübt wird; er glaubt sich deshalb seines Anteils an der Volkssouveränität beraubt und fordert durch seinen Protest die volle oder zumindest angemessene Berücksichtigung der von ihm für lebenswichtig gehaltenen Interessen.

Für die Funktionsfähigkeit und Akzeptanz des in Parteien organisierten politischen Systems der modernen Demokratie ist es von großer Bedeutung, daß der Bürger sich durch politische Parteien, die er mittels der Wahl mit der politischen Repräsentation seiner Interessen betraut, auch vertreten fühlt. Dies kann unmöglich für jeden Einzelfall gelten, namentlich nicht bei den großen Volksparteien, die eine Vielzahl durchaus unterschiedlicher Interessen und Willensbestrebungen integrieren müssen. Der kritische Punkt ist dort erreicht, wo eine gewichtige Anzahl von Bürgern den Eindruck gewinnt, durch die bestehenden politischen Parteien, und sogar durch diejenige, die sie möglicherweise selbst mit ihrer Wahl demokratisch legitimiert hat, nur ungenügend oder gar nicht repräsentiert zu sein. Dann besteht die Gefahr der apathischen Hinnahme der Verhältnisse oder überhaupt des resignierten Rückzugs aus der Politik, weil man in den gewählten Repräsentanten nicht mehr den fairen Sachwalter

der eigenen Interessen oder der einer großen Zahl von Bürgern sehen kann. In einem freien System ist das probate Mittel, diese Lücke der politischen Repräsentation zu schließen, die Bildung einer neuen politischen Partei. Gleichwohl ist es unter den heutigen Verhältnissen und angesichts des begreiflichen Interesses der bestehenden Parteien an der Erhaltung ihrer Machtpositionen nicht leicht, mit einer Parteigründung auch erfolgreich zu sein, zumal in unserem Wahlsystem die 5%-Klausel eine beachtliche, doch, wie man jetzt gesehen hat, nicht unüberwindliche Hürde darstellt.
Es ist das besondere Kennzeichen der Protestbewegungen in der Bundesrepublik, daß sie alle gegen das etablierte Parteiensystem gerichtet sind. Wenn es in den etablierten Parteien Gruppen und Strömungen gibt, die den Ideen und Besorgnissen der Protestbewegung nahestehen, so sorgt doch in der Mehrzahl der Fälle die auch innerhalb der Parteien geltende Mehrheitsregel dafür, daß diese Interessen nicht oder nur ungenügend zum Zuge kommen.
Will eine gegen bestimmte Maßnahmen und Tendenzen der herrschenden Politik protestierende Gruppe oder soziale Bewegung politisch erfolgreich sein, so bieten sich dafür prinzipiell zwei Möglichkeiten an: Entweder es gelingt ihr, im Rahmen einer bereits bestehenden etablierten Partei oder mehrerer Parteien ihre Auffassungen einzubringen und damit die Politik dieser Partei wesentlich zu beeinflussen, wie dies bei der SPD der Fall war, oder sie bildet eine eigene Partei, wie dies durch die Grünen jetzt mit Erfolg geschehen ist, und schafft sich so ihre eigene politische Repräsentation im demokratischen und parlamentarischen System.
Der Schritt von der Bewegung zur Parteibildung, der nicht ohne Grund in der Protestbewegung sehr umstritten war, und erst recht die Einbindung (oder besser: Hereinnahme) einer solchen Partei ins parlamentarische System verändern natürlich die strategische Lage der Protestbewegung. Sie kann jetzt nicht mehr nur ein in der gesamten Gesellschaft und ihren politischen Institutionen wirksamer Störfaktor und Sauerteig sein, der indirekt, nämlich durch die Einwir-

kung auf die bestehenden Institutionen und auf die öffentliche Meinung wirkt, sondern ist als die Partei einer Bewegung politisch ungleich exponierter, zumal in ihrer parlamentarischen Rolle. Es ist deshalb keine Überraschung, daß die Grünen auch nach ihrem Einzug in den Bundestag die soziale Bewegung, aus der sie hervorgingen, als Ferment sozialer Unruhe in Gang halten und gleichzeitig die in der Wahl erkämpfte parlamentarische Bastion dazu nutzen wollen, auch im Zentrum des politischen Systems präsent zu sein. Sie verfolgen also vorerst eine Doppelstrategie, doch es bleibt abzuwarten, ob sie sich lange durchhalten läßt. Die parlamentarische Repräsentation verschafft ihnen die Chance der unmittelbaren Repräsentation ihrer Interessen, mindert jedoch zugleich ihre indirekte Einwirkungsmöglichkeit auf die übrigen, politisch mächtigeren Gruppen und Institutionen des politischen Systems, weil dieses Interesse jetzt seine parlamentarische Repräsentation erlangt hat und seinen diffusen Charakter verliert.
Es wird besonders interessant sein zu beobachten, wie dieser Prozeß in den nächsten Jahren verläuft und ob er faktisch zu einer Schwächung oder Stärkung der von den Grünen vertretenen Interessen in der deutschen Politik führen wird. Das läßt sich zur Zeit noch nicht abschätzen. Dabei spielt auch die Frage eine Rolle, ob es angesichts des geringen parlamentarischen Gewichts der grünen Partei noch möglich sein wird, den von ihr vertretenen Interessen den Charakter allgemeiner Verbindlichkeit und Dringlichkeit zuzuschreiben, mit dem die Protestbewegung stets operiert hat.
Bei den von den Protestbewegungen vertretenen Interessen handelt es sich in den meisten Fällen um Themen und Probleme, denen eine lebenswichtige Bedeutung nicht abgesprochen werden kann. Dies ist besonders augenfällig bei der Friedensbewegung, der es um den Schutz des Lebens vor einer kriegerischen Vernichtung geht, und gleiches gilt auch für die ökologische Bewegung, die personell mit der Friedensbewegung weitgehend zusammenfällt, der es bekanntlich um die Sicherung einer lebenswerten Umwelt und die

Verhinderung weiterer Umweltzerstörung zu tun ist. Damit ist natürlich nicht gesagt, daß die etablierten Parteien und die von ihnen besetzten Regierungen und Parlamente nicht auch an der Erhaltung des Lebens ihrer Bürger und der Sicherung einer friedlichen und gesunden Umwelt interessiert wären, doch wird die Bedrohung von seiten der Protestbewegungen ungleich akuter und gefährlicher eingeschätzt. Dies erklärt ihre massive Kritik am Parteien- und Verbändesystem, das angeblich nicht in der Lage ist, eine dem Ausmaß der Bedrohung angemessene Politik zu konzipieren und zu realisieren.

Die Protestbewegungen sind in ihrer jetzigen Verfassung weder mit einer politischen Partei im herkömmlichen Sinne – das gilt trotz ihrer Vertretung im Parlament vorerst auch für die »Grünen« – noch mit einer traditionellen sozialen Interessenorganisation vergleichbar; vielmehr richtet sich ihr Protest gerade dagegen, daß von ihnen für lebenswichtig gehaltene Interessen weder durch das etablierte System der politischen Parteien noch durch die Repräsentation organisierter Interessen ausreichend berücksichtigt werden. Man kann die Repräsentation sozialer Interessen in der gegliederten modernen Industriegesellschaft als funktionale Repräsentation bezeichnen. Dieses System funktionaler Repräsentation in Gestalt mächtiger Interessenverbände ist heute in allen entwickelten Industriegesellschaften außerordentlich machtvoll, so daß es den politischen Parteien als den demokratischen Agenturen der politischen Repräsentation schwer fällt, sich gegen die großen gesellschaftlichen Interessen, z. B. die Interessen der Industrie oder die von den Gewerkschaften vertretenen Interessen von Arbeitnehmern, durchzusetzen. Hinzu kommt, daß die Parteien selbst von den Interessenorganisationen nicht nur von außen beeinflußt und unter Druck gesetzt werden, sondern auch in ihrer Binnenstruktur, zumal als Volksparteien, von den großen sozialen Interessen durchzogen sind. Sie sind nur in geringem Ausmaß in der Lage, eine gegen die machtvollen Interessen in der Gesellschaft gerichtete autonome Politik zu machen.

Da jedoch auch im System der funktionalen Repräsentation der organisierten Interessen der Gesellschaft die von den Anhängern der Protestbewegung für lebenswichtig gehaltenen Interessen nicht genügend abgedeckt werden, wie das beispielsweise beim Zusammenwirken von Großindustrie und Gewerkschaften in der Frage des Ausbaus der Kernenergie offen zutage tritt, wird das so stark empfundene Defizit in der politischen Repräsentation durch ein entsprechendes Defizit in der funktionalen Repräsentation ergänzt, ja verstärkt. Das in den Protestbewegungen Ausdruck suchende Unbehagen über die unzureichende Repräsentation bestimmter Segmente des Volkswillens hat also nicht allein seine Ursache in dem angeblichen Versagen der politischen Parteien, diese Willensbestrebungen angemessen zu repräsentieren, sondern auch in einem Defizit der pluralistischen Interessenorganisationen der Gesellschaft, in der sich allenfalls an den Rändern, etwa in den Verbänden des Naturschutzes, Anwälte der von den Protestgruppen artikulierten Forderungen und Zielsetzungen ausfindig machen lassen.
So beziehen die Protestgruppen und die vielfältigen Bürgerinitiativen ihre Kraft zum energischen Widerspruch und auch zum Widerstand gegen die Politik des Systems aus der starken Überzeugung, daß das bestehende System der politischen Meinungs- und Willensbildung durch Parteien und soziale Verbände undemokratisch ist, weil es ihnen kaum eine Chance läßt, ihre als lebenswichtig und gesellschaftlich existenzsichernd empfundenen Interessen auch tatsächlich durchzusetzen. Diese fallen gewissermaßen durch die Maschen des ziemlich festgeknüpften Netzes der etablierten politischen und sozialen Interessenstruktur hindurch. So bedeutet also die Entstehung von Bürgerbewegungen, die gegen das etablierte System der politischen Willensbildung und seine bürokratische Administration aufbegehren, weil es von ihnen für besonders wichtig gehaltene Interessen und Zukunftsperspektiven ignoriert oder vernachlässigt, in der Tat eine Herausforderung für die verfassungsmäßigen Organe politischer und funktionaler Repräsentation. Viele der Pro-

testbewegung nahestehende Autoren sind denn auch der Auffassung, daß die bloße Existenz der Protestbewegung schon ein Zeichen für das Versagen des politischen Systems und der pluralistischen Struktur der Gesellschaft darstellt. Sie sprechen von einem fortschreitenden Prestigeverfall der etablierten Parteien und Verbände und erblicken verständlicherweise in der Stärke ihrer Bewegung den wichtigsten Beweis für die Notwendigkeit entweder der Umgestaltung des Systems oder aber der Verpflichtung des Systems auf die Wahrung und Förderung der von ihnen vertretenen Interessen.

Es ist charakteristisch für die demokratietheoretische Grundströmung in der Protestbewegung, daß sie den durch die Parteien und Interessenorganisationen veranstalteten Prozeß der politischen Willensbildung in unserer Demokratie für den hypothetischen, d. h. nicht wirklichen Volkswillen ausgibt und sich selber für den empirischen, d. h. den richtigen Volkswillen hält. In der Protestbewegung ist das plebiszitäre, auf unmittelbare Bürgerbeteiligung an politischen Entscheidungen drängende Element sehr mächtig. Man hofft, durch ein System partizipatorischer Demokratie, in dem ein Höchstmaß an unmittelbarer Bürgerbeteiligung institutionalisiert ist, die angeblichen Schwächen und Einseitigkeiten des repräsentativen Systems korrigieren zu können. Der traditionellen Repräsentation durch die Parteien und Verbände wirft man vor, daß sie sich auf eine relativ kleine Führungsschicht beschränke, mithin eine undemokratische Oligarchie sei. Der Anspruch auf die Verwirklichung mehr partizipatorischer Demokratie wird in der weitreichendsten Form mit dem Argument begründet, in einer wirklichen Demokratie müßten die von politischen Entscheidungen Betroffenen auch am Zustandekommen der Entscheidungen beteiligt werden. Man macht dem bestehenden System der Interessenorganisation in Parteien und Verbänden zum Vorwurf, es sei durch den Druck einseitiger, partikularer Interessen nicht in der Lage, die notwendige gesamtgesellschaftliche Rationalität und die demokratische

Qualität seiner Entscheidungen zu sichern, weshalb es durch Formen unmittelbarer Demokratie ergänzt, ja, ersetzt werden müsse.

Gefordert wird die Neuverteilung der Gewichte zwischen repräsentativer und unmittelbarer Demokratie. Wenn Anhänger solcher Bewegungen nach Vorschlägen gefragt werden, mit welchen verfassungsmäßigen Mitteln diesem Anspruch nach mehr Bürgerbeteiligung genügt werden könnte, so verweisen sie allerdings in der Regel nur auf die aus der Weimarer Republik und einigen deutschen Landesverfassungen bekannten Instrumente der Volksabstimmung oder des Volksbegehrens mit nachfolgendem Volksentscheid. Gerade diese Instrumente hatten jedoch in der Weimarer Republik nicht zu einer besseren Verankerung der Demokratie beigetragen, sondern begünstigten die in Massendemokratien stets vorhandene Neigung zur Demagogie und Emotionalisierung der Politik. Letzten Endes orientiert sich der demokratische Anspruch, wie er sich in den Protestbewegungen, vor allem in der Umweltschutzbewegung, zu Wort meldet, an dem utopischen, auf die grundsätzliche Vermeidung von Interessennachteilen für die Betroffenen gerichteten Ziel, jeder, der von politischen oder administrativen Entscheidungen betroffen wäre, solle dagegen sein Veto geltend machen können. Es liegt auf der Hand, daß dies zu einer totalen Blockierung aller am Gemeinwohl ausgerichteten Politik führen müßte, weil es in der demokratischen Politik trotz des Bemühens um Ausgleich von einander entgegengesetzten Interessen immer auch die Möglichkeit einer eventuellen Benachteiligung bestimmter Interessen geben wird. Die Durchsetzung des vulgärdemokratischen Prinzips einer wirksamen und unmittelbaren Wahrnehmung von Interessen Betroffener muß zu einer Selbstblockierung der Gesellschaft führen und verweist die notwendige Idee eines über den partikularen Interessen stehenden Gemeinwohls in das Reich der Absurdität.

Nun könnte man sich bei diesem Stand der Diskussion damit beruhigen, eine solche, auf einem anarchistischen Freiheitsverständnis und einem partikularistischen Selbstbestimmungs- und Interessenbegriff basierende Position hätte allzu kurze Beine, um weit zu tragen. In der Tat hätten die diversen Protestbewegungen sicherlich geringere Chancen, die Politik und Organisation der repräsentativen Demokratie wirksam herauszufordern, wenn sie sich nur auf derartige Argumente stützen könnten. Wesentlich ist jedoch, daß die Anhänger dieser Bewegung glauben zeigen zu können, daß es ihnen mit ihrem Protest um *existentielle Fragen,* nämlich um die Sicherung der Lebensgrundlagen unserer Gesellschaft schlechthin zu tun ist. Dies gilt für die Friedensbewegung, die es verstanden hat, sich als eine politische Strömung zu präsentieren, der es mit dem Frieden und seiner Sicherung weitaus ernster ist als der Regierung und den politischen Parteien. Die Umweltbewegung war ähnlich erfolgreich, weil es ihr gelang, der breiten Öffentlichkeit zum Bewußtsein zu bringen, daß eine Fortsetzung der bislang betriebenen ökonomischen Wachstumspolitik sowie die unkontrollierte Expansion der Industriegesellschaft und ihrer Technologien früher oder später zur Zerstörung lebensgerechter Umweltbedingungen für den Menschen führen müssen. Sie wendet sich gegen die im herrschenden System angeblich praktizierte »totale Unterordnung der humanen Lebenswelt unter die technische Leistungswelt« (Guggenberger). Die Protestbewegung ist der Auffassung, daß unsere Gesellschaft, ja die Menschheit ganz allgemein, in ihrer Entwicklung an einem Scheideweg angelangt ist, wo wir uns entscheiden müssen, ob wir die Weiterexistenz der Gattung Mensch in der Zukunft sichern wollen oder einen Weg fortsetzen, der nach Auffassung engagierter Ökologen und kritischer Friedensforscher sowohl in puncto lebenswerte Umwelt wie in puncto Sicherung des Friedens früher oder später in eine Katastrophe münden muß. Es ist dieses apokalyptische Denken, das der Protestbewegung eine so dramatische Note verleiht, denn viele ihrer Anhänger sind überzeugt, daß das drohende Unheil nur durch eine grundsätzliche Änderung der bestehenden Politik abgewendet werden kann.

Würde es sich nur um die Verteidigung bestimmter materieller Interessen oder um die Herstellung sozialer Gerechtigkeit handeln, so wäre dies im Rahmen des bestehenden Systems pluralistischer Interessenwahrnehmung gewiß absorbierbar; das entscheidende neue Element an den Protestbewegungen ist jedoch, daß sie sich auf eine *höhere Legitimität* berufen, die sie gegen die demokratische Legitimität durch Wahlen setzen. Dies ist der Kernpunkt des gegenwärtigen Konflikts; er stellt die eigentliche Herausforderung des von unserer Verfassung gewollten Repräsentativsystems dar.

Die Friedensbewegung wie die Ökologiebewegung begründen ihre Kritik am demokratischen Repräsentativsystem und an der pluralistischen Willensbildung in der Gesellschaft mit dem Argument, in diesen Organisationen, die auf dem Legitimitätsprinzip demokratischer Zustimmung durch Wahlen beruhen, fehle das Bewußtsein, daß die industriellen Gesellschaften in ihrer Entwicklung an einen Punkt gelangt seien, an dem sich die Frage des Überlebens der Menschheit stelle. Ähnliches gilt für die Argumentation der Friedensbewegung, die in der Fortsetzung einer auf dem Gleichgewichtsprinzip basierenden ständigen Weiterrüstung der Supermächte und ihrer Verbündeten eine unmittelbar drohende Gefahr für den Weltfrieden erblickt. Weil es ihnen um das existentielle Lebensinteresse des Menschen, ja, um die Sicherung des Überlebens der Menschheit geht, berufen sie sich auf das alles überragende Legitimitätsprinzip des Lebens. Darum halten sie es für gerechtfertigt, die Spielregeln der parlamentarischen und pluralistischen Demokratie nicht nur theoretisch in Frage zu stellen, sondern von Fall zu Fall auch praktisch zu durchbrechen, weil nach ihrer Auffassung die Wahrung dieser Spielregeln nicht dazu führt, daß die »erstrangigen Überlebensfragen der heutigen und künftigen Generationen« in den Mittelpunkt einer notwendigen neuen Politik gerückt werden. Es ist diese Berufung auf das Prinzip Leben, die den Protestbewegungen das Recht zu geben scheint, die Fortsetzung und Durchsetzung der alten Politik mit allen ihr zur Verfügung stehenden Mitteln zu verhindern oder doch zumindest zu erschweren. Weil die Protestbewegungen, obwohl es ihnen gelungen ist, einige ihrer Besorgnisse und Ängste in das Bewußtsein der Allgemeinheit zu tragen, eine erkennbare Minderheit in der Bevölkerung geblieben sind, stellen sie unter Hinweis auf die überall drohende Gefährdung des Lebens die Gültigkeit des demokratischen Mehrheitsprinzips in Frage: »Was aber besagen Mehrheiten angesichts der drohenden Vernichtung? Muß man das, was apathische und ignorante Akklamationsmehrheiten und ihre politischen Repräsentanten heute tun, nicht als eine Parteinahme für den Tod, die Vernichtung bezeichnen, wenngleich ihnen das nicht voll bewußt sein mag?« Deutlicher kann man die Ablehnung der demokratischen Legitimität nicht zum Ausdruck bringen!

Die Mißachtung der politischen Entscheidungen einer durch demokratische Wahlen legitimierten Mehrheit in der Demokratie bedroht die Funktionsfähigkeit und die Stabilität jeder demokratischen Ordnung. Wenn die Mehrheitsregel nicht mehr gilt, wenn nicht anerkannt wird, was eine parlamentarische Mehrheit und die von ihr getragene Regierung beschließt, wenn es gar ein Recht auf Widerstand geben soll gegen Entscheidungen, die einer aktiven Minderheit von Bürgern aus irgendwelchen Gründen, und mögen sie sich dabei auch auf das Prinzip Leben berufen, mißfällt, dann ist der Verfall der rechtsstaatlichen Demokratie programmiert, weil es keine allgemein verbindlichen und anerkannten Kriterien für politische Entscheidungen mehr gibt. Auch in unserem Verfassungssystem können parlamentarische Mehrheiten nicht schlechthin alles machen, sondern sind an die Prinzipien der Verfassung, insbesondere an die Grundrechte gebunden. Die von den protestierenden Ökologen und Pazifisten so gern praktizierte Berufung auf ein höheres, dem demokratischen übergeordnetes Legitimitätsprinzip ist unhaltbar und demokratiezerstörend. Sie unterstellt – was absurd ist –, daß die amtierenden Mehrheiten an der Erhaltung und qualitativen Verbesserung des Lebens nicht interessiert sind;

sie suggeriert, daß die Mehrheiten in der repräsentativen Demokratie von einem falschen Bewußtsein angeleitet werden, und nimmt für sich in Anspruch, das wahre Wissen über die tatsächliche Bedrohung des Lebens in unserer Welt zu besitzen. Sie leitet aus diesem Wissen das ihr von keiner Verfassung verliehene Recht ab, gegen politische Maßnahmen, die sie als eine Einschränkung von Lebensqualität empfinden oder von denen sie behaupten, daß sie die Vernichtungsgefahr erhöhten, auch mit anderen als den in der Demokratie üblichen Mitteln der legalen Opposition Widerstand zu leisten. Der militante Kampf gegen Atomkraftwerke und Entsorgungseinrichtungen, der gewaltsame Widerstand gegen die Erweiterung des Frankfurter Flughafens und die innerhalb der Friedensbewegung diskutierten Schritte zur Verhinderung der Stationierung modernisierter Atomwaffen auf deutschem Gebiet, falls die Verhandlungen zwischen den Supermächten zu keinem befriedigenden Erfolg führen, sind alarmierende Zeichen für eine Veränderung unserer demokratischen politischen Kultur, in der sich wieder einmal totalitäre, zu keinerlei Kompromiß fähige, dem demokratischen System in seiner Gesamtheit opponierende Bestrebungen bemerkbar machen. Wo Minderheiten den Anspruch erheben, die Politik demokratisch legitimierter Mehrheiten dort zu vereiteln, wo es ihnen von ihrer ideologischen Einstellung her notwendig erscheint, ist stets ein totalitäres Element im Spiel, das die Inhalte und Verfahren der demokratischen Verfassungsordnung in Frage stellt und umformen möchte. Solche Bewegungen bringen meist nicht die Geduld auf, durch intensive Überzeugungsarbeit selbst mehrheitsfähig zu werden, sie wollen die von ihnen für notwendig gehaltene Veränderung hier und heute und müssen darum mit einem Vokabular arbeiten, das unablässig die heraufziehende Katastrophe beschwört.

Damit ist gewiß nicht einer Verniedlichung der bestehenden Probleme und Gefahren in der Zukunft das Wort gesprochen, wohl aber gegen eine Politik, die der existierenden Mehrheit der Staatsbürger, wie sie in den repräsentativen

Organen unserer Verfassung ihren legitimen demokratischen Ausdruck findet, eine alternative Richtung aufzwingen will. Der demokratische Willensbildungsprozeß funktioniert jedoch nicht nach den Regeln autoritären Zwangs durch eine selbsternannte Elite der wahrhaft Wissenden, sondern auf der Grundlage freier und öffentlicher Diskussion aller relevanten Standpunkte mit anschließender Mehrheitsentscheidung. Eine solche freie und öffentliche Diskussion über die lebenswichtigen Fragen der künftigen Gestaltung und Entwicklung unserer Zivilisation kann durchaus dazu führen – und hat es in vielen Fällen bereits getan –, auch die herrschende Mehrheit sensibler zu machen für die Fragen und Probleme, die innerhalb der Protestbewegungen im Vordergrund stehen und zu ihrer Entstehung beigetragen haben. Aber die Anpassung der demokratischen Politik an neue Problemlagen kann nicht unter Berufung auf eine höhere Legitimität oder durch einen meist nur scheinbar gewaltfreien aktiven Widerstand erzwungen werden, wenn die demokratische Verfassung nicht Schaden nehmen soll.

VII
Wenden und Chancen der Politik

1. Die Zeitenwende – ein deutsches Problem

Die Veränderung der Rahmenbedingungen des Wirtschaftens, die Verschlechterung der weltpolitischen Gesamtlage, insbesondere im Verhältnis zwischen den beiden Supermächten, die »stille Revolution« einer signifikanten Verschiebung und Veränderung von Wertprioritäten und sozialen Verhaltensweisen – alle diese Vorgänge haben sich in den übrigen Industriestaaten des Westens in ähnlicher Weise ergeben wie in der Bundesrepublik Deutschland. Die Bundesrepublik hat den negativen Auswirkungen der Weltwirtschaftskrise seit den siebziger Jahren sogar mit größerem Erfolg zu trotzen verstanden als ihre wichtigsten westlichen Verbündeten, seien es Frankreich, Großbritannien oder die USA. Und doch scheint es, als habe die Öffentlichkeit in keinem anderen westlichen Land so hysterisch, so emotional und so sprunghaft auf die eingetretenen Veränderungen reagiert wie die deutsche. Alles, was man im Zuge der raschen Modernisierung und Verwestlichung Deutschlands nach dem Zweiten Weltkrieg für vergangen und überholt geglaubt hatte, trat nun wieder in sein deutsches Wesen: ein neuer Glaube an Ideologien, die in die zwanziger Jahre dieses Jahrhunderts zurückwiesen; ein neuer Utopismus, ein neuer Irrationalismus und eine neue Romantik; eine neuerliche Suche nach Mythen und Weisheiten aus dem Osten, und dies alles in schnellen, die anpassungsfähigen Geister unter unseren Intellektuellen mehr oder weniger total ergreifenden

Schüben und Themenwechseln. Während die anderen westlichen Länder derartige Strömungen zwar auch kennen und die These Richard Löwenthals von einer allgemeinen Kulturkrise des Westens durchaus plausibel erscheint, so sind dort die verschiedenartigen Strömungen doch kanalisierter, stärker pluralistisch aufgefächert und von größerer Stetigkeit als bei uns.

Dem entspricht auch die Beobachtung, daß die Führungseliten in den anderen westlichen Ländern bei aller Offenheit für das Neue eine größere Kontinuität und Einheitlichkeit in ihren Grundüberzeugungen aufweisen, als dies in der Bundesrepublik der Fall zu sein scheint. Die deutsche Führungsschicht, allen voran die geistige Elite, ist in ihren Überzeugungen offenbar weniger gefestigt, und dieser Mangel an innerer Festigkeit, an Kontinuität, an, wie David Riesman es treffend herausgearbeitet hat, »Innenleitung«, könnte eine gewisse, wenn auch nicht zureichende Erklärung für die starken, ja, manchmal extremen Schwankungen des Zeitgeistes sein, von denen die Deutschen sich in den vergangenen fünfzehn Jahren haben biegen und verbiegen lassen. Wir sind, wie Wolf J. Siedler es ausgedrückt hat, »von pathetischer Anfälligkeit« (SZ, 11.4.1983) für jede Art von Stimmungswandel, »der in rhythmischen Abständen nahezu alle Bereiche ergreift und nicht selten groteske Züge annimmt. Die Austauschbarkeit des jeweiligen Absolutheitsanspruchs verdiente nur gelassene Nachsicht, wenn solche Erscheinungen nicht Signalcharakter hätten.« Das aber ist es, was den Zick-Zack-Bewegungen des öffentlichen Geistes und der öffentlich geäußerten Gefühle ihr Beunruhigendes und Verwirrendes gibt, das sich zwangsläufig auch der Politik mitteilt, die trotz ihrer größeren Nähe zu den Sachen sich immer wieder in das Schlepptau solcher Stimmungslagen und ihrer Signale nehmen läßt. Daraus resultiert tendenziell eine Politik für Eintagsfliegen, die, den Blick fest auf die Zukunft gerichtet, doch nur das dem gerade herrschenden Zeitgeist verpflichtete Stückwerk zu liefern vermag, das dann wieder zur Ursache neuen Unbehagens und neuer Pendelausschläge wird. Es ist, und das gilt nicht für die Politiker allein, sondern auch für den die öffentliche Meinung prägenden Teil der deutschen Führungselite, ein »zielloses, druckabhängiges Schlendern durch die Landschaft der Zwecke und Werte«, wie es der Soziologe Niklas Luhmann so trefflich formuliert hat.

Wir unterscheiden uns von den ebenfalls krisengeplagten westlichen Industriestaaten nicht nur durch die hektischeren Ausschläge des Zeitgeistes, der jeweils zu schnell weiß, was anliegt, sondern auch dadurch, daß wir das um sich greifende Unbehagen, das sich mal gegen die Moderne, mal gegen »den Muff aus tausend Jahren« kehrt, nicht in erster Linie in den vorhandenen sozialen und politischen Institutionen verarbeiten, sondern uns dafür auch jeweils besondere Bewegungen schaffen. Gewiß gibt es auch bei unseren westlichen Nachbarn soziale Gruppen, die sich in geeigneter Weise für den Schutz der Umwelt oder für den Frieden engagieren, aber diese Gruppierungen verfolgen ihre legitimen Ziele in den dafür eingerichteten Bahnen und Freiräumen des politischen Systems; sie stellen sich nicht wie die deutschen Bewegungen ganz außerhalb der konventionellen Politik, und sie veranstalten ihre politischen Aktionen nicht mit dem heißen Gefühlsatem, der, trotz aller Lockerheit im äußeren Gehabe, deutsche Demonstranten zeitweilig in Bewegung zu halten scheint.

Man erkennt in diesen Bewegungsabläufen eines hektischen Zeitgeistes wie auch in den neuen sozialen Bewegungen nicht von ungefähr eine Erbschaft des deutschen Idealismus, auch wenn man dieser Feststellung die Beobachtung hinzufügen muß, daß es sich bei nicht wenigen der neuen Bewegten um einen *intermittierenden Idealismus*, einen Idealismus auf Abruf, handelt, der immer wieder von einem kräftigen Schluck aus der glitzernden Flasche des zeitgenössischen Hedonismus unterbrochen und abgelöst wird. Mit Fichte hat dies nicht viel mehr zu tun als mit Nietzsche, obwohl ins Zeitgenössische transformierte Spuren dieser Denker sich unschwer entdecken lassen.

Jedenfalls ist die Schlußfolgerung nicht so ohne weiteres abweisbar, daß es sich bei den Wandlungen des Zeitgeistes und den sich außerhalb der etablierten Politik formierenden Bewegungen um eine spezifisch deutsche Antwort auf die neuen Problemlagen der westlichen Industriegesellschaft in den siebziger und achtziger Jahren handelt. Nirgendwo sonst hat auch der Gedanke so viel Widerhall gefunden, daß wir in einer Zeitenwende stehen und daß etwas ganz Neues sich vorbereite. Es ist, wie ein auch nur flüchtiger Blick über die Grenzen zeigt, ein irreführender Gedanke, aber auch falsche Auffassungen bleiben nicht folgenlos, sondern können, wenn sie sich massenwirksam durchsetzen, zu einer politischen Umorientierung und Veränderung beitragen, die dann tatsächlich eine auf die Nation beschränkte Wende der Zeiten in die Wege leiten. So haben die Deutschen in den zwanziger Jahren voller Inbrunst, und zwar von der politischen Rechten bis zur Linken, an das endgültige Ende des politischen und ökonomischen Liberalismus geglaubt, und weil sie es glaubten, hatte er politisch auch keine Chance mehr. Nach dem Abenteuer des ihr eigenes Land und die Welt verheerenden antiliberalen Totalitarismus des Dritten Reiches waren sie froh und dankbar, wieder ein liberales politisches System begründen zu können, das ihnen Freiheit, Sicherheit und Wohlstand in einem bisher kaum gekannten Maße bescherte. Nun scheint es manchen Deutschen bereits wieder ungemütlich zu werden. Viele hadern nicht nur mit den mageren Ergebnissen einer durch zahllose Sachzwänge und Abhängigkeiten bestimmten Politik, die ihre manchmal leichtfertigen Versprechungen nur in Grenzen wahrmachen kann und deren Sachwalter, die Parteien, etwas zu abgehoben von der realen gesellschaftlichen Basis operieren, sondern mit dem parteipolitischen und staatlichen Apparat überhaupt. Kein Wunder, daß hier und dort Erinnerungen wach werden an historische Parallelen in der deutschen Geschichte, die bekanntlich mit *Bewegungen*, aber auch mit dem Geist des deutschen Idealismus und der Romantik politisch nicht die besten Erfahrungen gemacht hat.

Der Beobachter solcher deutschen Zeiterscheinungen, zumal wenn er ein durch das Jahr 1933 traumatisierter Deutscher ist, steckt in dem Dilemma, sie entweder zu bagatellisieren und damit mögliche Gefahrenelemente zu verkennen bzw. als zu geringfügig einzuschätzen oder aber sie aus kritischer Besorgnis zu vergrößern und ihnen eine Dimension zuzusprechen, die sie (noch) gar nicht haben. So oszilliert er, je nach dem Befund über die deutsche Befindlichkeit, dessen er gerade habhaft wird, zwischen einer mehr warnenden und eher beschwichtigenden Attitüde hin und her. Dieses Dilemma erklärt auch die Schwierigkeit, über derartige Sachverhalte und Entwicklungstendenzen in stets gleichbleibender Ausgewogenheit und Gelassenheit zu berichten und zu urteilen, so daß eine Neigung zur Polemik und Ironisierung sich immer wieder in die Analyse einschleicht.

In dem vor mehr als zehn Jahren in der Bundesrepublik ausgebrochenen und seitdem heftig ausgetragenen Streit über Berechtigung und Notwendigkeit der alten bzw. alternativen Politik, in dem ein einfaches Entweder-Oder nicht die richtige Antwort sein kann, geht es eben nicht wie in der normalen Politik um das Suchen und Finden eines Kompromisses, sondern um die Wiedergewinnung einer politischen Ebene und eines politischen Konsensus, in dessen Rahmen Kompromisse erst sinnvoll und möglich sind. Das Abbröckeln des politischen Konsensus durch die Protestbewegung sowie die allgemeine Staats- und Parteienverdrossenheit und die dadurch bewirkte Verengung der genuin politischen Ebene sind das neuralgische Problem der deutschen Politik in der Gegenwart und der nächsten Zukunft. Ich kann diesen Befund nicht mit Gleichmut hinnehmen, aber ich sehe erst recht keinen Anlaß, den baldigen Niedergang der zweiten deutschen Demokratie an die Wand zu malen. So weit sind wir noch lange nicht!

Ich halte übrigens auch nicht viel davon, die entstandenen Probleme mit dem Hinweis auf die zu schwach ausgebildete *nationale Identität* der Deutschen zu erklären. Dieses pauschale Erklärungsmuster für die Stabilitätseinbußen, Konsensusschwächen und Integrationsmängel der bundesdeutschen Politik in den siebziger und beginnenden achtziger Jahren, das heute so wohlfeil ist, hätte ja auch für die solidere Zeit davor schon gelten müssen. Es mag zwar manchen deutschen Historikern recht und billig sein, aber sie und die ihnen applaudierenden Politiker dürften sich irren, wenn sie meinen, mehr deutscher Geschichtsunterricht führe zu einem stärkeren Geschichtsbewußtsein und eo ipso zur Behebung von nationalen Identitätsproblemen. Das galt vielleicht für die Blütezeit des deutschen Historismus in der zweiten Hälfte des 19. Jahrhunderts, der jedoch den Deutschen zu ihrem Schaden eine betont illiberale Identität verpaßte. Es kann nach den Zäsuren und Umbrüchen der deutschen Nationalgeschichte von der Französischen Revolution bis heute nur schwer, ja, wahrscheinlich überhaupt nicht gelingen, ein identitätsstiftendes deutsches Geschichtsbild zu entwickeln.

So bleiben wir darauf verwiesen, im Bewußtsein einer immer wieder mißglückten Geschichte des deutschen Weges zu einer freiheitlichen und demokratischen Ordnung die Aufgaben und Probleme unserer Gegenwart, die nicht die unsrigen allein sind, im Geiste und mit den Regeln praktischer Vernunft zu erkennen und anzugehen. Es bedarf nicht, wie zu Zeiten Tocquevilles, der vor 150 Jahren den Übergang vom Ancien Régime in das Zeitalter der modernen Demokratie so großartig untersuchte, einer neuen politischen Wissenschaft für eine neue Politik, denn wir leben *nicht* wie er in einer Zeitenwende. Es geht, allen schrillen Mahnungen alternativer Politiker zum Trotz, nicht um »Ende oder Wende«, nicht um Leben oder Tod, sondern um die politische Erkundung und Begehung von »Wegen in der Gefahr« (C. F. v. Weizsäcker), die der Würde und Freiheit des Menschen zugänglich sind.

Man kann es, ja, man sollte es auch viel unpathetischer sagen, mit Botho Strauß zum Beispiel: »Es richte sich jeder darauf ein, auf gut Glück durchzukommen, ohne dabei seinen Verstand und seine Selbstachtung zu verlieren.«

2. Die deutsche Politik zwischen »Wende« und Restauration

Eine Gruppe von britischen Politikwissenschaftlern, die sich vorwiegend mit Deutschland beschäftigen, brachte im Mai 1981 eine Sondernummer der Zeitschrift »West European Politics« heraus, der sie den Titel gaben: »The West German Model: Perspectives on a Stable State«. Darin führten sie an, die Bundesrepublik Deutschland sei im Zuge ihrer Entwicklung quasi synonym geworden mit der Idee politischer Stabilität; gerade wegen ihrer stabilen politischen Verhältnisse habe sie auf politische Wissenschaftler im Westen eine besondere Faszination ausgeübt. Als stabilisierende Faktoren der deutschen Politik nennen sie eine prosperierende Wirtschaft, eine von Klassengegensätzen nur geringfügig geprägte Sozialstruktur, eine das System stützende politische Kultur, die nicht mehr von hohen Wachstumsraten allein abhängig sei, sondern sich inzwischen auch mit den politischen Institutionen der Demokratie verbunden habe; sodann das erfolgreiche Funktionieren dieser Institutionen selbst einschließlich des Parteiensystems und schließlich die äußere Absicherung der inneren Stabilität durch ein Netzwerk von internationalen Beziehungen, die Sicherheit gewährleisten, die Freiheit West-Berlins garantieren und der exportorientierten Wirtschaft des Landes günstige Entfaltungsmöglichkeiten sichern.

Die britischen Deutschlandexperten bleiben freilich bei diesem rundum positiven Pauschalurteil über das Modell Deutschland nicht stehen. Sie sehen die gewohnte deutsche Stabilität etwas brüchiger werden; sie erblicken z. B. in dem Umstand, daß das deutsche Bildungswesen neben einer eher angepaßten Mehrheit eine von starken Entfremdungssymptomen charakterisierte beachtliche Minderheit hervorbringt, »eine bedeutsame Schwäche in einem der Schlüsselbereiche der westdeutschen Gesellschaft«. Sie notieren die Kraftlosigkeit des historischen Bewußtseins und den Verlust von Traditionen, die zwar eine günstige Voraussetzung für die bisherige Stabilität der Industriegesellschaft Bundesrepublik gewesen wären, sich aber in einer Periode der Verunsicherung als eine Belastung für diese Stabilität erweisen könnten. Sie fassen die Ergebnisse ihrer Studien über die innere und äußere Verfassung der Bundesrepublik zu Beginn der achtziger Jahre in zwei Begriffsbildern: »Prekäres Gleichgewicht« und »Spannungen im Rahmen einer relativen Harmonie« zusammen.

In meinem eigenen Versuch, aus Anlaß des dreißigjährigen Bestehens der Bundesrepublik deren Entwicklung zu bilanzieren, der unter dem Titel »Die verunsicherte Republik« 1979 (in der Serie Piper) erschienen ist, habe ich ausgeführt, daß die Bundesrepublik trotz ihrer noch immer gegebenen relativen Stabilität von einem Krisenbewußtsein erfaßt worden sei, das ihre innere Festigkeit und ihren Konsensus schwäche: »Im dreißigsten Jahre ihres Bestehens zeigt die Bundesrepublik Deutschland ein paradoxes Bild: Ihre politischen Institutionen und die mit ihnen verknüpften organisierten gesellschaftlichen Kräfte haben eine zunächst kaum erwartete Kontinuität und Festigkeit bewiesen. Doch im Gegensatz zu dem Bild der relativen Stabilität und funktionalen Angemessenheit, das sie dem ideologisch nicht befangenen Beobachter vermitteln, ist das politische Bewußtsein des Landes weithin von einem starken Unbehagen, wenn nicht gar einer Krise gekennzeichnet.« (S. 7)

Seitdem haben sich die den alten Konsensus aufweichenden Tendenzen noch verstärkt und – was neu ist – auch die Bedingungen für die wirtschaftliche und politische Stabilität verschlechtert, so daß das System der Bundesrepublik heute unter einer doppelten Belastung steht, die seine Verunsicherung vergrößert. Denn nicht nur haben die Bewegungen zu einer neuen Politik und die damit verbundenen Distanzierungserscheinungen vom System der alten Politik an Umfang und Aggressivität zugenommen, die alte Politik selbst ist zutiefst verunsichert worden, da ihr einige der günstigen wirtschaftlichen, weltpolitischen und geistig-moralischen Rahmenbedingungen im Zuge der jüngsten historischen

Entwicklung abhanden gekommen sind. Einerseits trachtet sie danach, diese Rahmenbedingungen wiederzugewinnen, was angesichts der weltpolitischen und weltwirtschaftlichen Verflechtungen der Bundesrepublik und der Zählebigkeit von einmal veränderten Einstellungen und Verhaltensgewohnheiten wenig aussichtsreich und ihrem Einfluß nur sehr begrenzt zugänglich ist; andererseits gibt sie sich ziemlich hilflos und ratlos, wenn es darum geht, in einer neuen Lage neue Wege zu denken und zu erproben, um der aufgetretenen Anpassungsschwierigkeiten des politisch-ökonomischen Systems an die neuen Rahmenbedingungen besser Herr zu werden. Dies wiederum muß die für eine alternative Politik eintretenden politischen Gruppierungen und sozialen Bewegungen erst recht darin bestärken, die Untauglichkeit der alten Politik zu behaupten und eine Umkehr zu einer neuen Politik zu propagieren,

Die Ratlosigkeit, die die alte Politik angesichts des Strukturwandels und der verringerten Wachstumschancen befallen hat, zeigt sich heute besonders drastisch am Problem der wachsenden Arbeitslosigkeit. Sie wird von allen Parteien und auch den Tarifpartnern als das Problem mit der höchsten Priorität bezeichnet, ohne daß sie in der Lage wären, ihm wirksam beizukommen bzw. plausible neue Rezepte für seine Lösung zu entwickeln und in Politik umzusetzen. Die von markigen Bekundungen der Entschlossenheit nur verbal zugedeckte Unsicherheit über die Mittel und Wege, die aus der gegenwärtigen Krise der Industriegesellschaft herausführen könnten, ist beileibe kein »Privileg« der Politik, sondern hat in ähnlicher Weise auch die Wirtschaft und ihre Organisationen erfaßt. Von den Gewerkschaften berichtet man, sie hätten enorme Schwierigkeiten, eine der verschlechterten wirtschaftlichen Gesamtlage Rechnung tragende neue Politik und Strategie zu konzipieren, und das Lager der Unternehmer scheint das Problem veränderter Rahmenbedingungen vorwiegend unter dem eigennützigen Gesichtspunkt zu behandeln, wie der Staat durch eine Minderung ihrer Steuerlast und eine Korrektur sozialstaatlicher Errungenschaften

der Wirtschaft entgegenkommen könne, damit sie wieder tut, was von ihr erwartet wird, nämlich den Aufschwung zu besorgen, von dessen Gelingen man sich in alter Manier die Behebung der meisten jetzt drückenden Probleme erhofft. Alle diese Ermüdungserscheinungen und offensichtlichen Ratlosigkeiten der herkömmlichen Politik sind natürlich wenig dazu angetan, das Vertrauen in sie zu stärken. Sie machen es auch nicht gerade leichter, das ruppige Klima der Konfrontation zwischen alter und alternativer Politik zu transformieren in eine gemeinsame Bemühung, den zwischen diesen beiden Lagern, auch wenn sie zahlen- und machtmäßig höchst ungleich sind, nicht mehr bestehenden Konsensus über die Grundlagen der Politik der Industriegesellschaft für die Zukunft auf der Basis eines der neuen Lage angemessenen Problembewußtseins neu zu fundieren. Beschwörungen einer »Gesellschaft mit menschlichem Gesicht« oder einer »geistig-moralischen Erneuerung«, wie Bundeskanzler Helmut Kohl sie in seiner ersten Regierungserklärung zum besten gab, reichen da, wie gut sie auch immer gemeint sein mögen, nicht aus. Die »Berichte zur Lage der Nation«, die das Kursbuch Nr. 73 vom März 1983 in einer saloppen Mischung aus Ernst, Unbetroffenheit und Ironie veröffentlicht hat (»Nun muß sich alles, alles wenden«), machen im Übermaß deutlich, für wie lächerlich und gefährlich man die von der CDU und ihren bayerischen Amtsbrüdern in der CSU geistig und moralisch erneuerte alte Politik in diesem Schmollwinkel des deutschen Geistes und politischen Bewußtseins hält.
Doch muß man das überhaupt ernst nehmen? Handelt es sich bei diesen Stimmen nicht um ein politisch irrelevantes Abseits, einen Winkel, in dem notorisch übelnehmende Intellektuelle, die eines konstruktiven Gedankens nicht willens oder fähig erscheinen und für die es nicht besonders viel Unterschied macht, ob Helmut Schmidt oder Helmut Kohl die Bundesrepublik regiert, ihre Gedanken spinnen und zu jener Übellaunigkeit der öffentlichen Gefühle beitragen, auf die Johannes Gross in einem lesenswerten Essay aufmerk-

sam gemacht hat? Oder ist es mehr? Stimmt es, daß die Bundesrepublik Deutschland zwar ein übelgelauntes Land ist, »aber ihre Einwohner sind glücklich und zufrieden«? (Unsere letzten Jahre, Stuttgart 1980, S. 201) Ist es richtig, wenn Gross von einer eher »wachsenden Zustimmung zu den eigenen Lebensumständen« spricht, von einer »breiten Zustimmung auch zur Verfassung von Staat und Wirtschaft«, und die Bundesdeutschen im Einverständnis mit sich selber und ihrem eigenen Glück sieht?

Auch hier könnte das eindeutige Wahlergebnis vom 6. März 1983 als eine Bestätigung solch lapidarer Feststellungen genommen werden, die J. Gross um des rhetorischen Effektes willen im Übermaß simplifiziert hat. Man könnte es deuten als eine klare Absage an die Katastrophenrhetorik und den Utopismus der sozialen Bewegungen, als einen erneuerten Vertrauensbeweis zu den Grundlagen und Werten einer Politik, die sich darauf berufen kann, die Bundesrepublik auf den Weg des Erfolgs und der Stabilität gebracht zu haben; man könnte es interpretieren als einen klaren Punktsieg der alten, hinter die sozialdemokratischen Reformexperimente zurückreichenden Politik über die alternative Politik.

Doch dies alles wäre ein folgenschwerer Trugschluß. Die Bundesrepublik von heute ist auch nach dem Regierungswechsel, den ihre Urheber als eine »Wende in der deutschen Politik« ankündigten, nicht mehr aus dem Stoff, der es möglich machen würde, in die abgelegten Kleider der erfolgreichen Phase der Adenauer-Ära zu schlüpfen. Sie kann die alte Form ihrer vielgerühmten Stabilität nicht wiedergewinnen, weil wichtige Voraussetzungen nicht mehr gegeben sind und sich nicht so ohne weiteres restituieren lassen. Eine Wende, die darauf abzielt, zu dieser alten Politik zurückzukehren, kann nicht gelingen. Es gibt kein einfaches Zurück zum Gestern sowenig wie ein Zurück zur Natur. Es gibt, nach den tiefgehenden Mentalitätsveränderungen, die zu einem beachtlichen Teil von der prosperierenden Industriegesellschaft selbst ausgelöst worden sind, keine einfache Rückkehr zu den alten Werten und Tugenden, auch wenn es auf

Tugenden nach wie vor ankommt; es gibt, wenn die Welt nicht in einen immer gefährlicheren Zustand hineintaumeln will, auch keine Rückkehr zu den geistigen und politischen Fronten des Kalten Krieges.

Dessenungeachtet gilt, daß bewußte Veränderungen, man nenne sie Wende oder wie auch immer, möglich und in vielen Bereichen auch nötig sind; daß Korrekturen von Entwicklungen, die an finanzielle, materielle, ökologische und humane Grenzen stoßen, immer wieder geboten sind und eingeleitet werden müssen, wenn die Situation einigermaßen unter Kontrolle bleiben soll. Das Votum der deutschen Wähler vom 6. März hat in der Tat gezeigt, daß eine klare Mehrheit im deutschen Volk solche bewußten Veränderungen und Korrekturen zugunsten einer neuen Stabilisierung von Wirtschaft und Gesellschaft der Bundesrepublik den bürgerlichen Parteien zur Zeit eher zutraut als der unsicher und uneins gewordenen Sozialdemokratie, der sie 1969 erstmals ein in der Folge mehrfach erneuertes Mandat zur Veränderung und zur Stabilisierung der Republik erteilt hatte. Es bleibt abzuwarten, wie die neue Regierung mit der neuen Situation fertig wird, doch sollte sie es darauf anlegen, in der Bundesrepublik eine Restauration des politischen Klimas des Kalten Krieges oder des geistig-moralischen Klimas der Ära Adenauer in die Wege zu leiten, so wird sie sich daran die Zähne ausbeißen. Die alte Politik hat es mit neuen Verhältnissen zu tun.

Die alternative Politik gibt sich überzeugt, die alte Politik sei gescheitert. Sie führe über kurz oder lang ins Verderben. Sie setzt der alten Politik die Forderung der Umkehr entgegen, aber ihre emphatische Betonung der Notwendigkeit einer solchen Umkehr steht in keinem Verhältnis zu ihrer bisher bewiesenen Fähigkeit, eine komplexe Wirklichkeit richtig zu erfassen und gangbare Wege zu ihrer Veränderung im Sinne der allzu pauschal propagierten Ziele aufzuzeigen. Ihre hohen Ziele, nämlich Sicherheit, Überleben, Leben in Eintracht mit anderen Menschen und mit der Natur, sind im Grunde auch die Ziele, zu denen sich die alte Politik bekennt. Die Vertreter einer alternativen Politik sind zwar davon überzeugt, daß es sich dabei um pure Heuchelei handelt, aber es gehört zu den bekannten Nebenfolgen ihres absolutistischen oder monolithischen Denkens, daß alles, was sich außerhalb ihres ideologisch verengten Wirklichkeitsbildes und Denkens bewegt, nicht gilt und nicht zählt. Die aktiven Minderheiten, die heute auf verschiedenen Gebieten und in oft widersprüchlicher Weise eine alternative Politik verlangen, sind gewiß ein Indiz für reale Gefährdungen des politischen, ökologischen und kulturellen Gleichgewichts in den entwickelten Industriegesellschaften, und sie verdienen darum hohe Aufmerksamkeit, aber sie haben keine Politik, die an die Stelle der alten treten könnte. Denn Politik ist nicht die Verkündung hoher Ziele bei gleichzeitiger Verurteilung derer, die sich bescheidenere Ziele pragmatisch vornehmen; Politik ist nicht Prophetie, die von negativen oder positiven Utopien gespeist wird, sondern Politik ist, in Max Webers berühmten Worten, »ein geduldiges Bohren von harten Brettern mit Augenmaß und Leidenschaft« oder, in den Worten des britischen Politologen und Orwell-Biographen Bernard Crick, eine »schöpferische Dialektik von Gegensätzen, ein mit Ernst betriebenes Spiel, von dem die Freiheit unserer Zivilisation abhängt« (In Defence of Politics, London 1964).

Für dieses ernste Spiel der Politik, das nur in freien Gesellschaften möglich und auch in diesen ständigen Bedrohungen ausgesetzt ist, sind die Mittel, deren man sich zur Durchsetzung seiner politischen Ziele bedient, von zentraler Bedeutung. Erst sie machen Politik als ein freies Spiel von Kräften möglich. Die alternative Politik versteht sich aus gutem Grund als ein Gegensatz zur herkömmlichen alten Politik, aber die schöpferische Dialektik von Gegensätzen, auf die es in der Politik ankommt, setzt zu ihrer Wirksamkeit ein gemeinsames Bekenntnis und einvernehmliches Respektieren der Spielregeln voraus, denn ohne solche für alle Beteiligten verbindlichen Regeln kann ein Spiel, bei dem es um wahrhaft ernste Dinge geht, nicht durchgeführt werden. »Der

Kampf um Werte ist und bleibt vor allem ein Kampf um die Methoden der Politik, der auch durch noch so chiliastische und katastrophische Visionen und Gegenrezepte nicht bagatellisiert werden kann. Die Kulturkritik und ihre Entartung im Nationalsozialismus, der Marxismus und seine Entartung im Stalinismus: beide halten die Erfahrungen bereit, wohin Menschen kommen können, wenn sie die politischen Ziele vor die Mittel, die totale Idee vor die Beachtung der Rechte und Interessen des Mitmenschen stellen.« (Karl Dietrich Bracher, Zeit der Ideologien, Stuttgart 1982, S. 328)

Die alternative Politik neigt dazu, im Kampf für ihre prophetisch verkündeten hohen Ziele außergewöhnliche Mittel, die die etablierten Regeln der Politik »begrenzt« oder total verletzen, zu ersinnen und einzusetzen. Darum ist die Organisation und Rechtfertigung ihres Widerstandes gegen die alte Politik oft so zwielichtig und die Diskussion des Gewaltproblems immer von neuem auf ihrer Tagesordnung. Sie weicht der zentralen Frage nach der richtigen Relation von Zielen und Mitteln aus; sie fragt sich nicht beharrlich genug, wie man die durch alternative Politik zu realisierenden humanen Werte, zu denen die Toleranz gehört, auch im politischen Kampf um ihre Durchsetzung beibehalten kann. Täte sie dies, dann würde sie einen wichtigen Beitrag zur Erhaltung der freiheitlichen Demokratie leisten. Denn allein die pluralistische Demokratie bietet mit ihrer rechtsstaatlichen Ordnung und den in ihrem Rahmen geltenden Grundfreiheiten und Verfahrensregeln die Chance, politische Veränderungen und Neuorientierungen in einem geregelten und friedlichen Verfahren herbeizuführen, wobei sie sich auf das Mehrheitsprinzip stützen muß, wenn sie eine Demokratie sein will. Die Trennungslinie zwischen alter und alternativer Politik wird nicht primär durch unterschiedliche Zielvorstellungen über das politisch Notwendige bestimmt als vielmehr durch die Frage, wie man es mit *der Idee des Politischen als eines Raums der Freiheit* hält. Wenn alternative Politik die ihr wichtigen und am Herzen liegenden Gesichtspunkte mit den in einer freien Gesellschaft gegebenen verfassungsmäßigen Möglichkeiten in den politischen Prozeß einzubringen versucht, dann bewegt sie sich in dem Rahmen, in dem alle Politik im Verfassungsstaat sich bewegen soll. Dann ist sie keine dem politischen System als ganzem geltende Herausforderung und Bedrohung, sondern ein Stück neuer Politik, mit dem die alte Politik sich auseinandersetzen muß und wird. Der Gegensatz von alter und alternativer Politik reduziert sich dann auf einen Unterschied von Inhalten und Zielsetzungen, wie er in einer offenen Gesellschaft immer wieder anzutreffen sein wird, und man wird im Rahmen der Kommunikationsformen und Regeln einer freien Gesellschaft darum ringen, solche Meinungsverschiedenheiten und Interessenkonflikte fair auszutragen. Erkennt man allerseits an, daß man durch Politik nicht ein absolutes Ideal verwirklichen kann, daß politische Aktivität sich aber auch nicht im rein Praktischen und Zuhandenen erschöpfen darf, weil der Mensch eben verschiedene Zielvorstellungen hat und seine Zukunft bedenken und planen muß, dann fällt der unselige Freund-Feind-Gegensatz zwischen alter und alternativer Politik in sich zusammen. Dann ist auch eine größere Chance gegeben, im Bewußtsein der neuen Problemlagen und der von ihnen ausgehenden Chancen und Risiken einen tragfähigen Konsensus neu zu erarbeiten, in dem die zur Zeit unser politisches System und seine Stabilität belastenden Gegensätze keine so desintegrierende Wirkung mehr entfalten können.

Die Wahl vom 6. März hat dieses gegenwärtige Grundproblem so wenig gelöst, wie es durch einen anderen Wahlausgang gelöst worden wäre, und es ist die vielleicht wichtigste Zukunftsaufgabe der deutschen Politik, die Kluft zwischen den beiden Lagern nicht noch weiter zu vertiefen, sondern sie beide zusammen im Rahmen der für alle geltenden Verfassung zu halten. Die alternativen Politiker, auch die innerhalb der etablierten Parteien, sollten mehr als bisher zur Kenntnis nehmen, daß es in der Politik nicht um letzte Fragen – um Fragen des Heils – gehen kann, sondern nur um vorletzte, die praktisch angegangen werden können. Sie sollten sich den Appell des unvergessenen sozialdemokratischen Denkers und Politikers Adolf Arndt zu Herzen nehmen: »Der soziale Staat und die menschenwürdige Gesellschaft sind ein Vorletztes; ihnen kann nicht gerecht werden, wer sich übernimmt, einzig im Namen des Letzten zu leben, und dadurch das uns anvertraute Diesseits mißachtet... Die Unmenschlichkeit bricht aus, sobald im Vorletzten, wie es jeder demokratischen Partei gebührt, eine letzte Wahrheit vom Menschen zum Maßstab für mitmenschliche Gemeinschaft erhoben wird.« (Geist der Politik, Berlin 1965, S. 64)

Die Träger der alten Politik sollten sich ihrerseits durch die neuen Herausforderungen von seiten der alternativen Politik daran gemahnen lassen, daß es keine Erbhöfe für eine richtige Politik gibt und solche auch nicht zu pachten sind. Sie sollten sich bewußt sein, daß Politik immer auch Veränderung bedeutet und nicht einfach stehenbleiben kann, sondern eine bewegliche und offene Auseinandersetzung über die sich in immer neuen Wandlungen und Konstellationen präsentierenden Probleme des Gemeinwesens sein muß.

Das für beide Richtungen unverzichtbare Gemeinsame muß das leidenschaftliche Interesse an der Erhaltung der Politik als eines Raumes der Freiheit sein, in dem Entscheidungen über das Vorletzte, das in ihr nur seinen Platz haben kann, praktisch möglich sind. Dies ist die notwendige Politik für die Zukunft. Es geht nicht um den Triumph der sogenannten alten über die alternative Politik oder umgekehrt, sondern um die Wiedergewinnung der Politik als eines allseits verbindlichen Regelsystems der freiheitlichen Ordnung. In ihm können alte und neue Ideen, konservative und progressive Interessen, historische und neue Parteien ihren legitimen Platz finden. Keine Zeitenwende kann groß genug gedacht werden, um die Wahrheit zu vergessen, daß freiheitliche Politik dem Ausgleich, der Versöhnung und dem Frieden unter den Menschen zu dienen hat.

